中国国有企業の株式会社化

―コーポレート・ガバナンス論の視点から―

尹　相　国　著

時潮社

浙江越秀外国語学院2015年優秀学術著作出版基金項目

中国国有企業の株式会社化
―コーポレート・ガバナンス論の視点から―

目　次

序　章　問題の所在 …………………………………… 11

第 1 部

米・日・独におけるコーポレート・ガバナンス論の展開
―中国の国有企業改革をみる視点―

第 1 章　コーポレート・ガバナンス論の意義 ……… 23

第 1 節　株式会社の理論の始まり―経営者支配論をあげる理由― ……… 23

第 2 節　コーポレート・ガバナンス論の展開の理論的背景 ……… 24
1　バーリ＝ミーンズの経営者支配問題 ……………………………………… 24
2　支配を巡る論争 …………………………………………………………… 26
3　コーポレート・ガバナンス論が展開された要因 ………………………… 27
　1) 民主化運動と国際環境の変化 …………………………………………… 27
　2) コーポレート・ガバナンスを巡る法律の整備 ………………………… 28

第 3 節　コーポレート・ガバナンスの定義 ……………………………… 30
1　様々なコーポレート・ガバナンスの概念 ………………………………… 30
2　分類の方法から見たコーポレート・ガバナンスの意味 ………………… 32
　1)「所有者が誰か」という観点からの分類 ……………………………… 32
　2)「誰のために経営されるべきか」という観点からの分類 …………… 33

第 4 節　コーポレート・ガバナンス論における分析方法 ……………… 34
1　経済学からの分析方法―エージェンシー理論（Agency Theory）― …… 34
2　「事業の繁栄」のためのコーポレート・ガバナンス論 ………………… 37

3　経営者の「説明責任」を追及する理論 ……………………………39
　　　1) 内部的「説明責任」を完遂するコーポレート・ガバナンスの枠組み …………40
　　　2) 外部的「説明責任」を完遂するコーポレート・ガバナンスの枠組み …………41

第2章　米・日・独におけるコーポレート・ガバナンスの比較 ……………45

第1節　所有構造の比較 ……………………………………………45

1　アメリカにおける株式の所有構造 ……………………………………46
2　日本における株式の所有構造 …………………………………………46
3　ドイツにおける株式所有構造 …………………………………………49
4　米・日・独における株式所有構造の比較 ……………………………51

第2節　機関投資家と企業買収 ……………………………………52

1　アメリカの機関投資家と企業買収 ……………………………………52
　1) 機関投資家の役割 ……………………………………………………52
　2) 企業買収の役割 ………………………………………………………54
2　日本の機関投資家と企業買収 …………………………………………61
　1) 機関投資家の役割 ……………………………………………………61
　2) 企業買収の役割 ………………………………………………………62
3　ドイツの機関投資家と企業買収 ………………………………………63
　1) 機関投資家の役割 ……………………………………………………63
　2) 企業買収の役割 ………………………………………………………64
4　米・日・独における機関投資家と企業買収の比較 …………………65

第3節　銀行—メインバンクとユニバーサル・バンクを中心に— ……66

1　日本のメインバンク ……………………………………………………66
　1) 比較制度分析の理論からの評価 ……………………………………67

2）エージェンシー理論からの評価 ……………………………………70
　2　ドイツのユニバーサル・バンク ……………………………………72
　　1）株主とするガバナンス …………………………………………73
　　2）債権者とするガバナンス ………………………………………74
　3　メインバンクとユニバーサル・バンクの比較 ……………………75

第4節　内部統治構造の比較 …………………………………………76

　1　アメリカの内部統治構造 ……………………………………………76
　2　日本の内部統治構造 …………………………………………………83
　3　ドイツの内部統治構造 ………………………………………………93
　4　内部統治構造の比較 …………………………………………………98

第2部

中国の国有企業改革と株式会社化

第3章　計画経済期における国営企業 …………109

第1節　「国営企業」の形態 ……………………………………………109

　1　内部管理制度 …………………………………………………………110
　2　外部からの管理構造 …………………………………………………112

第2節　国営企業に対する評価とその特徴 …………………………116

　1　国営企業に対する評価 ………………………………………………116
　2　国営企業の特徴 ………………………………………………………118
　　1）国家の付属物としての生産「単位」 …………………………118
　　2）役割と目標の多重性 ……………………………………………118
　　3）所有権行使の分割 ………………………………………………119

4

4）ソフトな予算制約 ……………………………………………………119

第3節　国有企業改革 ………………………………………………………119

1　「企業自主権の拡大」……………………………………………………120
2　「利改税」の改革 …………………………………………………………123
3　「経営請負制」……………………………………………………………125

第4章　国有企業の株式会社化への動向 ……130

第1節　国有企業の株式会社化 ……………………………………………130

1　株式会社制度の萌芽と試行 ……………………………………………130
　　1）企業の資金調達に対する政策の変更 ………………………………131
　　2）企業利潤分配方式の変更 ……………………………………………132
　　3）住民の個人平均収入の増加 …………………………………………132
2　株式会社制度の発展と調整 ……………………………………………137
3　株式会社制度の本格的実施 ……………………………………………139

第2節　国有企業の株式会社化への意義とその動向 ……………………140

1　株式会社化への意義 ……………………………………………………140
　　1）赤字経営の対策としての「株式会社制度」…………………………141
　　2）「インサイダー・コントロール」の対策としての「株式会社制度」……142
　　3）「現代企業制度」の内容としての「株式会社制度」…………………144
2　株式会社化への動向 ……………………………………………………147
　　1）制度の変化から見た動向 ……………………………………………147
　　2）国有企業の規模の変化から見た動向 ………………………………150

第3部

国有企業におけるコーポレート・ガバナンス

第5章　所有構造から見た株式会社の特徴 ……161

第1節　株式会社の所有構造 …………………………………161

1　非流通株 ……………………………………………………162
　1）従業員持ち株 …………………………………………164
　2）法人株 …………………………………………………164
　3）国有株 …………………………………………………165
2　流通株式 ……………………………………………………165
3　非流通株と流通株の評価 …………………………………167

第2節　「株権分置改革」導入以降の株式会社の所有構造 ……169

1　「株権分置改革」…………………………………………169
2　「株権分置改革」後の株式所有構造 ……………………171
3　国家株の株主主体からの分類 ……………………………172

第6章　中国の国有銀行の役割 ……………179

第1節　中国の金融改革と銀行 ………………………………180

1　専業銀行の形成 ……………………………………………180
2　専業銀行の商業銀行化 ……………………………………181
3　国有銀行の株式会社化 ……………………………………184
　1）銀行の内部の問題 ……………………………………184
　2）外部環境の変化 ………………………………………185

4　株式会社化への措置 ··186
　1）資本金の再建 ··187
　2）ガバナンスの改革 ··187
　3）株式市場での上場 ··188

第2節　銀行の国有企業に対する役割 ··189

1　政府と銀行の関係 ··191
2　国有商業銀行と国有企業の関係 ··193

第7章　機関投資家の役割 ·························197

第1節　機関投資家 ···197

1　証券投資基金（証券投資信託基金）···197
2　保険会社 ··200
3　（QFII）外国機関投資家 ···203
4　全国社会保障基金 ··206
5　企業年金基金 ··208

第2節　国有企業のガバナンスへの可能性 ··210

1　機関投資家と国家政府の関係 ··210
2　機関投資家の株式投資への目的 ··211

第8章　企業買収 ·································216

第1節　中国での企業買収の概念と経緯 ···217

1　萌芽期（改革開放後～1992年）···218
2　制度の導入期（1992年～2004年）···219
3　制度の成熟期（2004年～現在）···222

第2節　企業買収の役割 ……………………………………225

1　企業買収と政府の関係 ………………………………………225
2　中国の企業買収とアメリカの企業買収の違い ………………227
　1)　企業買収形態の違い ……………………………………227
　2)　両国の企業買収に対する評価 …………………………228

第4部

新・旧三会制度の関係 —内部の統治構造—

第9章　「新三会」制度 ……………………235

第1節　株主総会制度と実態 ……………………………………235

第2節　取締役会制度と実態 ……………………………………240

1　上場株式会社における取締役会の実態 …………………242
　1)　専門委員会の実態 ………………………………………242
　2)　専門委員会の設置状況 …………………………………243
　3)　取締役の実態 ……………………………………………245
2　国有独資企業の取締役会の実態 …………………………247
　1)　国有独資企業の取締役会 ………………………………247
　2)　取締役会制度の実施がもたらした問題 ………………250

第3節　監査役会制度と実態 ……………………………………251

1　監査役会制度 …………………………………………………251
2　上場株式会社の監査役会の実態 …………………………252
3　中央企業の監査役会の実態 ………………………………254

目　次

第10章　株式会社における「旧三会」制度の役割 ……259

第1節　党委員会の役割 …………………………………………………259

第2節　労働組合と職員代表大会の役割 ………………………………263

1　労使関係 …………………………………………………………………265
　1）1986年までの労使関係 ……………………………………………265
　2）1986年以降の労使関係 ……………………………………………267
2　従業員のコーポレート・ガバナンスへの参加の可能性 ……………271
　1）制度的可能性 …………………………………………………………271
　2）制度的限界 ……………………………………………………………272
　3）「通翻事件」からの示唆 ……………………………………………273

第3節　国有企業における内部統治構造の特徴と問題点
　　　　　―米・日・独の比較視点から― ………………………………274

1　米・日・独および中国の内部統治において最重要視されているのは何
　か …………………………………………………………………………275
　1）理論的根拠 ……………………………………………………………275
　2）アメリカと日本の経験からの根拠 …………………………………276
2　内部統治構造の検討に当たってどのような利害関係者が対象になる
　のか ………………………………………………………………………277
3　中国の国有企業における内部統治構造の特徴と問題点 ……………279

終章　米・日・独のコーポレート・ガバナンス比較の
　　　　中国への応用 ………………………………………………285

1　本論の要約 ………………………………………………………………285
　1）外部統治構造 …………………………………………………………285

2）内部統治構造 …………………………………………………286
2　中国のコーポレート・ガバナンスのありかた ………………………290
1）外部統治構造のあり方 …………………………………………290
2）内部統治構造のあり方 …………………………………………293

参考文献……………………………………………296

あとがき……………………………………………305

序　章

1　問題の所在

　本書は、コーポレート・ガバナンス論の視点から中国の国有企業の株式会社化を検討するものである。まず、中国の国有企業に株式会社制度を導入するまでの改革の経緯はいかなるものであって、株式会社制度の導入は国有企業改革の流れの中でどのような位置づけがあったのか。次に、株式会社制度を導入して以降の国有企業に対してさらなる改革を行う必要性がどこにあるのか。以下では、中国の国有企業改革の経緯を概観し、なぜコーポレート・ガバナンスの視点が必要であるかについて述べよう。

　中国の国有企業は、建国後発足し、計画経済期に樹立された企業形態である。計画経済期の国有企業は、国家によって経営されていたため、「国営企業」と呼ばれ、それの所有形態が全人民所有であることから、「全人民所有制企業」とも呼ばれていた。最初の国営企業は、中国政府が旧官僚資本主義企業の没収、中国における外国企業のすべての特権の廃止、民族資本主義企業の転換などの措置を通じて、3つの資本主義の企業形態を国営化したものである[1]。建国後の長い間、国有企業は国民経済を支えてきた。中国の経済開放政策は1978年12月からであるが、その年の工業における国営企業の生産額は工業総生産の77.6％を占めており、小売業における国営企業の販売額は小売業全体の54.6％を占めていた。

　しかし、計画経済期の国営企業は、企業というより国家のコスト計算をする生産単位に過ぎなかった。国営企業は、政治の基層組織として国家の政治的目的に応じて経済指標を達成しただけではなく、国家の代わりに従業員の

就職、社会保障、社会救済などのすべての社会的サービスを提供することになった。また、企業における経営権が各政府または各部門によって切り離されて行使されたため、それぞれの部門が経営に対して責任を取らなかった。

　1978年以降、中国政府は国有企業に対して様々な改革を行った。中国の経済改革の経緯を振り返ってみると、中国政府は国有企業に対して漸進的な改革路線を取っていた。つまり、中国政府は、国営企業の改革にあたって、ある特定地域での試行から始め、その成否を見定めた後、全国の国営企業に広めるように政策を打ち出す。国有企業改革の最初の段階では、中国政府は、相次いで「企業自主権の拡大」と「利改税」、「経営請負制」という3つの改革を行った。この3つの改革の間には連関性があって、後の政策は前の政策を補おうとする政策であった。

　注意すべきことは、これらの改革は決して成功した改革ではなかった。それによって、国有企業には様々な問題がもたらされた。特に、その間、国有企業の経営の赤字は増える一方であった。例えば、国有企業の赤字額は1985年の32.4億元から1992年の369.3億元にまで増え、それのすべてを中央財政から補填しなければならなかった。また、中国では、いわゆる「インサイダー・コントロール」の問題によって国有企業が赤字であるにもかかわらず、従業員の収入が一方的に増える現象が起こった。

　これらの問題から、上記の3つの改革に続き、1992年より中国政府はそれまで試行段階にあった株式会社制度を正式に大・中型国有企業に導入することを決めた。株式会社制度の導入は、国有企業にとって赤字経営の対策であり、「インサイダー・コントロール」の対策でもあった。そういう意味で、株式会社制度の導入は国有企業に画期的な意義をもたらした。

　株式会社制度が導入されて以降の変化と言えば、次の2点を挙げることができる。1点目は国有企業の数の縮小である。例えば、1998年から2009年まで、工業全体における企業の数が1998年の165,080社から2009年の434,364社までに急激に増えたのに対し、国有企業の数は64,737社から20,510社までほぼ1／3に減った。

序　章

　2点目は工業企業の総生産額の中で、国有企業の生産総額が占める割合の低下である。国有企業の生産総額は、1998年の33,621.04億元から2009年の146,630億元までに増えた。それは10年前に比べ4.36倍増えたことにもなる。しかし、国有企業の総生産額が工業企業の総生産額に占める割合は、1998年の49.63％から2009年の26.74％にまで減った。

　このような問題を前にして、中国では更なる国有企業の改革の必要性が認識されながら、完全に民営化することを提案する人が少なくない。しかし、中国政府はこうした国有企業の改革を推進する立場をとっている。例えば、2015年8月24日に国務院は、『国有企業改革の指導意見』を発表した。その中には、国有企業改革を種類ごとに推進すること、現代における企業制度と国有資産の管理体制を完璧に改善すること[2]、などの内容が盛り込まれており、国有企業改革または国有企業のコーポレート・ガバナンスを焦点とするものであった。それでは、中国の国有企業の改革をどのように導いていくことができるのだろうか。本書では、コーポレート・ガバナンス論の視点から中国の国有企業を分析する重要性を主張したい。その際、この視点は、アメリカ、日本、ドイツにおけるコーポレート・ガバナンスの比較から理論の枠が作られるであろう。

　周知のように、巨大株式会社の出現と共に、株式会社を巡って「株式会社の所有者は誰か」または「株式会社の支配者は誰か」という論争が展開され、株主と経営者の役割に議論の焦点が当てられた。現在、株式会社を巡る論争には株主と経営者の以外にも、従業員、銀行、取引業者、顧客、地域社会など様々な利害関係者が加えられ、議論の内容がさらに広くなっている。このような変化を捉えた理論がコーポレート・ガバナンス論である。

　詳しいことは本書において述べるが、コーポレート・ガバナンス論ではアメリカ、日本、ドイツの企業がそれぞれ違う形態に分類され、3つのコーポレート・ガバナンスのシステムとして特徴づけられている。それには、主に、株式所有構造、外部からのガバナンス、内部の統治構造という3つの内容に関する特徴づけが含まれている。

まず、アメリカにおける株式の所有構造の特徴は機関投資家の大量所有である。それに対して、日本ではメインバンクを中心とした法人による株式の「相互持合い」が特徴になっている。ドイツにおいてもユニバーサル・バンクを中心として株式の法人所有が目立っている。

　次に、アメリカにおいては、株式の所有構造の特徴と関連し、機関投資家の活躍や企業買収活動から捉えることができる。それに対して、日本とドイツにおいてはメインバンクやユニバーサル・バンクのような銀行からのガバナンスが特徴になっている。したがって、外部からの統治構造の検討にあたって、機関投資家、企業買収、銀行という三つの役割からの分析が必要である。

　最後に、アメリカの内部統治構造においては、株主主権を主張する株主が経営者支配から自らの利益を守ろうとしているものになっていて、経営と監査の合議体とする取締役会が問題になっている。これに対して、日本の内部統治構造においては、従業員と経営者の利害関係が中心になって、取締役と執行役の兼任が問題になっている。ドイツの内部統治構造は株主と従業員が合わさって経営者との利害関係が生じる。

　但し、上記のような米・日・独のコーポレート・ガバナンスの特徴はそれぞれの国における企業に対する所有観と関連がある。アメリカでは企業の中心的利害関係者は株主と考えるのに対して、日本では中心的な利害関係者を従業員として考えることが多い。また、ドイツでは、企業を株主のものであると考えると同時に、従業員の利益も考え、その中心的利害関係者は株主と従業員になる。

　そもそも、中国においては、社会主義制度を実施していることから国有企業の職員を企業の「主人公」として高く位置づけると同時に、「企業は全人民のもの」という企業の所有観が強かった。このような所有観のもとで、現在の国有企業はどのような特徴を持つコーポレート・ガバナンス構造ができ上がり、またそれにはどのような問題があるのか。それを解決するために、米・日・独におけるコーポレート・ガバナンスの構造から何を学ぶべきであ

るのか。

　以上の内容を踏まえ、本書では、コーポレート・ガバナンス論に関する理論的検討を行う上で、中国の国有企業におけるコーポレート・ガバナンスの特徴を明らかにし、今後の国有企業改革の行方を探る。詳しくは以下のようである。

　まず、理論的検討では次のような2つの解明が含まれている。

① コーポレート・ガバナンス論とはどのような理論であるのか。さらに、アメリカ、日本、ドイツにおいてどのような特徴を持つコーポレート・ガバナンスが展開されたのか。

② アメリカ、日本、ドイツのコーポレート・ガバナンスの特徴の比較を通じて、中国の国有企業のコーポレート・ガバナンスの特徴を明らかにするための理論枠を作り上げる。

　次に、中国の国有企業のコーポレート・ガバナンスのシステムの特徴を明らかにするために、次のような2つの検討を行う。

① 外部からのガバナンスのあり方。アメリカの外部からのガバナンスと言えば、機関投資家の役割と企業買収活動から特徴づけることができる。それに対して、日独においては銀行の役割が大きかった。それらと比較して、中国における機関投資家、企業買収、銀行などの役割をどのように評価すべきであろうか。また、中国の国有企業にとって、今後どのような外部からのガバナンスが望まれるのか。

② 内部統治構造のあり方。上記のように、米・日・独においては全然違う特徴を持つ内部統治構造が出来上がっている。それらに比べると、中国の国有企業における内部統治構造にはどのような特徴と問題があるのか。また、中国の国有企業にとって、どのような内部統治構造が相応しいであろうか。

　最後に、本書の結論として次のような内容を検討の対象にする。つまり、それは、中国の国有企業にとって、今後どのような外部からのガバナンスが望まれ、また、どのような内部統治構造が相応しいか。これら問題の解決に

よって、本研究は今後の中国の国有企業改革の方向を示すであろう。

　本書における研究は次の点に焦点を合わせて進められる。
　1つ目は、理論的研究である。コーポレート・ガバナンス論を用いて、2つのことを明らかにする。①コーポレート・ガバナンス論についてどのような意味づけがあって、結局何が論争の焦点になるのか。②コーポレート・ガバナンス論には、その論争の焦点の解決策としてどのような方法論があるか。
　2つ目は、米・日・独におけるコーポレート・ガバナンスの比較検討である。具体的に、まず、1つ目で出した理論的枠組みから、アメリカ、日本、ドイツにおける株式所有構造の変化を分析する。その上で、株式所有者の中で誰が外部からのガバナンスにおいて一番影響力を持つものかを見出し、それらのガバナンスの特徴を検討する。次に、米・日・独における内部統治構造はどのようなものかを検討する上で、3つの国における企業に対する所有観の違いから、内部統治構造における従業員の位置づけを見る。最後に、米・日・独におけるコーポレート・ガバナンスの特徴を比較し、それを中国のコーポレート・ガバナンスを検討するための理論枠組みとして用いる。その中には、銀行、機関投資家、企業買収、株主総会、取締役会、監査役会などの役割に関する検討が含まれている。
　3つ目は史的展開として次の点を問題にする。まず、米・日・独のコーポレート・ガバナンスの特徴の分析では、米・日・独における株式会社の発展の経緯を分析するとともに、それぞれの歴史の中で一番特徴となるものを選び出す。次に、中国の国有企業改革の経緯を分析する。この分析では次の3つの疑問に答える。①改革前の国営企業における内部からの管理構造または外部からの管理構造はどのようなものであって、またそれにはどのような問題があって改革に踏み切ったか。②国有企業改革にはどのようなものがあって、どうして結局国有企業改革が株式会社化へ至ったか。③国有企業の改革が株式会社化へと転換することはどのような意義があるか。
　4つ目は中国の国有企業におけるコーポレート・ガバナンスの検討である。

序　章

ここで、1つ目で出した理論的枠組みから、中国における株式所有構造、銀行の役割、機関投資家の役割、企業買収の役割、内部統治構造および内部統治構造における従業員の位置づけなどに関する分析を行う。

2　本書の構成

　本書は「序章」、「第1部」、「第2部」、「第3部」、「終章」で構成されている。
　序章ではここですでに述べているように、本書を書く背景と目的、研究の方法及び本書の構成によって編成されている。
　第1部では、コーポレート・ガバナンス理論を概観し、米・日・独におけるコーポレート・ガバナンスの構造を見る。
　第1章ではコーポレート・ガバナンスの意味を次の4つのテーマから展開する。①株式会社の理論の始まり―経営者支配論をあげる理由―、②コーポレート・ガバナンス論の展開の理論的背景、③コーポレート・ガバナンスの定義、④コーポレート・ガバナンス論における分析方法。
　第2章では米・日・独のコーポレート・ガバナンスを外部統治構造と内部統治構造から検討する。外部統治構造の検討では、3カ国における株式の所有構造の比較、機関投資家と企業買収に関する比較、銀行の役割の比較などの内容が含まれている。内部統治構造の比較では、主に株主総会、取締役会、監査役会を内容とする比較検討を行う。
　第2部では、中国の国有企業改革と株式会社化を探る。
　第3章では、計画経済期における国営企業の内部管理制度と外部からの管理構造を明らかにする。ここでは、計画経済期の国営企業が改革に踏み切った理由を探ることが目的の1つであるため、内部管理制度と外部からの管理構造における問題の検討の内容もが含まれている。
　また、「企業自主権の拡大」、「利改税」、「経営請負制」という3つの改革を中心に国有企業改革を明らかにする。この章では、株式会社制度を導入す

る経緯を明らかにするために、「企業自主権の拡大」、「利改税」、「経営請負制」という3つの改革政策の解釈に中心を置く。

　第4章では国有企業の株式会社化の経緯を述べるうえで、国有企業の株式会社化への意義をあげる。それの解明によって、なぜ、本論部においては国有企業の株式会社化を対象にし、またコーポレート・ガバナンス論を用いるかについても分かることができる。

　第3部では、第1部と第2部の内容を踏まえながら、国有企業のコーポレート・ガバナンスのあり方を検討する。

　第5章では　中国の株式会社の所有構造を検討する。最初、中国の株式会社における株式の所有構造は所有の主体という面から、株式が国家株、法人株、個人株、外資株など4種類に分類された。しかも、株式流通の形態から非流通株と流通株に分けられた。その結果、非流通株の数は大半を占めて、特に国有株が非流通株に分類され圧倒的に支配力を持つに至った。

　1999年から中国政府が「株権分置」という改革に取り組んだ。その後、各株式会社の年度報告における株主の構成には国家株という項目がなくなった。その代りに、大株主の欄にはいくつかの会社の名前が入っている。しかし、それらはいずれも国家を大株主とする株式会社である。

　第6章では、国有企業のコーポレート・ガバナンスにおける国有銀行の役割を検討する。まず、中国の金融改革の段階を①専業銀行の形成、②専業銀行の商業銀行化、③商業銀行の株式会社化、という三つの段階に分けて検討する。そして、政府と銀行の関係を明らかにする上で、第1章で検討した日本とドイツの銀行の役割という理論枠組から中国の国有銀行の役割を検討する。

　第7章では機関投資家の役割を検討する。ここで、中国の機関投資家は主に証券投資基金、保険会社、QFII（Qualified Foreign Institutional Investors）[3]、全国社会保障基金、企業年金基金などによって構成されたことと、それぞれの中身を明らかにする。その上で、中国の機関投資家がコーポレート・ガバ

序　章

ナンスにおいて果す役割を検討する。

　第8章では、企業買収が国有企業のコーポレート・ガバナンスに与える影響について検討を行う。ここで、中国における企業買収の展開の経緯を紹介する。その上で、アメリカの企業買収と比較しながら、コーポレート・ガバナンスにおける企業買収の役割を検討する。

　第4部では中国の国有企業における内部統治構造の検討を行う。

　まず、中国の国有企業の内部統治構造は「新三会」と「旧三会」によって成り立っていることを指摘する。つまり、それは「新三会」には株主総会、取締役会、監査役会が含まれていること、「旧三会」には党委員会、労働組合（工会）、職員代表大会が含まれていることである。

　次に、株主総会、取締役会、監査役会に関する制度と実態を明らかにし、それぞれの問題を探る。

　最後に、党委員会、工会、職員代表大会という「旧三会」の制度と実態を分析する。その上で、日本やドイツのような株式会社における職員のガバナンスへの参加の可能性を検討する。

　終章では、国有企業におけるコーポレート・ガバナンスの問題点をまとめ、結論として、今後の国有企業改革に外部統治構造と内部統治構造のあり方に関する提言をする。

　以上のようにして、本書は各章ごとの個別の論点を1つ1つ論じることを通じて、中国が直面する国有企業のコーポレート・ガバナンスの課題を明らかにし、今後の改革の方向性を示すことを目的としている。

注

1）建国以降、中国政府は旧資本主義経済を官僚資本主義経済と民族資本主義経済に分け、二つの異なる政策をとった。官僚資本主義に対して、没収の政策をとったが、民族資本主義を「極く一部を除いては、買弁的、封建的性格を持っておらず、その犠牲者であった資本家階級である」として、民族資本主義経済は人民民主主義革命統一戦線のなかで一定の位置を占めた。しかし、後に、「社会主義的改造」

政策の下で、民族資本主義経済が国営経済に転換された。草野文男（1982）、3-15頁を参照。
2 ）「分類推進国有企業改革、完善現代企業制度、完善国有資産管理体制。」の日本語訳である。
3 ）QFIIは中国の証券管理委員会の許可を受けている国外の機関投資家を指す。

第 1 部

米・日・独におけるコーポレート・ガバナンス論の展開
―中国の国有企業改革をみる視点―

> 第1部では、米・日・独の経験から中国のコーポレート・ガバナンスを検討するために、次のような内容の検討を行う。まず、コーポレート・ガバナンス論の展開の理論的背景、定義、分析方法などを見る。次に、米・日・独におけるコーポレート・ガバナンスの特徴を掴むために、それぞれの国における株式所有構造、銀行の役割、機関投資家、企業買収、内部統治構造の検討または比較を通じて中国のコーポレート・ガバナンスを検討するための理論枠を作る。ここで、銀行の役割、機関投資家、企業買収という3つの内容を検討するのは、外部からのガバナンスの特徴を掴もうとするためである。他方で、内部統治構造の検討にあたって、株主総会、取締役会、監査役会という3つ以外に、内部統治構造における従業員の位置づけを見る。

第1章　コーポレート・ガバナンス論の意義

第1節　株式会社の理論の始まり―経営者支配論をあげる理由―

　株式会社の歴史は17世紀のイギリスとオランダの商人による植民会社時代から始まるとされている。当時、株式会社の設立にあたって国王の特許を必要としていた。しかし、近代株式会社と言えば、発展の中心はアメリカである。

　アメリカは18世紀末にイギリスから法律を継承し、株式会社が国家の許可による「特許」として考えられるようになった。19世紀には株式会社形態が様々な分野において樹立されて、20世紀の初頭にはすでに近代的な株式会社が形成された。

　それとともに、A・Aバーリ＝G・Cミーンズによって著された『近代株式会社と私有財産』は、はじめて株式会社の理論として登場した。彼らは、20世紀初めごろアメリカにおける株式会社の巨大化、またその拡大とともに株式の大衆への分散の現象を見通したうえで、経営者による株式会社の支配という観点を提起した。その後の株式会社理論はコーポレート・コントロールの理論の段階を経て、現在のコーポレート・ガバナンス論の段階に至った。

　コーポレート・コントロールの理論は主に三つの理論によって構成されている。それは経営者支配論、株主による支配論、金融支配論である。注目すべきことは、すべての理論において、バーリ＝ミーンズの経営者支配という観点が論争の焦点になることである。経営者支配論と所有者支配論はバーリ＝ミーンズの理論に対する賛成と批判であって、金融支配論は金融機関による支配を主張しているが、経営者支配に対し否定的ではないことが特徴である。

この章では、コーポレート・ガバナンスの意味と分析方法を検討する前に、次のような2つの問題を解く。1つはバーリ＝ミーンズが提起した経営者支配の問題であって、もう1つはなぜコーポレート・コントロール論がコーポレート・ガバナンス論に展開されていったかという問題である。

　ここで、経営者支配の問題をあげる理由は、現在の株式会社においても経営者支配の問題が決して消えたとは言えないと考えるからである。したがって、本書では、バーリ＝ミーンズが提起した経営者支配の問題を取りあげる上で、コーポレート・ガバナンス論の検討または中国のコーポレート・ガバナンスの分析において、経営者支配の問題を1つの視点として貫きたい。

第2節　コーポレート・ガバナンス論の展開の理論的背景

1　バーリ＝ミーンズの経営者支配問題

　バーリ＝ミーンズは、20世紀初めごろアメリカにおける株式会社の巨大化、またその拡大とともに株式の大衆への分散という現象を見通し、経営者による株式会社の支配ということを明らかにした。詳しく言えば、バーリ＝ミーンズは次のような手順を経て経営者支配を説明した。

　まず、彼らは株式会社理論において支配の概念を「取締役会（または過半数の取締役）を選出する実際的権限」と定義している。

　次に、彼らは、その支配力を行使する方法を「取締役会を選出する法律的権限を動員する―つまり、直接に、または、或る法律的手段方法によって、議決権の過半数を統御する―ことか、或いは、取締役員の選出を左右する圧力を動かすか[1]」によるものだと指摘している。

　最後に、この方法を根拠にして、彼らは、当時アメリカにおける非金融会社のなかの上位200社の巨大株式会社を①完全所有支配、②過半数持ち株支配、③法律的手段による支配、④少数持ち株支配、⑤経営者支配という5つの支配形態に分類した。

ここで、経営者支配とは次のような意味が含まれている。20％以上の株式所有者が存在しない場合、また少数持株支配のように支配に必要な過半数議決権を収集するための株主が存在しない場合、その支配は経営者による支配になる。つまり、この形態は株式所有権を通じて会社を支配するに充分な株式所有量をもつ諸手段、あるいは個人が存在しない場合の株式支配である。経営者支配において株式がかなり分散しているため、株主達は取締役の選出にあたって全く議決権を行使しないか、あるいは議決権をほかの人物に委ねてしまうかのどちらかである。そこで会社の支配は委員会を選出する人々の手に握られており、委員会は実際には経営者によって指名されるため、事実上の支配者は経営者になっている。

　では、なぜこのように多くの企業において経営者が支配権を握ったのであるか。それは株主に問題があった。

　取締役会選出に際して株主が採る道には3つの可能性がある。「つまり、株主は議決権の行使を差控えることが出来る。また、定例株主総会に出席して、みずから株式議決権を投ずることが出来る。また、株主は、会社の経営者によって選出された特定の人々、即ち、委任委員会に対して、自分の議決権を委託する委任状に署名し、これを送ることが出来る」[2]。しかし、株主の実際取る行為は2つしかない。1つは、全く議決権を行使しないことであり、もう1つは、議決権を委任委員会に任せてしまうことである。こうなると、委任委員会の選出の権限をもつものは、株主ではなく経営者になる。つまり、それは次期の取締役会選出は委任委員会によるものであるが、委任委員会は現在の経営者によって指名される。そのため、現在の経営者は事実上の支配者になる。

　以上のようなバーリ＝ミーンズの視点から現在の株式会社を考える場合、現在の株式会社においても株主が全く議決権を行使しなかったり、議決権を委任委員会に任せてしまったりということがあるため、理論的に経営者支配が存在することが想像できる。

　では、経営者支配論の展開はどのような理論的な意味があるのか。それは、

理論界において支配を巡る論争を起こし、さらにその論争によってコーポレート・コントロールの理論を築き上げたことに意義がある。

2　支配を巡る論争

バーリ＝ミーンズの経営者支配論が提起されて以降、株式会社の理論は主に経営者支配論、所有者支配論、金融支配論という3つの内容が含まれるコーポレート・コントロール論として展開され、株式会社の支配者は誰かという論争が焦点になっていた。

1940年アメリカではルーズヴェルト大統領の「アメリカ産業における経済力の集中および競争の衰退に対する影響」に関する研究の要請を受けて、臨時国民経済委員会（Temporary National Economic Committee 略TNEC）を設立した。TNECは2年9カ月に及ぶ調査活動を通じて37件の報告と43の特定の経済問題をモノグラフに収録した。そのうち第29集『最大非金融200社における所有の分布』において、バーリ＝ミーンズと同じ方法で調査が行われた。TNECの調査によれば、1937〜1939年時点での非金融大会社200社のうち、69.5％に当たる139社が所有者支配の会社であるとしたのであった。経営者支配の会社はわずか61社であって、30.5％しか占めていない。これはバーリ＝ミーンズが200社を対象に調査を行って出した結果44％と大きく異なった。

TNECの報告書はスウィージーを始め多くの論者によって株主支配論の根拠として用いられることになった。[3] 株式所有者による支配を主張する論者は、主にバーリ＝ミーンズの経営者支配論に含まれている3つの内容に対して攻撃している。つまり、経営者支配を経営者の任免権とする概念の設定、20％以上の大株主がいない場合を経営者支配とする分析、また直接的支配を究極的支配に転換し分析を行った点、という3つの内容が攻撃の対象になった。[4]

一方、TNECの報告はR. A. ゴードンのような経営者支配論者によっても用いられ、彼らはそのデータを再分析した。また、彼はビジネス・リーダーシップ[5]の概念を提起し、それをもって経営者支配論を主張した。1950年代に

なると経営者支配論がマスコミ等によって「人民資本主義論（people's capitalism）」としてとりあげられ、その影響は日本やヨーロッパまで及んだ。その後、「人民資本主義論」は社会主義者から激しい批判を浴びる。もちろん社会主義者は株式会社の所有者支配論を支持する立場から批判するものであった。また、人民資本主義を批判する側にはその時から台頭した銀行支配論者もあった。さらに、1980年代になるとB.ミンツ＝M.シュワーツによって銀行支配論は金融ヘゲモニー論まで進化する。[6]

　以上は株式会社理論がコーポレート・コントロール論として展開した経緯である。コーポレート・コントロール論の段階で論争の焦点は「支配」であるが、株主（あるいは債権者である銀行）と経営者の関係だけが議論の対象になっていた。その後、コーポレート・ガバナンス論の展開によって、株式会社をめぐる論争は株主と経営者の関係の問題だけではなく、ほかの利害関係者も加えられるようになる。そういう意味で、経営者支配論またはコーポレート・コントロール論は、コーポレート・ガバナンス論の基礎であって、一部でもあることが分かる。

3　コーポレート・ガバナンス論が展開された要因

　上で述べたように、近代株式会社の展開はアメリカにある。実際に、コーポレート・ガバナンス論の最初の展開もアメリカからであった。その要因を次の2点にまとめることができる。

1）民主化運動と国際環境の変化

　「ガバナンス」という言葉はラテン語（gubernāre、舵取り）からきている。[7] アメリカにおいて企業を巡る「ガバメント（government）」や「ガバナンス（governance）」という用語が用いられるようになったのは1960年代であった。[8]

　1960年代、アメリカの国内では企業を巡ってさまざまなでき事が起こった。たとえば、「人権の医療委員会（The Medical Committee for Human Rights）」

は当時ナパーム弾を生産した会社ダウ・ケミカル社の株式を5株だけ持って当社の株主総会に出席し、ベトナム戦争の反戦を訴えた。また、このような事例は黒人の権利をめぐる公民権運動にもあった。例えば、サウル・アリンスキー（Saul Alinsky）はイーストマン・コダック社の黒人雇用差別に対し、当社の株式を10株だけ持って株主総会に参加して、これを批判した。また、同じ時期にGMの車の安全性問題、クリーブランド河川汚染をはじめとする企業の行動によって生み出された公害問題等が取り上げられて社会問題になった。以上のような出来事は企業に対する政府の介入を求めるようになり、ガバナンスの問題として企業の社会的責任問題が問われるようになった。[9]

また、株式会社の理論がコーポレート・コントロール論の段階で株式会社の経営者支配論を批判したのはマルクス主義者に多かった。このことから、経営者支配論者と所有者支配論者との争いは資本家の不在説と実在説として捉える事ができる。1989年ベルリンの壁の崩壊以降、戦後ほぼ45年間の東西冷戦に終止符が打たれ、社会主義陣営からの資本主義に対する攻撃も一段落した。アメリカ式の資本主義は旧社会主義国家から憧れられるようになり、アメリカ国内では資本家の実在説を説いても、意味がなくなるといえる。

2）コーポレート・ガバナンスを巡る法律の整備

戦後アメリカの株式会社を巡る合併は戦前の水平的合併と垂直的合併[10]と違って、コングロマリット型合併が多かった。コングロマリット型の合併は相互に全く関連のない産業に属している企業間の合併であって、主に1960年代から1970年代にかけて行われた。1968年はピークの年であって、一年間2,407社の会社間の合併があった。[11] 1980年代になると、いわゆるLBO（Leveraged Buy Out）という企業買収が盛んになった。LBO買収は格付けの低いハイリスク・ハイリターンの債券ジャンク・ボンドを利用した負債に基づく敵対的企業買収である。[12] また、LBOの買収に対して「ポイズン・ピル（poison pill: 毒薬条項）」という防衛手法や「ゴールデン・パラシュート（golden parachute）」という現象があった。1990年代には殆どの企業がポイズン・ピルの

防衛手法をとった。ポイズン・ピルは敵対的買収が仕掛けられた時、買収される企業の株式を増やして株価を下げる方法であって、買収する側の全体買収総額が増加し買収を断念させる。ゴールデン・パラシュートは企業が買収されるまえに、経営者が高い退職金をもらって逃げることである。しかし、ポイズン・ピルやゴールデン・パラシュートは両方とも経営者の自己利益のために、株主の利益を損なう行為である[13]。

　以上のような企業買収をもたらした原因は、アメリカにおける株主の主役が個人株主から年金基金やミューチュアル・ファンドなどの機関投資家に変わったからである。年金基金などの機関投資家は年金を効率的に運営するために、積極的に株式の売買を行うだけではなく、企業買収まで仕掛けていた。年金基金が積極的になった切っ掛けは、次のような2つの法的整備が進んでいるからである。1つは、1974年にアメリカの労働省が年金受給権を保護するために制定した「従業員退職所得保障法」(ERISA: Employee Retirement Income Security Act) である。もう1つは、1988年労働省がエイボン社の資産運用者の質問に対して行った回答であった。当時回答にあたる「エイボン・レター」では、委託者に代わって機関投資家が運営企業に対して議決権の行使を促す勧告が内容になっていた。

　コーポレート・ガバナンスの話題が過熱化したきっかけになったのはエンロン社の破産事件であった。当時エンロン社の社外取締役は、他の大企業の取締役、大学教授、上院議員など一流の人であって、エンロン社が依頼した監査も世界の5大監査法人の1つであったアーサー・アンダーセン社であった。それにもかかわらず、エンロン社が破綻して以降、次の2点の不祥事があったことが分かった。1つは社外取締役たちが経営者にたいするチェック機能を果たせなかったこと。もう1つは、監査担当であったアーサー・アンダーセン社がエンロン社関係の文書を事件発覚後破棄したとして、ヒューストン連邦地裁で有罪の判決を受けたことである。

　エンロン社の破たん事件を受け、2002年7月25日に企業の不正を防止するため、「サーベンズ・オクスレイ法」(Sarbanes-Oxley Act of 2002) がアメリ

カの上下院で可決され、5日後7月30日大統領の署名によって法制化された。同法案は企業経営者への罰則強化、監査法人への監視規制、情報開示強化などを内容にしたもので、1930年代証券法や証券取引法が州ごとに設定されて以来最も大規模で包括的な改正であるとされている。

第3節　コーポレート・ガバナンスの定義

　前記のように、コーポレート・ガバナンス論が展開される段階まで株式会社の理論はコーポレート・コントロール論として展開され、主に株主、経営者および銀行が議論の対象になっていた。しかし、その後の株式会社の活動に反戦運動、人種差別問題、環境問題、企業買収、機関投資家の活躍、企業不祥事、法律整備などのさまざまな問題が絡んで来た。こういう意味で、コーポレート・ガバナンス論は、その前のコーポレート・コントロール論に比べると、視点が多様化になり、内容も豊富になった。

1　様々なコーポレート・ガバナンスの概念

　最近、コーポレート・ガバナンス論は、アメリカだけではなく、日本、ドイツおよび中国などの国においても展開され、その定義も様々である。

　Blair（1995）はコーポレート・ガバナンスを「狭義的には取締役会の機能、構造、株主の権力に関する制度の取り組みである。広義的には会社のコントロールまたは分配に関する法的、文化的、制度的取り決めなどの全体の中で誰が、どのようにコントロールを行い、いかに行う活動からリターンまたは収益を分配するか、などの問題」であると定義した。

　Davis（2005）の定義は「参加者の間の権力の分配または資源の制御をするための構造、プロセス、組織内または周辺組織」である。

　青木昌彦は「コーポレート・ガバナンスとは企業のステークホルダー（利害関係者）のあいだの権利と責任の構造である」と定義した。

第 1 章　コーポレート・ガバナンス論の意義

　出見世信之の定義は次のようである。「企業統治を狭義に定義すれば、『株主・経営関係者と会社機関構造』とすることができる。『企業統治』なる語によって、企業と利害関係者の関係について言及される場合において、その利害関係者の中には、株主、経営者、取締役が含まれることになる。その点からも、企業統治を狭義には『株主・経営者と会社機関構造』とすることが適切であろう。さらに、企業統治を、広義には『企業と利害関係者との関係』とする。広義には、従業員や顧客、地域社会などの利害関係者も企業統治に関係することになる」[18]。

　銭穎一の定義は次のようである。「コーポレート・ガバナンスは、企業において、投資者、社長、労働者の関係を含む重要な利害関係者の団体を支配し、それぞれの経済的な利益を実現させ、如何に支配権の配置または行使をし、如何に取締役会、社長および職員などの監督または評価をし、如何にインセンティブの体制を設けて実施するか、などに関する一種の制度である」[19]。

　それ以外にも、コーポレート・ガバナンスは、制度、文化、法律、経済、経営など様々な分野からの定義がある。注目すべきことは、コーポレート・ガバナンス論は様々な分野から展開されるだけではなく、各分野の中で議論される内容が違う場合がある。例えば、法学における議論は主に2つある。1つは、株式会社の主権者は誰かという会社主権論、もう1つは、経営者の監視と監督のあり方を探る会社機構論である[20]。

　経済学においては主にエージェンシー理論として展開されている。この理論では、経営者を株主のエージェントとしてとらえる上で、経営者と株主の間に情報の非対称性の問題があるため、株主がいかに経営者のモラル・ハザードを防ぎ、いかに経営者をコントロールするかが内容になっている[21]。

　経営学では、2つの考え方がある。1つは、会社用具観あるいは会社手段観と呼ばれる考え方である。この考え方では、会社を株主の用具として、いかに株主の利益のために「よい経営」をするかが指標になっている。もう1つは、会社制度観あるいは独立制度観と呼ばれている考え方である。この考え方は「会社はだれのものでもない」の観点にたって、会社の成長と存続の

ためにどのような「よい経営」をするかが目標になっている。[22]

2 分類の方法から見たコーポレート・ガバナンスの意味

　以上は、コーポレート・ガバナンスに対するそれぞれ違う意味づけであるが、実際には、コーポレート・ガバナンスの諸観点は大きく2つの方法で分類されている。1つは「所有者が誰か」という観点からの分類であって、もう1つは「誰のために経営されるべきか」という観点からの分類である。

1)「所有者が誰か」という観点からの分類

　コーポレート・ガバナンス論では「所有者が誰か」という問題が多く議論されているが、その問題はコーポレート・コントロール論の段階においてすでに議論されていたものでもある。この分類の特徴は各歴史段階で現れた事業形態を説明することができる。しかし、ここでは、近代株式会社が形成されてから「所有者が誰か」という議論は結局「経営者支配」に問題があったことに留意したい。

　では、なぜ「所有者が誰か」が問題にされているのか。それは近代株式会社の変化に原因がある。

　普通企業の利害と直接に関わる者としては、経営者、企業の所有者、労働者と消費者などがある。自給自足経済形態においては、いわば経営者は事業主体の所有者であると同時に、労働者と消費者でもある。これが原始的事業形態になると消費者は独立的な利害関係者として、経営者と労働者から分離される。この時期までは経営者、事業所有者と労働者は同一である。経済の発展にともない事業形態は小規模企業形態となる。小企業形態においては労働者が経営者と所有者から分離されている。これは産業革命以降現れたものと思われる。この時期に労働者と資本家階級という2つの相互に対立する利害集団に分かれてしまう。また、経済発展はさらに進化し、激しい企業間の競争を経て、社会資本が殆ど少数巨大企業に集中され、企業形態は巨大化する。この巨大企業において、企業の資本は多数の株主による所有になり、

経営者は所有と分離され企業の運営者になる。所有者はただの所有株式の数に応じた権利者である。現代企業において、経営者は事業の主体になり、所有者、労働者、消費者は事業主体からの影響を受けるか、あるいは自分の行動を通じて事業主体に影響を及ぼすかになる。20世紀になると、巨大化した会社における株式の大衆への分散と金融機関や他の事業会社の株式所有によって利害関係者はさらに複雑になった。

　ここで注目すべきことは、現在の企業形態を表わす大規模企業形態において、経営者とほかの事業主体が分離されていることである。つまり、経営者は1つになって、所有者や労働者や消費者は3つが合わさって1つのグループになっている。そういう意味で問題点が経営者にあることが分かる。この問題はまさにバーリ＝ミーンズによって提起された問題でもある。つまり、近代株式会社は「所有と経営の分離」という特徴があらわれ、「経営者支配」が問題になった。

2）「誰のために経営されるべきか」という観点からの分類

　この分類方法は次のようなものを重視する。つまり、それは、株主の利益を含む、従業員、銀行、取引業者、顧客、地域社会などの諸利害関係者のどちらかに視点を置き、企業がどのような利害関係者の利益のために経営されているか、また、各利害関係者が企業の経営活動にどのような監視・監督を行うべきであろうか、というものである。この方法よりアメリカ、イギリス、

表1-1　日欧米の企業概念比較

企業概念	一元的企業概念	二元的企業概念	多元的企業概念
内　　容	企業は株主の私有財産	企業は株主の私有財産ではあるが従業員の利益も考慮	企業はすべての利害関係者のもの
中心的利害関係者	株主	株主・従業員	従業員
該 当 国	アメリカ・イギリス	ドイツ・フランス	日本

出所：土屋守章・岡本久吉（2003），32頁。

ドイツ、フランス、日本などの国におけるコーポレート・ガバナンスを大きく3種類に分けられている。アメリカとイギリスでは企業が株主の私有財産として考えられ、諸利害関係者の中で株主が中心的利害関係者になっている。ドイツとフランスでは、企業が株主の私有財産であると考えられと同時に、従業員の利益もが重視され、従業員は株主と共に企業の中心的利害関係者になる。これらに対して日本では、企業が全ての利害関係者のものだと考えられることが多く、諸利害関係者の中で従業員が中心的利害関係者になっている。詳しくは表1－1のようである。

第4節　コーポレート・ガバナンス論における分析方法

前記のように、コーポレート・ガバナンスにはさまざまな意味づけがあって、いろいろな形で分類され、コーポレート・ガバナンスの意味が一層複雑に見える。しかし、結局、コーポレート・ガバナンス論で議論されているのは次のような2つの問題である。1つは、「株式会社はだれのものであるのか」という問題であって、もう1つは、企業をめぐる諸利害関係者のなかでだれが主役になって、だれの利益のために、どのような監督・監視システムがあるのか、という問題である。したがって、コーポレート・ガバナンス論において、以上のような問題を解決するために用いられている分析方法が主に3つある。①エージェンシー理論（Agency Theory）、②「事業の繁栄」のためのコーポレート・ガバナンス論、③「説明責任」を追及する理論である。

1　経済学からの分析方法—エージェンシー理論（Agency Theory）[23]—

エージェンシー理論では、2つの利害関係者、プリンシパル（principal）とエージェント（agent）が存在する。両者はエージェンシー関係（agency relationship）という契約関係によって結ばれている。しかし、両者は利害面では必ず一致しているわけではない。ここで菊澤研宗の言葉を引用して両者の関係を説明する。「プリンシパルとエージェントは情報の収集、処理、そ

第 1 章　コーポレート・ガバナンス論の意義

して伝達能力に限界があるので、必ずしも同じ情報を相互にもっているとは限らない[24]」。これはいわゆる情報の非対称性である。また、菊澤はエージェンシーの契約関係が成立した後、両者の間にモラル・ハザード現象が起きる可能性があるとして、次のように述べた。「相互に利害が不一致で情報の非対称性が成り立つエージェンシー関係では、契約後にエージェントがプリンシパルの意図どおりに行動するとはかぎらない。エージェントは、プリンシパルの不備に付け込んで、契約を無視して隠れて手を抜き、さぼるといったモラル・ハザード現象を起こす可能性がある[25]」。

エージェンシー理論によれば、株式会社の中には経営者を中心とするさまざまなエージェンシー関係が存在する。しかし、コーポレート・ガバナンス

図 1 － 1　経営者を中心とするエージェンシー関係

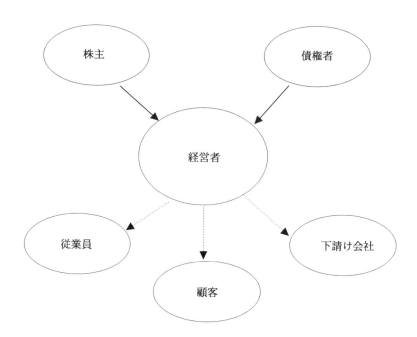

（出所）菊澤研宗(2004), 41頁を参照。

35

問題にとって次の2点が重要な関係とされている。すなわち、①株主と経営者との間のエージェンシー関係、②債権者と経営者との間のエージェンシー関係である。

ここで、株主と経営者との間のエージェンシー関係を見てみよう。

菊澤は株主と経営者との間のエージェンシー関係を次のように解釈している。

「株主と経営者との間のエージェンシー関係に注目すると、プリンシパルとしての株主とエージェントとしての経営者との利害は必ずしも一致しない。一方で、株主は株価最大化や配当最大化に関心をもつのに対して、他方、経営者は自己利害の追及、例えば経営者としての名声に関心を抱く可能性がある。また、株主は経営者の行動を完全に観察できない。他方、経営者は企業に関する私的情報を多く持っているだろう。それゆえ、両者の間には情報の非対称性も成り立つことになる」[26]。

そして、この理論においてプリンシパルとエージェントの利害を一致させる方法として以下の二つの方法しかないとしている。

「1 株主と経営者との利害を一致させるために、株主が何らかの制度を利用して経営者を統治する方法(モニタリング・システム)。

2 株主と経営者との利害を一致させるために、株主が何らかの制度を利用して経営者を所有経営者化して経営者を自己統治させる方法(インセンティブ・システム)」[27]。

前者、モニタリング・システムの分析では、コーポレート・ガバナンスの種類を組織型コーポレート・ガバナンスと市場型コーポレート・ガバナンス型の2つに分類する。組織型コーポレート・ガバナンスは取締役会制度を利用してトップ・マネジメント組織に社外取締役を送ることによって、企業経営を監視、または経営者を規制する。市場型コーポレート・ガバナンスでは、株主が株式市場を利用して株式を売ることによって株価が下がると同時に、信用も下がって株式市場と金融機関からの資金調達が難しくなる。また、経営者の問題が深刻な場合、株式市場を利用して敵対的買収の脅威にさらされ

第1章　コーポレート・ガバナンス論の意義

ることもある。

　後者、インセンティブ・システムとは株主から経営者にインセンティブを与える方法である。具体的には、残余請求権、契約改訂権、自社株購入権、自社買収権などの権利を与えることによって経営者に自己統治をさせることである。

　このような関係は経営者と債権者の間にも存在する。債権者の場合は株主と重なることがあることから、債権者による組織型ガバナンス、債権者兼株主による組織型ガバナンス、債権者兼株主による市場型ガバナンス、経営者による自己統治に分類されている。

　しかし、エージェンシー理論において2点だけが重要な関係とされていることに限界がある。つまり、その関係は①株主と経営者との間のエージェンシー関係、②債権者と経営者との間のエージェンシー関係という2つの関係であるが、明らかに、エージェンシー理論では株式会社が株主あるいは債権者のものという観点が前提になっている。そのため、エージェンシー理論をもって、アメリカ、イギリス、ドイツ、フランス、日本など全ての国におけるコーポレート・ガバナンスを説明することが難しい。例えば、エージェンシー理論はアメリカやイギリスの企業の分析に当てはまるが、日本やドイツの企業の分析には限界がある。

2　「事業の繁栄」のためのコーポレート・ガバナンス論

　この分析方法では、会社の健全な発展を促すためにコーポレート・ガバナンスの機能を次の3つとして考える。

　第1に、利害関係の調整。会社は付加価値を生産する組織体である同時に、付加価値を諸利害関係者に分配する組織体でもある。もし、諸利害関係者の利益を市場原理による調整に任せる場合、一部の利害関係者の利益を損なう可能性がある。そのため、企業は、市場を通じて調整することができない利害を調整する。

　第2に、適切な経営者の選択。付加価値を生み出すことができるどうかは、

戦略または戦術が必要である。しかし、その戦略と戦術の選択と実行は経営者によるものである。そのため、経営者の選択は会社の長期的繁栄に関わるものである。

第3に、経営者の誘導と牽制。これは、経営者が適切な経営を行うような誘導と牽制である。具体的に、経営者を誘導または牽制するために、経営者の経営成績の開示制度（ディスクロージャー）、経営の監査制度、経営者の成績の評価および報酬の決定制度、経営者の異議申し立て制度などの制度が設けられている。

ここでの経営者とは業務担当取締役および執行役員を指す。そして経営者を誘導または牽制するための制度は、コーポレート・ガバナンスを分析するための方法でもある。例えば、経営者の経営成績を評価する制度では、①財務指標から見た企業業績の評価[28]、②非財務指標からみた企業業績の評価[29]、③経営者個人の業績指標[30]などの分析方法がある。

この分析では、企業体に対して資本と労働という生産要素だけではなく、情報や人々の心理的エネルギーをつけ加えることに特徴がある[31]。また、この方法は、会社制度の枠組みのなかで、企業と資源提供者の関係を規範的に取り決め、ルールを作る。すなわち、株式会社制度のもとでは分配が協働成果の分配、意思決定の権限の分配、リスクの分配などの3つに分けられていて、それぞれのなかには各要素が図1－2のように優先順位づけられている。

しかし、「事業の繁栄」のためのコーポレート・ガバナンスからの分析には以下のものに限界がある。

まず、現代株式会社制度のもとで、株主は直接に経営者の決定や経営に関わっていない。特に、上場株式会社での株主の多くは経営に関心を持っていないものが多い。ここに経営者がつけ込み、株主総会は形骸化されているケースが多い。これは経営者支配がもたらした弊害とも言える。しかし、これに対して、株主が直接経営に携わっていないため、経営者の誘導と牽制、または経営者の経営成績の開示制度（ディスクロージャー）などの制度だけで、株式制度のもとで固有の欠陥をその根本から取り除くことに限界がある[32]。

第1章　コーポレート・ガバナンス論の意義

図1－2

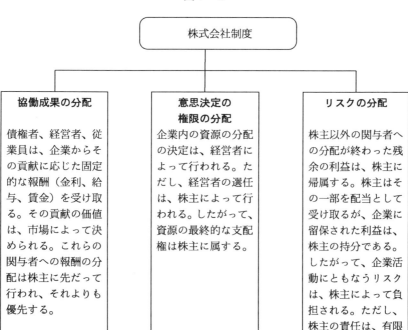

（出所）加護野忠男・砂川伸幸・吉村典久（2010),53頁。

　次に、この分析は会社制度の枠組みの中から資源の分配を考え、諸基準を決めている。しかし、会社制度以外に、資源の諸要素に影響を与える制度や法律が存在する。例えば、労働法（賃労働者）、金融制度（債権者）。もし、外部の諸制度に変化がある場合、よい経営目標を達成するために、経営者に対する誘導と牽制の制度で使われている財務的指標や非財務的指標は、その外部制度の変化に対応するものではない。

3　経営者の「説明責任」を追及する理論

　上では、エージェンシー理論と「事業の繁栄」のためのコーポレート・ガ

バナンス論からの分析方法を見た。しかし、コーポレート・ガバナンスの分析にあたって両理論はそれぞれ特徴があり、限界もある。ゆえに、ここでもう1つの分析方法として、経営者の「説明責任」を追及する理論を取り上げたい。なぜかというと、この理論では内部と外部という2つの枠組みに分けてコーポレート・ガバナンスを考えるからである。

　この理論は、経営業務に関して受託と委託の関係があることを前提にしている。ここでの受託者は専門経営者になるが、それはただの取締役ではなく、実際の業務を担当する取締役および執行役のことである。この理論は大きく分けると次のような2つの枠組みになる。①内部的「説明責任」を完遂するコーポレート・ガバナンス、②外部的「説明責任」を完遂するコーポレート・ガバナンス。そして、両枠組みにおける委託者の意味が違う。内部的「説明責任」を完遂するコーポレート・ガバナンスの枠組みにおける委託者は、株主に委託された株主総会と取締役会である。外部的「説明責任」を完遂するコーポレート・ガバナンスにおける委託者は、銀行、取引先、証券取引所、労働組合、消費者、行政などの外部利害関係者になる。以下では土屋と岡本の説明に依拠し、両コーポレート・ガバナンスの枠組みを詳しく紹介する。

1）内部的「説明責任」を完遂するコーポレート・ガバナンスの枠組み

　まず、土屋と岡本によると、内部的「説明責任」の説明にあたって、相互に関係する「説明責任」、「受託責任」および「情報開示」という三つの概念の相違を区別する必要がある。

　　「説明責任は経営委任者に対する、委任を受けた経営についての執行状況の制度的に決められた説明責任である。その説明が委任者により承認されて、初めて経営執行に対する専門経営者の受託責任が解除されるという関係にある[33]」。

　情報開示とは、「現在および潜在的なステークホルダーに対する広範な情報提供[34]」であるが、企業から消費者やその他の幅広い関係者に対する情報開示とも異なる。それは、委任者に対する制度的説明と違って、企業に対する

投資判断に必要な詳細情報を一般的に株主や投資家に説明するものである。

次に、内部的「説明責任」を完遂するコーポレート・ガバナンスにおいて、四つのモニタリングが存在する。つまり、それは①株主総会による専門経営者のモニタリング[35]、②株主による専門経営者のモニタリング、③取締役会による専門経営者のモニタリング[36]、④監査役および監査役会による専門経営者のモニタリングである。

2) 外部的「説明責任」を完遂するコーポレート・ガバナンスの枠組み

内部的「説明責任」を完遂するコーポレート・ガバナンスは企業を内部的な観点から、企業内の直接的な利害者による専門経営者に対してモニタリングを行うのに対し、外部的「説明責任」を完遂するコーポレート・ガバナンス」は企業の全体を組織として見る観点から、企業に対して重要な貢献をしている利害関係者のコーポレート・ガバナンスに関与する。外部的利害関係者は銀行、取引先、証券取引所、労働組合、消費者、行政、地域社会などによって構成されている。これらの利害関係者はそれぞれの企業と共存関係を有し、さまざまな形で企業に貢献し、その見返りとして、企業の事業成果の適切な配分を求めている。外部からのモニタリングは国によって違う特徴がある。例えば、アメリカは証券取引所からのモニタリングが特徴であるのに対して、日本は銀行からのモニタリングが特徴になっていた。詳しいことは次章で述べるが、ここで両国におけるモニタリングの特徴を簡単に説明すると以下のようになる。

アメリカの場合、企業の資金の調達は間接金融より直接金融が圧倒的であるため、証券市場からのモニタリングが強い。証券取引所は投資家の信頼を確立させるため、企業に対する適切な投資判断の資料を投資家に提供している。そのため、企業に対し情報のディスクロージャーを求める。

アメリカでは、1973年から「株主に対する財務報告および関連事項に関する勧告コメント」と題する白書を公開しており、上場会社からの社外取締役を送り込むだけではなく、社外取締役からの監査委員会への勧告が行われて

いる。特に、エンロン社など企業不祥事が発生して以降、決算報告書、内部管理体制、監査体制を宣誓内容とする報告が企業に義務付けられた。また、企業は内部倫理基準を制定し、年次報告書に記載・公表することが義務化されている。

　日本の場合、アメリカと違って、企業資金の調達は銀行からの間接金融が多い。また、戦後のメインバンク制度は企業と銀行の間の株式相互持合い関係を伴った。1980年代までは経営者に対して投資計画、資金調達後の経営活動に対するチェック、投資活動後の監査など三つの段階におけるモニタリング機能の統合性が強かった。しかし、1980年代以降メインバンクの企業に対するモニタリング機能が低下した。

注
1) Berle and Means（1932), pp.69－70.（邦訳88～89頁)
2) Berle and Means（1932), p.86.（邦訳109頁)
3) Sweezy（1953), ch.3（邦訳第 3 章）を参照。
4) 佐久間信夫（2003), 28-29頁を参照。
5) Gordon（1948), ch1（邦訳第 1 章）を参照
6) Mintz and Schwartz（1985), ch.10.（邦訳第10章）を参照。
7) 三和由美子（1999), 107頁を参照。
8) これについては、Baldwin, F.D.（1984）に詳しい。また、出見世信之（1997b)、土屋守章（1980)、菊澤研宗（2004）も参照。
9) 菊澤研宗（2004), 12-13頁。
10) 水平的合併とは同一業種に属する多数の企業間の合併である。垂直的合併とは原料から完成品にいたるまでの全生産過程を一貫して縦に結び付け、市場を縦断的に支配する合併である。
11) これについてFTC, Economic Report on Corporate Merger,（1969), p.274に詳しい。また、宮崎義一（1972）80頁, 131頁も参照。
12) 菊澤研宗（2004), 18頁を参照。
13) 菊澤研宗（2004), 18頁を参照。
14) 河端真一（2004), 116頁。
15) これは "The whole set of legal, cultural, and institutional arrangements

that determine what publicly trade corporations can do, who controls them, how that control is exercised, and how the risks and returns from the activities they undertake are allocated" (Blair1995]) を日本語に訳したものである。
16) これは "The structures, processes, and institutions within and around organizations that allocate power and resource control among participants." (Davis [2005]) を日本語に訳したものである。
17) 青木昌彦 (1995), 19頁。
18) 出見世信之 (1997a), 8頁。
19) これは「公司治理結構是一套制度安排，用来支配若干在企業中有重大利害関係的団队，包括投資者，経理，工人之間的関系，并从中実現各自的経済利益。公司治理応包括：如何配置和行使控制権；如何監督和評価董事会，経理人員和職工；如何設計和実施激励机制」(銭穎一 [1995.1]) を日本語に訳したものである。
20) 藤川信夫 (2004), 1頁。
21) これについてJensen and Meckling (1976) が詳しい。また小佐野広 (2002), 7頁も参照。
22) 加護野忠男・砂川伸幸・吉村典久 (2010), 15-16頁を参照。
23) Jensen and Meckling (1976), pp.305-360.
24) 菊澤研宗 (2004), 39頁。
25) これについてはJensen and Meckling (1976) に詳しいが、言葉の引用は菊澤研宗 (2004), 39頁に依拠しよう。
26) これについてはJensen & Meckling (1976)に詳しいが、言葉の引用は菊澤研宗 (2004), 41頁に依拠しよう。
27) これについてはJensen & Meckling (1976)に詳しいが、言葉の引用は菊澤研宗 (2004), 43頁に依拠しよう．
28) 財務指標から見た企業業績の評価において用いられている指標には、経常利益、ROE（自己資本利益率）、ROA（総資産利益率）、CF（キャッシュフロー）、EVA（経済付加価値）、EPS（1株当たりの利益率）売上高、税引後純益、時価総額などがある。
29) 非財務指標からみた企業業績の評価において使われている指標には、顧客満足度、組織・事業開発、企業倫理、品質、職場活性化、新製品開発、マーケット・シェア、ステークホルダーとの関係などがある。
30) 経営者個人の業績指標には、①後継者および部下の教育・育成、②ステークホル

ダーとの良好な関係の維持、③忠実かつ誠実な業務執行、④環境変化に対応した組織ビジョン、戦略の決定とその執行、リーダーシップの発揮による組織効率の向上、適正な業績目標の達成、⑦顧客満足度の向上、⑧従業員満足度の向上。

31）加護野忠男・砂川伸幸・吉村典久（2010），53頁。
32）加護野忠男・砂川伸幸・吉村典久（2010），57-58頁を参照。
33）土屋守章・岡本久吉（2003），173頁。
34）土屋守章・岡本久吉（2003），173頁。
35）株主総会による専門経営者のモニタリングとは、法律によって株主総会が最高意思決定機関とされて、専門経営者の株主利益には反する行為に対してモニタリングを発揮する。
36）株主は、株主総会を通じたモニタリング以外にも、法律によって株主には「単独株主権」や「少数株主権」と言われている二つの権利が保障されている。「単独株主権」には「株主総会決議取消の訴え」、「取締役等の違法行為差止請求権」、「株主代表訴訟制度」などがあって、「少数株主権」には「株主提案権」、「株主総会招集権」、「帳簿閲覧権」等がある。

第2章　米・日・独におけるコーポレート・ガバナンスの比較

　第1章では、コーポレート・ガバナンス論を確認した。このような理論を以って、米・日・独におけるコーポレート・ガバナンスの特徴を摑もうとする場合、それぞれの国における株式所有構造、機関投資家、企業買収、内部統治構造などを検討する必要がある。本書では、米・日・独の経験から中国のコーポレート・ガバナンスを検討する。そのため、この章では、米・日・独のコーポレート・ガバナンスを比較し、そこから中国の国有企業改革を分析する枠組みを得る。次における所有構造の比較、銀行の役割、機関投資家、企業買収という3つの内容の検討は、外部からのガバナンスの特徴を摑もうとするものである。一方、内部統治構造の検討にあたっては、株主総会、取締役会、監査役会という3つ以外に、内部統治における従業員の位置づけも見る。

第1節　所有構造の比較

　第1章で述べたように、従来の株式会社の理論または米・日・独におけるコーポレート・ガバナンスの分析にあたって、株式所有構造の分析が最も重要な要素になっている。近代的企業形態と従来の企業形態の違いと言えば、それは「所有と経営の分離」である。その中で、株式会社の所有観が議論の対象にされている。つまり、従来の生産財の所有者と経営者であったものが株式会社のもとで、株主と経営者という2つの利害関係者に分かれてしまい、さらに諸利害関係者の中で両者の関係が重要な問題にされていた。

1 アメリカにおける株式の所有構造

アメリカにおいては「企業は株主の私有財産」という一元的企業概念のもとで、中心的な利害関係者は株主になっている。しかし、それは企業の所有観念だけであって、決して現在のコーポレート・ガバナンスにおいて個人株主が役割を果たしているわけではない。アメリカにおける一元的な企業観は、むしろ1900年代初め頃からの株式の個人への分散によって登場したものであると言える。バーリ＝ミーンズがあげた例で示したように、1929年ペンシルベニア鉄道会社、米国電信電話会社(ATT)、合衆国製鋼会社(U.S.スチール)における株主の名簿で登録されている株主数は、それぞれが50万人、19万6,119人、18万2,585人になっていた。[1]

このように、1930年代ごろ株式会社における株式所有構造の特徴は株式の個人への分散であった。この状況が戦後もしばらく続いた後、1960年ごろ機関投資家の活発化により株式が機関投資家に集中されるようになった。

その後のロバート・A・G・モンクス＆ネル・ミノウによると、1990年の機関投資家による株式の保有は米国株式の50％を占めるものであった。[2]特に、全国産業審議会（The Conference Board）の報告によるとトップ1,000の巨大株式会社における株式の中で、機関投資家による所有は相当なものである。しかも、その割合は1987年の46.6％から2009年末の73％までに増加した。[3]

機関投資家は株式を大量に所有するだけではなく、コーポレート・ガバナンスにおいて重要な役割を果たしている。したがって、アメリカのコーポレート・ガバナンスの検討にあたって、このように株式所有形態の歴史的変化から判断する上で、最大の株式の所有者である機関投資家の役割を外してはいけない。

2 日本における株式の所有構造

日本の株式所有構造の特徴は、戦前の財閥によるピラミッド型の所有構造から戦後のメインバンクを中核とする企業間の株式の「相互持合い」に変わ

第2章　米・日・独におけるコーポレート・ガバナンスの比較

った。

　戦前の日本の株式所有構造の特徴は、三井、三菱、住友、安田という四大財閥を始めとする財閥によるピラミッド型の所有構造であった。。明治初年以後、株式制度の普及は個人投資家による株式所有が増大する一方、財閥による閉鎖的株式所有が多くなった。特に、戦前の財閥による所有は戦後の株式所有形態の変化に大きな関わりがあったと言える。戦前の財閥による支配は顕著であり、三井、三菱、住友、安田の四大財閥による払込資本金は日本の全体会社資本金の24.5％（全体資本金は323億円）を占めていた。鮎川、浅野、古河、大倉、中島、野村の六財閥を加えると全体の35.2％であった。財閥による所有構造から見ると戦前の日本は「財閥家族が財閥本社の株式の圧倒的部分を所有し、財閥本社が子会社の株式を所有し、さらに子会社が孫会社の株式を所有するというようなピラミッド型[4]」であった。

　戦後、アメリカの財閥解体の方針のもとで、一時株式の個人への分散があったものの、1949年と1953年の2回にわたる独禁法の改正、また1960年代後半から資本自由化対策としての「安定株主工作」によって企業間の株式相互持合いが進んだ。そして、株式の相互持合いの中でメインバンクの役割が重要となっていた。株式の「相互持合い」が形成された要因を2つの段階に分けて説明することができる。

　第1段階は1950年代の前半である。戦後日本の財閥が解体された後、一時期経済はインフレーションとなった。そこでアメリカは「ドッジ・ライン[5]」と「シャウプ税制勧告[6]」によってインフレを終息させ、日本の大企業の近代化をはかった。さらに、1950年6月25日に起きた朝鮮戦争は日本の大企業の資本蓄積を軌道に乗せた。その後、中小企業間の系列化、旧財閥系の大企業間の結合関係としての株式の相互持合いが始まるのだが、その契機として、1949年と1953年の独禁法に対する2回の改正があげられる。第1次改正によって、事業会社の株式所有は競争相手以外の株式を所有することが可能になり、第2次改正によって、金融機関による発行会社の株式所有割が5％から10％まで緩和された[7]。

この時期の株式相互持合いの特徴は銀行を中心にした系列融資を目的とした、銀行とそれぞれの企業との間だけの持合い関係で成立するグループだったのである。
　第2段階は1960年代の後半から1970年代の前半と言える。この段階の変化として、顕著なのは資本自由化に対抗して「安定株主工作」が進められたことが挙げられる。その結果、法人への株式の集中はさらに進展した。[8]
　1964年から1965年までは証券恐慌対策とする株式凍結期間である。その時、株式を凍結するために日本共同証券と日本証券保有組合が設立された。両者は主として投資信託組入れ株を対象に株式市場から大量に合計38億2,448万株を買い入れ、凍結した。特に一流大企業の株式を多く凍結した。そして、1966年から銀行、生命保険会社、発行会社の関連会社を対象に、凍結株を放出した。こうした共同証券と保有組合を設立して、株の買入れと放出は昭和40年代、不況の解決策として登場したが、それが企業集団内での株式相互持合い率をさらに高める契機となった。
　この時期にもう一点登場したものとして資本自由化に対抗するための株式の安定工作がある。資本自由化によってアメリカの多国籍企業が日本の市場を狙い、子会社の設立、日本企業との合併会社の設立、日本の既存企業への資本参加など会社乗取りを目指したのだが、それを防止するための工作である。トヨタ自動車をはじめ自動車産業は相次いで金融会社、子会社、部品関連会社に自分の株式をはめ込んだ。安定株主工作では株式に対する需要と供給が大きくなるため、市場の株価も高騰したのである。
　表2－1は1970年から1999年の間の集団内株式所有率の推移であるが、30

表2－1　集団内株式所有率の推移

年度	1970	1975	1977	1979	1981	1985	1987	1989	1992	1996	1999
株式所有率(%)	21.68	23.89	23.86	25.43	25.48	23.4	22.65	21.64	22.21	21.37	20.05

（出所）奥村宏（2005），139頁。

年間ずっと20％代を維持している。この株式相互持合いで注意すべきなのは、メインバンクと言われている銀行の役割である。財閥解体後唯一、法人として株式を持っていたのは各系列銀行であった。1953年の第2次独禁法改正後、銀行の株式の持ち比率は10％まで上がり、メインバンクとして株式相互持合いの先頭に立つ役割を果たしていた。また、企業集団の形成は単に少数の企業の集まりではなく、数多くの企業の集まりであった。「それぞれのメンバー企業は相手の発行株式の2～3％程度の株式を所有しているにすぎないが、株式所有される側からみれば集団メンバーによって20～30％の株式を所有されている形になっており、一社ずつの持株率はわずかだが、メンバー企業全部を合わせると十分支配可能な持株比率になる[9]」とこの状況を奥村はまとめている。

3　ドイツにおける株式所有構造

　ドイツの株式会社においても法人が株式を大量に所有する。戦後のドイツは、日本やアメリカと違って株式会社の形態をとる企業の数が非常に少なかった。ドイツの企業形態は、大きく個人、組合（合名会社と合資会社）、法人（有限会社と株式会社）という3つの種類がある。1990年の時点まで210万企業のうち法人企業形態をとっている企業数は26万5,000社であった。しかも、ほとんどの企業は有限会社であって、株式会社はわずか1,717社だけであった[10]。

　アメリカでは機関投資家による株式の所有により、また日本ではメインバンクを中心とする企業間の株式の相互持合いによって、両国では株式会社の法人化（機関化）現象が進んだ。それと同じく、ドイツの株式会社においても法人が株式を大量に所有している。ドイツの株式所有構成には個人所有が少なく、投資信託、企業、政府、銀行、保険会社、外国人などによる株式の所有が目立っている。表2-2はドイツ上場企業の所有主体別株式保有の割合である。表2-2で示したように、2001年度個人株主の所有は僅か15％であって、85％が外国人（外国機関投資家）を含む法人による所有になっている。

表2－2　ドイツ上場企業の所有主体別株式保有構造　　　　（％）

	1990年	1994年	1997年	2001年
個　　人	20	21	20	15
投資信託	－	7	10	14
企　　業	39	39	34	33
政　　府	4.4	3	2	1
銀　　行	14	12	13	13
保険会社	7.8	7	9	10
外 国 人	14.8	11	12	15

（出所）佐久間信夫（2007），99頁により。

　法人所有のなかで、政府の持ち株数が減少するのに対して、投資信託や保険会社などの機関投資家の持ち株が増えている。また、銀行の株式所有は12～14％を保ち、あまり変わっていない。

　また、ドイツの株式所有構造を特徴づけようとすれば、それは過半数所有形態が多く存在していることである。付加価値上位100大企業においても、2002年度過半数所有が存在する会社数が63社になっていた。ただし、1992年のその数が51社であって、10年間12社が増えた。過半数所有の主体は、主に次の三つになっている。①外国単独過半数所有、②公的機関による過半数所有、③個人、同族、同族財団による過半数所有。そして、過半数所有者を含む最大株主は議決権の取得に対して積極的になっている。企業全体の場合、「ドイツ企業の43.8％において最大株主が議決権の25％から75％を保有」[11]している状況になっている。

　過半数所有の株主のなかで、個人株主と法人株主はそれぞれ違う行動をとる。個人株主は、株式の保有期間が長く、業績基準が低下する場合、「退出」オプションをあまり行使しないため、比較的安定的な存在である。また、個人株主は経営活動にあまりかかわらないのが特徴である。1990年代以降、投資信託や保険会社などの機関投資家の行動は、株式の大量保有を通じて発言

権の行使が増えている。しかし、機関投資家は、短期利益を追求する傾向が強く、企業が不況になった場合、株式を売って「退出」の行動をとることが通常の手段である。

法人所有者の中で、注目すべきことは銀行の存在である。銀行は企業のコーポレート・ガバナンスにおいて積極的な存在である。佐久間によると、銀行は個人株主と機関投資家と違って、株式の大量の所有を通じて、競争の規制、サプライヤー関係の安定、敵対的買収の阻止、経営者地位の維持などについて重要な役割を果たしている。

4 米・日・独における株式所有構造の比較

米・日・独において違う企業の所有観がありながら、株式所有構造において法人による株式の所有という共通の特徴がある。しかし、3つの国における諸法人の所有者の中で重要な役割を果たす主体はそれぞれ違う。アメリカの場合は機関投資家が主体になっているのに対して、日本とドイツの場合銀行が主体になっている。したがって、その検討にあたって次のような内容の検討が重要であろう。つまり、それは、それぞれの国において法人所有の中で誰が主体であるか、またその主体がどのようなガバナンスを行うかである。これは、米・日・独の株式所有構造における外部統治構造の違いに関連するものである。それはまた、三つの国の株式所有構造における内部統治構造の違いにも関連がある。以下では、米・日・独における外部統治構造と内部統治構造を比較し、中国のコーポレート・ガバナンスの検討のために、どのような枠組みを用いるかについて論じたい。

第2節　機関投資家と企業買収

1　アメリカの機関投資家と企業買収

1）機関投資家の役割

　アメリカの機関投資家とは戦後成長してきた個人以外の証券投資主体を指している。それは、主に銀行信託部門、保険会社、ミューチュアル・ファンド、企業年金、公務員年金、投資顧問会社、寄付年金、財団などの非銀行仲介機関などである。

　1960年代ごろには、商業銀行を中心とする銀行信託による所有が主導的であって、後の法律によってコングロマリットと同様に規制される対象になった。宮崎義一は当時商業銀行を中心とする機関投資家の活躍について、『ニューズウィーク』の文章を引用した上で、以下のように述べた。

　　「『1969年の最初の6ヶ月間で、機関投資家の取引は、全取引株式数の54.4％を占めたのに対し、個人取引株式数ははじめて50％を割り、45.6％に低下した。それを取引金額で見ると、機関投資家は全体の60.3％を占めるのに対し、個人は39.7％にすぎず、その差がさらに広がっている』(Newsweek, May4, 1970, p.80)。（中略）商業銀行の投資額は、アメリカ経済全体に対する機関投資額約1兆ドル強のうち、60％弱にあたる6070億ドルに達し、第二位で全体の15.6％を占める生命保険の1620億ドルのほぼ4倍にも相当している」[12]。

　しかし、1980年以降には年金基金が「最大の機関投資家」として、ロバート・A・G・モンクス＆ネル・ミノウによって指摘されている。以下、表2－3は1992年の時点で各機関投資家の株式の持分である。

　時代とともに、機関投資家の主役は変わったが、機関投資家としての活躍ぶりは依然として変ってない。ロバート・A・G・モンクス＆ネル・ミノウは機関投資家の動きを以下のように指摘した。

第2章　米・日・独におけるコーポレート・ガバナンスの比較

表2−3　1992年各機関投資家の株式の持分

（単位・兆ドル）

私企業年金基金	3.16
州と地方の年金基金	0.95
投資会社	1.34
保険会社	1.62
銀行信託	1.02
財団と基金	0.18

（出所）Monks and Minow [1995], p144.（邦訳120頁）

「1980年代後半に入ると、一部の法人株主は株式所有権の行使に積極的になってきた。この傾向は、最初は買収の時代における株式所有権の濫用に対する対応であったが、その後次第に独自の性格を強め、企業の業績、そして業績が不満足な場合には取締役会を標的とするようになった」[13]。

上の表2−3で見たように、1992年の時点で私企業年金基金、州と地方の年金基金の総額をあわせると4兆ドルにも達している。しかし、1980年代のそれは約8,000億ドルしかなかった。2002年になると、さらに6兆ドルまで増えた。株式所有率から見ると、1994年には全機関投資家の株式所有率が発行済株式のおよそ半分を占めている。また、その中で年金基金の投資額は全機関投資家の60.5％のシェアを占めている[14]。

資金規模から見ると、上位20の年金基金が公開会社の株式資本の約10％を所有している。年金基金の売買によって株価の大きい変化をもたらす恐れがある。例えば、株式を市場に出すと市場はすぐ反応し、株価の下落となる。だからこの膨大な資金構成によって年金基金が「売り逃げできない投資家」とまで呼ばれるようになり、長期投資の方向に向かわざるを得なくなった。ここで「売り逃げできない投資家」というのは、機関投資家は株式を大量に保有し、行動を起こしても得られる利益がコストを上回る可能性が高い。ゆえに、アメリカの年金基金のような機関投資家は「売り逃げできない投資家」になっている。最近、機関投資家はコーポレート・ガバナンスに対して積極

になったのも「売り逃げできない」のが原因である。

　特に、1988年、年金基金の議決権行使がアメリカの労働省より認められるようになってから、取締役に対する働きかけが活発化した。その例として、IBM、GMなど大手企業のCEO交代まで力を伸ばした。

　典型的例として、カルパースと呼ばれるカリフォルニア州公務員退職年金基金（California Public Employee's Retirement System）が挙げられる。カルパースは1992年GM前任の会長兼CEOの更迭に成功するだけではなく、取締役会会長とCEOの分離を成功させたことで有名である。また、カルパースが発表した「合衆国コーポレート・ガバナンス原則」はアメリカにおいて大きな反響を起こした。

　アメリカの年金基金によるコーポレート・ガバナンス活動の具体的手法は、主に「議決権行使」であるが、議決権以外にも様々な方法で積極的なコーポレート・ガバナンス活動を行う具体的な方法がある。つまり、それは次のような9つの方法である。①手紙の送付および企業とのミーティング、②株主提案、③委任状コンテスト、④マスメディアなどの活用、⑤ロビー活動、⑥問題リストの作成、⑦他の機関投資家との連携、⑧訴訟、⑨リレーショナル・インベストメント戦略の活用などがそれだ。[15]

2）企業買収の役割

　アメリカの歴史上企業合併のブームは4回あって、それぞれ違う特徴がある。[16]

　第1次企業合併のブームは、1895年から1904年にかけて起き、1899年が企業合併のピークの年になっていた。1899年に合併による消滅企業数は1,208社であった。現在でも有名なUSスチール社（1901年）またはナビスター・ハーベスター社（1902年、旧名インターナショナル・ハーベスター社）は、その当時企業間の合併によって誕生した会社である。この時期の合併の特徴が3つある。1つ目は同一業種に属する多数の企業の合併（水平的合併）である。2つ目は生産材料から完成品まで全生産過程を貫徹する合併（垂直的合併）

第2章　米・日・独におけるコーポレート・ガバナンスの比較

である。3つ目はトラスト[17]企業形態の登場であった。特に、トラストがこの時期の独特なものである。

　第2次企業合併のブームは、1925年から1931年までの間に起きた。第2次企業合併のブームにおける企業合併のピーク年は1929年であって、その年だけで1,245の企業が企業合併によってなくなった。この時期の合併は主に水平的合併として行われたが、その水平的合併には次のような2つの特徴があった。第1に、同一業種間に属する多数の企業の合併は、トップ企業への合併ではなく、第3位や第4位の企業間の合併が多かった。第2に、異なった地域における電気、ガス、水道、バスなどの公益企業間での水平的合併が多かった。

　第3次企業合併のブームは、1950年代からはじまった。第3次企業合併のブームの特徴はコングロマリット型の企業合併が多かったことである。この時期におけるピーク年は1968年であるが、1968年のコングロマリット型の企業合併が企業合併の全体数のなかで占める割合は88.5％であった。また、この時期に資産規模が1億ドル以上10億ドル未満の会社間（セカンドクラスのビッグビジネス）の合併が目立っていた。

　第4次企業合併のブームは1980年から起きた。第4次企業合併のブームは従来の企業合併のブームに比べ、企業合併の件数が増えただけではなく、合併ごとに使われた金額も相当なものであった。奥村宏によると、第3次企業合併のブームの時期には毎年の企業合併の件数が2,000件に達したことは1回もなかった。しかし、表2－4で示したように、企業合併の件数は1981年から2,000件を超え、1986年には4,381件までに達している。この時期の特徴は2つある。1つはLBO（Leveraged Buy Out の略語）の出現であって、もう1つは敵対的買収が多いことである。LBOとは、被買収企業の資産を担保にして大量の資金を借り入れ、その借金に基づいて企業を買収する方法である。企業買収が成立して以降、買収側の会社は買収される側の会社の資産を売却して得た資金、またはその会社があげた利潤をもって借金を返済する。LBOの登場によって、小さい規模の会社が巨大会社を買収することが可能

55

表2－4　1980～1988年度M&AとLBO

年　度	M&A		LBO	
	件数	金額	件数	金額
1980	1,560	32,883		
1981	2,329	70,064	99	3,093
1982	2,298	60,698	164	3,452
1983	2,391	25,691	230	4,519
1984	3,164	126,074	253	18,697
1985	3,437	145,464	254	19,634
1986	4,381	204,895	335	45,160
1987	3,920	177,203	270	36,069
1988	3,487	226,643	318	42,914

（出所）奥村宏（1990），48頁。

になった。

　普通、企業買収（会社乗取り）には委任状の収集と公開株式買付け（TOB、Takeover Bidの略）という2つの方法があって、被買収側企業の取締役会がその買収に応じるかどうかによって2つのタイプがある。つまり、取締役会の賛同を得て行われる企業買収を友好的企業買収（Friendly Takeover）といい、取締役会の賛同を得ずに行われる企業買収を敵対的企業買収（Hostile Takeover）と呼んでいる。

　アメリカにおける企業合併は株式会社が巨大化した原因の1つであるが、企業合併に対する評判は決して良いわけではない。特に、現在の論壇では企業合併に対する批判が多い。しかし、どの国においても企業合併は避けられない現実であり、中国ではむしろ企業合併の政策を通じて国有企業のガバナンスを強化しようとする。そのため、本書では、アメリカにおける第3回と第4回の企業合併ブームで現れたコングロマリット型企業合併とLBOという2つの特徴に焦点をあてて、その仕組みを見る。

(1) コングロマリット型

　第3回の企業の合併ブームの時期に、アメリカでコングロマリットが多く

第2章　米・日・独におけるコーポレート・ガバナンスの比較

表2-5　"テコの原理"説明表

	株価	株数	社債	投資総額	支払う社債の利息（5％）	投資収益率	投資利益	1株当りの税込利益	1株当りの収益率
	a	b	c	d (a×b+c)	e (c×5%)	f	g (d×f)	h $\left(\frac{g-e}{b}\right)$	j $\left(\frac{h}{b}\times 100\%\right)$
1年目	10ドル	10万株	50万ドル	150万ドル	2.5万ドル	10%	15万ドル	1.25ドル	12.5%
2年目	10ドル	10万株	50万ドル	150万ドル	2.5万ドル	12%	18万ドル	1.55ドル	24%

（出所）宮崎義一（1972），136-137頁の内容より整理。

行われていた理由には、2つの原理がひそんでいた。1つ目は"テコの原理"であって、2つ目は"2＋2＝5"という原理である。ここで2つの原理を例示して説明してみよう。

① "テコの原理"

表2-5で示したように、ある会社は株価10ドルの株式を10万株発行すると同時に、5％利付で50万ドルの債権を発行して150万ドルの資金を集めた。そして、150万ドルを生産活動に投資し、1年目の投資利益が15万ドルになった。つまり、投資利益率は10％になる。15万ドルのうち、債権の利子2.5万ドルを除いた部分を全部株主の配当にあたえる。したがって、1年目の投資利益率は10％であるのに対して、株式配当率は12.5％になる。同じく、2年目にも投資収益率は12％であるのに対して、株式配当率はそれの2倍の24％になる。

さらに、2年目と1年目の数字をくらべてみると、投資収益率は2％上昇したのに対して、株式配当率は11.5％上昇した。このように、投資収益率が上昇することによって、株主にとって大きなプラスになることを"テコの原理"と呼んでいる。ただし、投資収益率が低下する時、株式配当率が大きく下がる場合もある。それを"逆テコ原理"とも呼んでいる。

② "2＋2＝5の原理"

表2-6で示したように、A社は株価20ドルの株式10万株をもつとする。

表2－6 "2＋2＝5の原理"の説明表

	1年間の収益	普通株数	1株当り収益	株価	1株当り収益の収益率
	万ドル	万	ドル	ドル	
A社	10	10	1	20	20
B社	10	10	1	10	10
A＋B社	20	15	1.33	26.6	20

（出所）宮崎義一(1972),138頁。

　それに対して、B社は株価10ドルの株式10万株式をもつとする。そして、A社とB社がともに1年間の収益が10万ドルになる場合、両社の1株当たりの収益はそれぞれ1ドルになる。

　ここで、A社とB社が株式交換によって合併する場合、A社は1株当たりの収益率が20％にして、1株出してB社の2株と交換する。その結果A社の旧株主の利益は、1株当りの収益が33％上がると同時に、株価も26.6ドルまでに上昇する。一方、B社の旧株主にとって、1株当り（旧B社の2株）2ドル収益であったものが1.33ドルに下がったことになる。しかし、1株当り（旧B社の2株）の株価は20ドルから26.6にあがることになる。このような株式交換によって両方とも利益になる効果を2＋2＝5（あるいは Synergisim）と言っている。

　上の検討より、結局2つの原理は、株価の操作を通じて、資本効率を高めようとする原理であることが分かった。そして、第3次合併のブームにおいて、このような原理にもとづくコングロマリット型合併が多かったことは、株価の高い企業が株価の低い企業を買収するケースが多かったことを意味し、また、それによって株価が上がることは、第3次合併のブームがアメリカの経済に悪い影響を与えたことになる。後に、アメリカ政府は、コングロマリットに対する法的規制を強めるために、ガイドライン（1968年）の発布または「合併規制法」（1969年）の提唱を行った。それは、まさにコングロマリットによって経済的悪影響があったことの証明である。

(2) LBO

　前記のように、LBOの出現によって小さい規模の会社が巨大会社を買収することが可能になった。それを可能にしたのはあくまで巨額の資金の調達ができるからだ。LBOでは企業買収するためのペーパー・カンパニーを設立し、ペーパー・カンパニーが資金を調達して被買収企業に対してTOBをかける。資金調達してくれるのは、ファンド、機関投資家、個人である。買収成立後、ペーパー・カンパニーと被買収企業は新会社になって、債権を引き受ける。また、新会社は債権の返済をするために、資産の一部を売却するか従業員の数を減らすかという措置をとり、資産の売却金と人員削減の費用で負債金を返済する。明らかに、このような方法で行われているLBOには問題がある。

　まず、ここで指摘すべき問題の１つは、借金を返済するために行われている従業員の削減という問題である。[18] LBOは、従業員の失業問題のほかに、だいたい以下の３つの内容が問題として指摘されている。

　第１に、企業買収後の金利負担が重いため、効率的な経営ができない。

　第２に、負債返済のために、研究開発資金不足と必要な設備投資の遅れが発生する。

　第３に、企業買収後の金利負担が重いため、企業が倒産する可能性がある。

　この３つの問題点はいずれも企業買収の前の段階で借り入れた巨額の借金が原因になっている。なぜかというと、LBOに資金源として多く利用されているのはジャンク・ボンド（屑債券）であって、ジャンク・ボンドは一般の融資より高い利子が付けられている。

　以上は、企業合併（企業買収）に対して批判的観点をもつ理論から捉えたものである。それに対して、企業合併（企業買収）に賛成する観点もある。例えば、ジェンセン（M.C.Jensen）はLBOによる企業買収はエージェンシー問題の発生を抑止するために効果的なものであると主張する。以下では、彼の分析を６つの部分に分けて説明する。

　第１に、彼は「フリー・キャッシュ・フロー（Free Cash Flow）」という

概念を用いる。ここでの「フリー・キャッシュ・フロー」とは、採算がとれる活動への再投資額を引いて残る資金のことで、本来株主に還元すべき資金である。

　第2に、彼は、経営者と株主の関係をエージェントとプリンシパルの関係に設定するうえで、両者の利害が必ずしも一致しないことと、両者の間には情報の非対称性関係があると指摘する。

　第3に、このような関係があるため、経営者は株主の不備につけ込んで、不必要な雇用や不必要なビル建設などに「フリー・キャッシュ・フロー」を非効率的に利用する可能性がある。株主にとってこの資金はエージェンシー・コストになる。

　第4に、経営者に経営能力がない場合、株式市場にそれが反映され、企業の株価総額が企業の資産価値より低くなる。その場合、新経営陣への交代は有効な措置になる。

　第5に、敵対的買収とは、現状の経営や取締役会に対して不満をもつ投資家が行う行為であるため、敵対的買収の脅威を通じて経営者に規律を与えることができる。

　第6に、企業が巨額の負債を抱える場合、経営者は投資機会に対して保守的になって、過少投資をする可能性がある。これは負債のマイナス効果である。一方、経営者は会社破産から免れるために将来発生する「フリー・キャッシュ・フロー」に対して無駄遣いをしない可能性がある。これは負債のガバナンス効果である。

　以上のように、エージェンシー理論では、敵対的企業買収とLBOがエージェンシー・コストを削減するための有効な措置として考えられている。この理論は上で紹介した敵対的企業の買収とLBOの裏に潜んでいる原理にくらべると、あまりにも矛盾点が多い。しかし、株式会社における利害関係を単に株主と経営者の関係として考える場合、それを一つのガバナンスのモデルとして参照する必要がある。

2 日本の機関投資家と企業買収

1）機関投資家の役割

　日本の機関投資家を大きく分ければ、生命保険会社、投資信託、年金基金、外国機関投資家などの4つがある。アメリカでは年金基金をはじめ、企業のガバナンスに対して積極的であることに比べると、日本の機関投資家は「モノ言わぬ株主」と言われている。4つの機関投資家はそれぞれ次のような問題があって、企業のガバナンスに対して積極的ではない。

　まず、生命保険会社は日本の機関投資家のなかで最大手であるが、ほとんどの保険会社は株式被所有会社とのあいだに金融取引、団体保険、年金基金の取引などの関係を持っている。そのため、生命保険会社は、委任状を直接相手企業の株主総会に送るか、従業員を送り込むという形で、相手企業の議案に対してすべて賛成という行為をとってきた。

　次に、日本の投資信託はほとんどが証券会社の傘下に置かれている。証券会社にとって、株式発行会社は証券会社の顧客であるため、投資信託は株式発行会社の株式総会において株主として議決権の行使ができないのである。

　また、1997年まで日本の年金基金が株式への投資は資産総額の30％までという規制があった。そのため、年金基金が大株主になるケースは少なく、企業へのガバナンスに対して消極的であった。

　最後に、外国機関投資家はキャピタルゲインを目的とするものが多い。特に、株式の相互持合いの段階で、「外人買い」とまで言われていた。[19]

　しかし、1990年代の末ごろから株式所有構造における機関投資家の所有比率が上昇し、今後コーポレート・ガバナンスにおける機関投資家の役割が期待されている。株式所有構造における機関投資家の所有比率の上昇は、海外の機関投資家と国内の機関投資家の両方からの活躍が原因に思われる。宮島英昭と新田敬祐は2000年以降の海外機関投資家の活躍ぶりを次のように述べた。「1996年には7.1％であった海外投資家保有比率は、02年から急上昇を示し、06年には14.2％へとほぼ倍増した。個別の動きでは、まず99年ごろにIT

関連企業が主要な投資対象となった。例えば、NECの海外投資家保有比率は、96年の16.9%から01年には28.3%へと急上昇した。さらに、03年以降は、世界経済、特に中国経済の成長の恩恵を受けた素材部門の大企業が広く投資対象となった。例えば、新日本製鉄では06年の海外投資家保有比率が21.9%、アウトサイドー保有率が53.6%に達した」[20]。また、彼らによると、海外投資家のプレゼンス上昇に端を発した株主意識の変化は国内の機関投資家にも波及し、それまで「もの言わぬ株主」と呼ばれた生命保険会社も独自に議決権行使の手続きを整備するようになった。

2) 企業買収の役割

日本でも戦後から会社間の合併の件数が多くあった。1980年の合併件数が871件であったものが、1990年代以降から急速に増加し2000年には1,635件まで達した。しかし、日本における会社間の合併はアメリカの合併と違って、経営者と経営者の間の「話し合い合併」が多い。大企業が中小企業を買収する場合、中小企業は大企業の子会社か関係会社である。大企業間の買収においては、企業集団内の買収が多く、系列を超えた企業間の合併は少ない。

1980年代になると、「『エクイティ・ファイナンス』が大流行するようになり、時価発行増資に加えて転換社債や新株引受権付き社債（ワラント債）の発行が大量に行われたが、その結果、発行株数が増えるから安定株の比率は低下する。そうなれば株式の買占めによる会社乗取りの危険が生じる」[21]。したがって、1980年代の買占め事件が多かった。しかし、いずれも乗取りまでに至らず、発行会社側の引取り、そして安定株主工作によって解決した。この時期に起きた買占め事件は証券会社から買った株式が多数であったので、安定株主工作によって、個人の株から法人の株に流されることになる。

1990年代の企業間合併の特徴はマネジメント・バイアウト（MBO）が多かったことである。しかも、それは「大企業の子会社や、オーナー企業の経営陣が、親会社やオーナーが所有している支配株を買い取って独立する」[22]というものであった。また、日本におけるバイアウトは市場規模だけではなく、

件数も非常に少ない。例えば、2001年から2009年まで日本におけるバイアウトの件数は合計70件であって、金額がピークの年であった2006年には5,432億円であった。これはアメリカにおけるバイアウトの市場規模または件数に比べられないものである。[23]

このように、日本の企業間合併は、「話し合いの合併」が多く、アメリカのような敵対的買収はあまりない。アメリカでは、企業間の合併によって株主が経営者に規律づけることができるが、日本の場合それを期待することが難しい。

3　ドイツの機関投資家と企業買収

1) 機関投資家の役割

ドイツの機関投資家は主に投資ファンド、年金基金、保険会社によって構成されている。1980年代まで、ドイツの株式所有構造において機関投資家による所有はあまり目立っていなかった。ドイツの機関投資家が活発になったのは1990年代からのことであった。

佐久間は、1960年代から1990年代までドイツにおける機関投資家の変化ぶりを次のように述べている。「1960年には20のファンドが活動し、70年には172のファンドが100億マルクの総資産を管理していたが、1980年にはファンドの数は605になり、その総資産は570億マルクになった。1990年にはファンドの総資産は80年に比べ4倍となり、1998年末までにファンドの数は3倍以上、その総資産は3倍以上の1兆3千億マルクに達した。機関投資家の資産は公社債、貸付および株式に投ぜられたが、株式に投資されている金融資産シェアは1990年の9％から19％に上昇している」[24]。このように、1980年代まで機関投資家は決して中心的役割を果たしていなかった。しかし、1990年代から機関投資家の数または投資規模が飛躍的な発展を遂げた。

機関投資家は投資額の多くを大手会社や銀行に投資している。フェバ(VEBA)[25]というエネルギー会社の株式の71％が機関投資家によって所有されている。また、総合電機メーカーであるシーメンスの株式45％が機関投資

家によって所有されている。このような機関投資家による所有は、個別の機関投資家による大量所有ではなく、多数の機関投資家による所有である。しかも、その機関投資家の数は相当なものである。佐久間によると、機関投資家の株式に投資されている投資総額の最大部分はドイツを代表する巨大企業に投資された。巨大企業の一社にあたり機関投資家の数は600以上である。また、ドイツ銀行の場合、1,700以上の機関投資家が株主になっている。

巨大企業や銀行の一社にあたり機関投資家の数が多いことは、投資リスクを分散するためという諸機関投資家の共通の投資意向が働いた結果である。

2）企業買収の役割

最近、機関投資家の株式の大量所有は、「株主価値重視経営」が重視されるようになった。それは、主に中小企業の売却が大手企業による買収という形で展開された。1996年から1997年まで上位100社のうち65社が686社を買収した。1998年から1999年までの間には同じく上位100社のうち65社が894社の企業買収を行った。

こうした機関投資家の行動の活発化によって、近年、ドイツでは元来の銀行による企業への統治が解消される傾向になっている。それは、主に以下の２つの現象として現れている。

１つは、銀行の行動パターンが機関投資家の行動へ近づくことである。このことについて、佐久間はR. Zugehor, S.の言葉を引用して次のように述べた。「1990年代半ば以降、伝統的な大株主は自分達自身も機関投資家の圧力に晒されているがゆえに資本市場志向的になっている。銀行と企業は自分たちが保有しているその株式から高い投資収益率を実現せねばならなくなっている。株式はますます戦略的手段というよりも金融的手段とみなされ、標的企業の業務政策への戦略的影響力手段とは見なされなくなっている。……伝統的な大株主はますます機関投資家のように行動している[26]」。

もう１つは、銀行から企業への執行役の派遣が年々減少していることである。このことについても、佐久間の言葉は次のようなものである。「銀行の

第2章　米・日・独におけるコーポレート・ガバナンスの比較

経営者はこれまで産業企業への監査役兼任、特に監査役会議長に就任するケースが多かった。しかし、こうした人的結合関係も企業統治改革による規制に加えて、大銀行のビジネスモデルの変更から見直しが進んでいる。ドイツでもっとも産業企業との人的結合が進んでいたドイツ銀行を例にとれば、1980年にドイツ銀行の執行役はドイツ最大100社のうちの40社に派遣されていたのに、90年には35社になり、98社には17社に減少している」[27]。

しかし、ドイツにおいて機関投資家の台頭があるとは言え、多くの機関投資家はまだ短期利益に目を向けていて、少なくとも「大規模公開株式会社の場合に経営者はますます資本市場の監視を受けていること」[28]である。また、ドイツの機関投資家の活躍ぶりや企業買収の激しさはアメリカほどとはいえない。ゆえに、現時点でドイツのコーポレート・ガバナンスの議論をしようとする場合、依然としてユニバーサル・バンキング制度を特徴的なものとしてあげたい。

4　米・日・独における機関投資家と企業買収の比較

前記のように、アメリカの機関投資家は大株主であると同時に、積極的なコーポレート・ガバナンス活動を行う。それに対して、日本の機関投資家は企業のガバナンスに消極的である。また、ドイツでは機関投資家の台頭が見られたものの、機関投資家はドイツのコーポレート・ガバナンスの1つの特徴として位置付けることができない。したがって、機関投資家からの企業へのガバナンスを1つのモデルとして考えようとする場合、アメリカの機関投資家を見る必要がある。

企業買収に関する諸観点は、企業買収について批判的な観点から捉えたものである。しかし、第1章で述べたように、エージェンシー理論は企業買収を賛成という観点から捉えている。この理論は、経営者と株主の関係をエージェントとプリンシパルの関係とするうえで、経営者は、株主の不備につけ込んで、株主にとってエージェンシー・コストになる「フリー・キャッシュ・フロー」を非効率に利用する可能性があるとする。また、この理論は、経

営者に経営能力がない場合、株式市場で反映され株価が下がるために敵対的買収からの脅威は経営者に規律を与える有効な措置としている。つまり、エージェンシー理論では企業買収をエージェンシー・コストの削減のために有効な措置として考える。ゆえに、株式会社における利害関係を単に株主と経営者の関係として考える場合、それを1つのガバナンスのモデルとして参考にする必要がある。

第3節　銀行－メインバンクとユニバーサル・バンクを中心に－

　銀行による企業へのガバナンスと言えば、日本のメインバンクとドイツのユニバーサル・バンクが特徴的なものである。ここでは、日本のメインバンクとドイツのユニバーサル・バンクだけをあげる。

1　日本のメインバンク

　日本のメインバンクとは、法律で定められたものでもなければ、企業と銀行の間の契約によるものでもない。メインバンクになる銀行は、企業にとって長期融資の提供者であると同時に、企業の安定株主でもある。また、銀行から一方的な役員派遣が行われている。つまり、銀行は、①主要な債権者、②主要な株主、③人的交流という3つの条件を備えることによってメインバンクになるのである。[29]

　日本のメインバンクの由来は、第2次世界大戦の時期に実施された「軍需融資指定金融機関制度」である。当時の大蔵省は企業に対し、金融機関を指定し、その金融機関によって企業が必要とするすべての資金を提供するように規定した。この関係は戦後にも続き、特に、戦後の復興期から高度成長期にかけて、銀行と企業は株式を持ち合い、相互に支配ができる企業集団の関係にまで進展し、多くの企業はそれぞれ系列銀行から融資を受けた。メインバンクと企業の関係は融資だけの関係ではなく、お互いに相手の株式を持っていた。また、企業集団のなかで、メインバンクが中心的な役割をはたした。

第2章　米・日・独におけるコーポレート・ガバナンスの比較

　メインバンクに関する評価は、主に戦後から1990年代までの役割が対象になっている。1990年代末からのメインバンクは、メインバンク側の不良債権の増加または企業側の事業再組織の先送りなどが原因となって、メインバンクと企業の株式持合い関係またはその機能が弱まってしまった。[30]

　しかし、1990年代までのメインバンクの役割をガバナンスの１つのモデルとして考える場合、それをどのように評価すべきであろうか。青木昌彦はメインバンクの役割を「その最盛期（高度成長期）において、企業モニタリングの三段階が高度に『統合化』され、その企業のメインバンクに「専属的に委任されるシステムであった」[31]と特徴づけ、英米型の金融市場からのモニタリングより優れていると強調した。さらに、ヒュー・パトリック（Hugh Patrick）は、特に旧社会主義移行経済国において日本のメインバンクシステムを取り入れるべきだと次のように述べた。「旧社会主義移行経済国は私的所有権、資本主義の市場機関、インセンティブ、そして根本的な行動様式などの全部を一揃え創設しなければならない。既存の金融システムに修正を加えるというよりも、ほとんど新しいシステムを創設するということに伴う非常な困難と障害に直面しようが、旧社会主義国は日本のモデルや経験から多くのことを学べよう」[32]。これは、まさに中国の国有企業のコーポレート・ガバナンスの分析においても検討すべきものであって、私が本論文においてメインバンクの役割を日本のコーポレート・ガバナンスの特徴の１つとしてとりあげる理由でもある。以下では、青木昌彦のメインバンクに対する評価を見るうえで、もう１つのエージェンシー理論からの評価も見よう。ただし、エージェンシー理論からの評価は菊澤研宗の分析に依拠する。

1）比較制度分析の理論からの評価

　先に、青木のコーポレート・ガバナンス問題に取り組んだ出発点と主張をあげると、以下のようなものになる。

　まず、彼は次のような認識を持ってコーポレート・ガバナンスの問題に取り組んだ。「コーポレート・ガバナンスの問題を単に株主と経営者の間の法的

関係としてのみ見るのではなく、企業の内部構造や、それを取り巻く金融制度や労働市場の制度との総体的な関連においてみることが必要となる」[33]。

次に、彼は、「1970年代の半ばまでの日本企業のコーポレート・ガバナンス構造は、メインバンクが事後的モニターとしての役割を果たす状態依存的ガバナンス[34]」と言い、この「状態依存的ガバナンス」の構造に類似している経済はその時の日本の経済だと主張した。

ここで、日本企業のコーポレート・ガバナンス構造におけるメインバンクの役割を説明するために、「事後的モニター」と「状態依存的ガバナンス」という2つの重要な概念が用いられている。「事後的モニター」とは以下のような意味が含まれている。

企業は経営者と1つの労働者チームからなる。企業の産出量はチームの各メンバーの努力水準とチームが直接にコントロールできない不確実な環境事象の結合結果によって定まる。企業は必要な資金を多数の投資家に依存する。ここで、経営者とチーム、投資家の間に次のような条件を設定する。

① 労働者は労働支出に対し労働の報酬を要求する。しかし、1つのチーム・メンバーの努力から他のチーム・メンバーの最大限の努力を誘うが、それは不十分にしか応じ得られない。

② 投資家は投資に対して、一定の期待収益率を要求する。企業は投資家に対しそれを満足させ、剰余請求権をチーム・メンバーに与える場合、チーム・メンバーは最善の努力を果たす可能性がある。しかし、経営者とチーム・メンバーの不完全性によってそれは不可能である。また産出量が極端に低い場合、チーム・メンバーが生産を可能にする最低限を保障するメカニズムが必要である。

こうした状態の中、投資家達は期待収益率を獲得するため、一代理人に期待収益率の獲得を委託する。この代理人は産出量を知っているが、チーム・メンバーの努力水準を観察することはできない。そのため、青木はこの代理人を「事後的モニター」と呼んでいる。

そして、彼は、セカンド・ベスト契約においてその実現の確率が最大化さ

第2章 米・日・独におけるコーポレート・ガバナンスの比較

れるような産出量を「最大産出量」と呼んで、擬似ソフト予算制約、強い外部コントロール、弱い外部コントロールという3つの位相において、最大産出量に対する剰余請求権者の違いを次のように分析する。

「擬似ソフト予算制約　生産チームの生産性は非常に低い。しかし、事後的モニターの要求報酬も低いので、最大産出量のもとで、事後的モニターは剰余請求権を主張しない。しかも事後的モニターが産出量の不足を補塡する確率は高い。

強い外部コントロール　事後的モニターの生産チームに対する交渉力が相対的に強く、最大産出量において、事後的モニターが剰余権者となる。

弱い外部コントロール　事後的モニターの生産チームに対する交渉力が相対的に弱く、最大産出量において、インサイダーが剰余権者となる」。

この3つの位相はまさしく戦後の日本の経済を表したものである。

第2次世界大戦終了の直後、日本の企業は戦時中政府からの補償が打切られ、しかもその時代のインフレーションを加え、衰弱状態に置かれていた。その時の銀行と企業の関係を見ると、銀行は企業に対し過度に剰余請求権を求めるのではなく、企業が財務危機に落ちた時の緊急装置として度々融資を行った。その結果、企業内部に利得を獲得するためのインセンティブを与えた。これはまさに第一位相の疑似ソフト予算制約である。

1950年代から、日本の企業は高成長の軌道に乗り、銀行に旺盛な資金を求めるようになった。銀行側はそれに対し相対的に交渉力を高めていった。その結果、資本の自己蓄積がしだいに進むという好循環が生じたのと同時に、インサイダーに強い努力インセンティブを与えた。これは第二位相の強い外部コントロールである。

1975年以降、企業の減量経営努力と成長率のスローダウンによって、銀行の立場が変わって歩積両立などの利用が目立つようになった。しかし、企業はユーロ債券市場などの外部金融機会を利用することによって、メインバンクによる状態依存的ガバナンスのインセンティブ効果が低下することになった。これは弱い外部コントロールという第三の位相の状況であった。

以上は、1970年代半ばまでの日本企業の財務状態が好景気、通常、困難という3つの段階で、メインバンクが企業に対しとる措置である。以上の分析をもって、青木は、「1970年代の半ばまでの日本企業のコーポレート・ガバナンス構造は、メインバンクが事後的モニターとしての役割を果たす状態依存的ガバナンス」[35]であると指摘した。その上で、彼は、メインバンクによる状態依存的ガバナンス構造が、テーク・オーバー等を仕掛ける市場的なコーポレート・ガバナンス構造より次の2点で優れていると主張した。1つは、状態依存的ガバナンス構造において、会社の財務状態を事前的に把握することができる点である。もう1つは、従業員の雇用もメインバンクによって保障ができる点である。

　とりわけ、本書では次のことに注目したい。つまり、それは企業の財務状態が好況、通常、困難という3つの段階でメインバンクが果す役割である。①企業の財務状況が好況の時には、企業のメインバンクに対する交渉力が強い。②財務状況が通常の時には、メインバンクは歩積両立預金高の操作などを通じて、より高い実質支払いを企業に要求する。③財務状況が困難な場合には、企業の再建や従業員の雇用保障はメインバンクの責任であった。

2）エージェンシー理論からの評価

　メインバンクを分析する際、エージェンシー理論では、投資家をプリンシパルと設定し、また経営者をエージェント（代理人）と設定する。本理論では両者の間に利害の不一致性と情報の非対称性の存在が前提になる。

　利害の不一致性関係とは、投資家が株価の上昇あるいは配当の最大化を求め、経営者に経営の効率を高めるよう要求するのに対して、経営者は自己の名誉を高めるために、経営の効率を犠牲にする行為を取る可能性があるということを指す。

　情報の非対称性とは、投資家にとって経営者の能力や誠実さのみならず、企業の経営の状況について正確に情報を得ることが難しいのに対して、経営者は以上の情報を正確に把握しているということを指す。

第 2 章　米・日・独におけるコーポレート・ガバナンスの比較

エージェンシー理論は、以上の 2 つの条件を前提にした上で、投資家（プリンシパル）側に立って、経営者（エージェント）のモラル・ハザードの問題、またそれによる非効率なエージェント・コストの削減を解決しようとする。

菊澤によれば、経営者のモラル・ハザードを抑制し、エージェンシー・コストを節約するために、諸株主と諸債権者のすべてが経営者の行動を絶えず監視するには、高いモニタリング・コストがかかる。ゆえに、その中から代表監視者が出て、経営者を監視することが効率的になる。しかし、代表監視者は次の 2 つの条件を備えなければいけない。[36]

1　代表的監視者は、基本的に他の投資家よりも企業経営に関して信頼できる情報をより多くもっていること
2　代表監視者自身がさぼらないために、代表監視者がさぼると、監視者自身が多大な損失を破るような状態にあること

そのうえで彼は、2 つの条件を満たしている利害関係者がメインバンクであると指摘し、「コーポレート・ガバナンス制度のもとでは、企業経営が良好な平時には、メインバンクは大株主の 1 人として企業経営を比較的緩やかに監視することになる。しかし、企業経営が悪化し、赤字、責務不履行、不祥事などの実態が起こると、メインバンクは債権者として企業の清算処理を念頭においた厳しいコーポレート・ガバナンスを展開することができるのである」[37]。つまり、メインバンクによるコーポレート・ガバナンスは、エージェンシー・コストを節約するのに効率的である。

このように、菊澤は青木と違う理論を持ってメインバンクを評価したが、青木と同じくメインバンクの役割について賛成である。

以上では、日本のメインバンクの役割について述べた。しかし、メインバンク関係が確立した条件としても、またメインバンクによるコーポレート・ガバナンスが成立する条件としても、最も重要だったのは企業と企業、企業と銀行の間に結ばれた複雑な関係であった。つまり、それは上で述べた株式の「相互持合い」である。

2　ドイツのユニバーサル・バンク

　ドイツでは「ユニバーサル・バンキング」という銀行制度が設けられている。そして、ドイツのコーポレート・ガバナンスの特徴の一つと言えば、この「ユニバーサル・バンキング」制度である。

　ユニバーサル・バンクは預金、貸付、振替など銀行の一般業務を行う一方、投資業務や証券業務にも携わっている。そのため、ドイツではアメリカや日本のように証券会社が存在しない。現在、ドイツで三大銀行といわれているドイツ銀行、ドレスナー銀行、コメルツ銀行は、いずれもユニバーサル・バンクである。ユニバーサル・バンクは株式を直接に保有するだけではなく、議決権の行使や役員の派遣に関しても積極的になっている。議決権の行使の面では、ドイツの銀行は「寄託株式議決権」という制度を利用し、一般の株主から無記名株が寄託され、一般の株主の議決権までを行使している。高橋俊夫によると、ドイツの三大銀行は、ダイムラー・ベンツをはじめ、バイエル、BASF、ヘキストの3大化学メーカーなど有力企業の過半数の議決権を保有している。また、三大銀行の役員派遣は主に監査役会への役員の派遣である。1990年の上位100の企業における調査のデータによると、三大銀行が監査役会に役員を派遣した企業数は、ドイツ銀行が35社、ドレスナー銀行が19社、コメルツ銀行が16社となっている。[38]

　ユニバーサル・バンキング制度はドイツのコーポレート・ガバナンス特徴の1つであるが、ユニバーサル・バンクは一体どのようなコーポレート・ガバナンスを行っているのか。

　ユニバーサル・バンクは企業の大債権者であると同時に、大株主でもある。ユニバーサル・バンクの業務は次の3つがある。「①預金・貸出業務、②有価証券の引受・売却業務、③有価証券の寄託および議決権の行使といった寄託業務[39]」である。

　ユニバーサル・バンクは株主であると同時に債権者であるため、企業に対するガバナンスも二面性がある。つまり、企業の経営が平常の時には株主と

第2章 米・日・独におけるコーポレート・ガバナンスの比較

して、企業の経営が赤字に陥った場合は債権者とするガバナンスである。

1）株主とするガバナンス

図2－1のように、ユニバーサル・バンクは大株主といえ、株式の13%しか持っていない。しかし、議決権の行使ができる理由は、ユニバーサル・バンクが有価証券の引受・売却業務と寄託業務を行っているからである。非金融企業は、他社の株式を購入する際、直接売り手企業からではなく、ユニバーサル・バンクから購入している。しかも、多くの非金融企業は議決権をそのまま銀行に寄託する。ユニバーサル・バンクは自ら持つ13%の議決権と各企業から寄託を受けた議決権をもって、その議決権を行使している。もちろん、ユニバーサル・バンクがある特定企業の株式を直接もってガバナンスを行うケースもある。

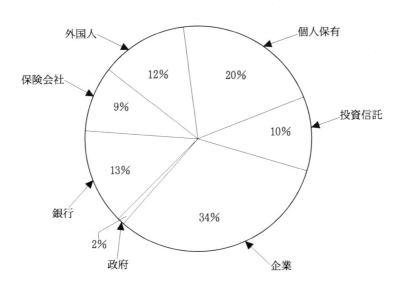

図2－1 1997年度部門別株式保有比率

（出所）佐久間信夫（2007），「ドイツ上場企業の所有主体別株式保有構造」により作成。

詳しいことは後に述べるが、ドイツでは「共同決定制度」という制度があって、会社の内部機関のなかで監査役会が統治の中心になっている。監査役会のメンバーは同じ数の株主代表と労働者代表から構成されている。また、監査役会の中にはいろいろな委員会が設置され、委員会も監査役会と同じく、メンバーの構成における株主代表と労働者代表の数は同数である。各委員会の役割は二つがある。一つは、執行役会の基本戦略や計画決定などに対して助言や指導を行うことであり、もう一つは、監査役の役割として執行役会の業務結果を監査することである。

ユニバーサル・バンクはこのような制度を利用して、監査役会に資本家代表を送り込んで企業の経営を監視してきた。特に、送り込んだ代表の中には監査役会会長もあれば、直接業務執行役員の人事権をもつものもある。

2) 債権者とするガバナンス

企業が経営不振に陥り、債務履行が不可能になった場合、ユニバーサル・バンクは株主としてのガバナンスではなく、債権者としてのガバナンスを行う。そして、ユニバーサル・バンクが採る措置は3つある。①人材を派遣し財務状況を健全化する。②債権回収を優先し、企業を直接清算する。③問題ある企業を他企業と合併させ、間接的に債権を回収する。この3つの措置はいずれも債権回収を優先するものである。

前の節では日本のメインバンクをあげ、この節ではドイツのユニバーサル・バンクをあげて、銀行による企業へのガバナンスの役割を検討した。メインバンクは日本経済の高度成長期に、ユニバーサル・バンクはドイツの経済成長に対して、それぞれ貢献があった。そして、第3部では、両国の経験から、中国の銀行による国有企業へのガバナンスの可能性を検討する。しかし、メインバンクとユニバーサル・バンクという2つの銀行システムを標準とする場合、次のような問題を念頭に入れなければいけない。

すなわち、銀行が債権者であると同時に株主であることは、銀行にとって常に利益相反の問題を伴うことであろう。例えば、債権者は常に企業にリス

クの低い投資プロジェクトを選択するよう要求するのに対して、株主は高い投資利益を得るために、企業にリスクの高い投資プロジェクトを選択するように要求する。

3 メインバンクとユニバーサル・バンクの比較

前記のように、日本のメインバンクの由来は、第2次世界大戦の時期に実施された「軍需融資指定金融機関制度」であった。戦後の復興期から高度成長期にかけて、銀行と企業は株式を持ち合い、相互に支配ができる企業集団の関係にまで進展し、多くの企業はそれぞれ系列銀行から融資を受けた。メインバンクと企業の関係は融資だけの関係ではなく、お互いに相手の株式を持っていた。

ドイツでは、日本と違って「ユニバーサル・バンキング」という銀行制度が設けられていて、ドイツ銀行、ドレスナー銀行、コメルツ銀行という三大銀行はいずれもユニバーサル・バンクである。

注目すべきことは、メインバンクやユニバーサル・バンクと企業の関係は債権者である同時に株主だという点である。また、それぞれの果たしている役割である。

企業集団の中でメインバンクの役割はいわゆる「状態依存的ガバナンス」というものであった。すなわち、企業の財務状態が好況、通常、困難という3つの段階で、メインバンクが企業に対しとる措置が違っていた。好況の時に銀行は企業に対し過度に剰余請求権を求めるのではなく、企業が財務危機に陥った時の緊急措置として度々融資を行った。財務状況が普通の時に銀行は企業に対して交渉力を高めていた。企業の財務状況が悪化した時に、銀行は企業に対して歩積両立預金などの操作が目立つようになった。

一方、ユニバーサル・バンクは、預金、貸付、振替など銀行の一般業務を行う一方、株式の所有者として議決権の行使や役員の派遣などを通じてコーポレート・ガバナンスに積極的である。ユニバーサル・バンクは株主であると同時に債権者であるため、企業に対するガバナンスも二面性がある。つま

り、企業の経営が平常の時には株主として、企業の経営が赤字に陥った場合は債権者とするガバナンスである。

とりわけ、日本のメインバンクとドイツのユニバーサル・バンクが果たす役割をモデルにして、中国の銀行から国有企業へのガバナンスの可能性を検討する必要がある。

第4節　内部統治構造の比較

日・米・独における内部統治構造の比較にあたって、株主総会、取締役会、監査役会という三つの統治構造からの分析だけではなく、企業の所有観からの検討も必要であろう。なぜかというと、それは、米・日・独において「会社はだれのものか」について認識の違いがあるからだ。

1　アメリカの内部統治構造

アメリカの会社法[40]は州ごとに違っているが、図2－2で示したように、アメリカの大企業では株主総会と取締役会、最高経営責任者という機関の設置が常識になっている。

アメリカの多くの企業によって採用されているデラウェア会社法においては、株主総会を会社の合併や解散など重要な事項の決定機関として定めている。しかし、株主総会で多く議論されているのは取締役の選任である。上で述べたように、近年、年金基金やミューチュアル・ファンドなどの機関投資家の活躍によって、株式会社は株主のものだという意識が強い。そして、機関投資家は議決権行使などを通じて、直接に取締役会会長やCEOの選任と解任に力を伸ばしている。アメリカではほとんどの株主は株主総会に出席することが難しいため、委任状によって議決権を行使する。普通、株主総会の前の委任状の勧誘は経営者によって行われる。しかし、経営者に問題がある場合、株主は持ち株を売るか、または経営者と委任状勧誘の競争を行う。佐久間信夫によると、従来なら株主は経営者に比べ委任状勧誘において次のこと

第2章　米・日・独におけるコーポレート・ガバナンスの比較

図2－2　アメリカ企業の経営機構

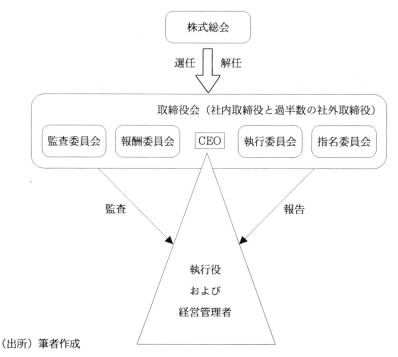

（出所）筆者作成

で不利な立場になっている。「経営者は委任状説明書を作成し、委任状を印刷・郵送する費用やSECへの届出のための費用などを会社の経費として支出することができるのに対し、株主がこれを行おうとする場合にはその莫大な費用を自ら負担しなければならなかった。さらに経営者に対抗する株主が委任状を勧誘しようとする場合、株主間のコミュニケーションに制限が設けられており、株主にとって著しく不利なものとなっていた[41]」。しかし、1992年10月15日にSECの委任状規則改正の発表によって株主が経営者と公平に戦えるようになった。また、機関投資家のロビー活動によって経営者に対する株主の圧力は高くなった。

　表2－7はアメリカの法律協会の『コーポレート・ガバナンスの原理：分析と勧告』における取締役会の職能と権限をまとめたものである。取締役会

表 2 − 7 『コーポレート・ガバナンスの原理：分析と勧告』

取締役会の職能 (Function of the Board of Director)	取締役会の権限 (Powers of the Board of Director)
ⓐ上級執行役の選任、評価、報酬の決定および解任。 ⓑ事業活動の監督。 ⓒ財務計画および主要企業計画・行動の審査・同意。 ⓓ財務諸表に適用される会計原則等の決定、変更の審査・同意。 ⓔ法および定款などにより付与されたその他の職務。	ⓐ企業計画、関与および行動の発案・採用。 ⓑ会計原則および慣行の変更の発案・採用。 ⓒ主要執行役への助言・協議。 ⓓ委員会、主要執行役および他の執行役への指示、および委員会、主要執行役または他の役員の行動の審査。 ⓔ株主への勧告。 ⓕ企業業務の執行。 ⓖその他、株主の承認を要しない企業事項の決定。

（出所）土屋守章・岡本久吉（2003），53頁-54頁により整理。

において選任されているものには最高経営責任者（CEO chief executive officer の略）や上級執行役員（SEO senior executive officer の略）がある。取締役会のなかには、執行委員会（executive committee）、監査委員会（audit committee）、報酬委員会（compensation committee）、指名委員会（nominating committee）などの常任委員会が設けられている。執行委員会の権限は取締役会において決定された日常的な事項の行使である。アメリカでは、日本やドイツのような監査役会を設置しておらず、取締役会のもとでの監査委員会が公認会計士（外部監査人）の選任や会計の審査などを行っている。また、監査委員会のメンバーは社外取締役によって構成されている。報酬委員会も社外取締役によって構成されている。報酬委員会の役割は役員の報酬の決定であるが、ほとんどの会社では外部のコンサルタントに委託して報酬を決定することが多い。指名委員会の役割は、取締役、会長、CEOの評価および候補者の推薦である。

　アメリカの法律協会（America Law Institue）は『コーポレート・ガバナンスの原理：分析と勧告』において、取締役の過半数が利害関係者ではない

第2章　米・日・独におけるコーポレート・ガバナンスの比較

ことを提起した。それを受け、大企業では社外取締役制度を積極的に取り入れた。稲上毅らによると、標準的な（メジアンの）企業における取締役の数は11人であって、その内訳は次のようなものになっている。「7人の独立取締役（利害関係のない社外取締役）、1人の利害関係のある社外取締役（かつて当該企業の執行役員だった等）、3人の社内取締役（通常CEOとCFOを含む）」[42]。

ロバート・A・Gモンクス＆ネル・ミノウは社外取締役の特徴を次のようにまとめている。「社外取締役は、昇進、法的業務、またはコンサルティング業務に関して最高経営者をあてにはしない。したがって、社外取締役は利害の衝突とは比較的無縁で、所有者の利益を守る点で能力を発揮できる。この考えが引き金となって、取締役会の社外取締役数を増やす米国企業が増え、一般的な企業の取締役会で社内取締役に対する社外取締役の割合も増えたことは注目に値する。社外取締役が取締役会で圧倒的多数を占めれば、経営者が地位を利用して権限を乱用する傾向を巧みに阻止できるだろう[43]」。

この社外取締役制度は、まさに株主主権を主張する株主が経営者支配から自らの利益を守るために作った制度であろう。しかし、これは理論上で上げたものであって、現状では取締役会が経営者を有効に監視することができなかった。その原因はCEOと取締役会長の兼任に問題があった。

アメリカの場合、CEOが取締役会長を務めるケースが多い。ロバート・A・Gモンクス＆ネル・ミノウによると、1990年代ごろには大手企業の76％においてCEOと取締役会長の兼任が存在した。そもそも、取締役会は経営者の監視機関である。そのため、経営者は取締役会に対して説明責任を果たさなければならない。しかし、CEOと取締役会長が兼任となる場合、経営者は自分が率いる取締役会に対して説明責任を果たすことになる。また、これは取締役会から取締役長を監視することにもなる。

とりわけ、アメリカの大企業における取締役会の特徴を3つにまとめることができる。1つ目の特徴は、取締役会は経営と監督という2つの職能をもつ合議体になっていること。2つ目の特徴は、社外取締役が半数以上を占めていること。3つ目の特徴は、取締役会会長とCEOの兼任が多いこと。

以上では企業の内部統治構造を検討し、その特徴をあげた。このような統治構造は、企業の経営に対してどのようなメリットとデメリットがあるのか。アメリカの法律協会の『コーポレート・ガバナンスの原理：分析と勧告』では、企業と株主の長期的利益の増大を企業活動の目的と定めるうえで、利害関係者との関係の維持は長期利益に貢献するためであると指摘されている。[44]株主こそ主権者であるというのは、一方、経営者の経営活動は主権者の意向の通りに行われる可能性が高い。また、主権者は経営者に対して強い監視を行うことも可能である。しかし、もう一方、株主の志向は法律の規定と裏腹に長期利益より短期利益に目を向ける可能性が高く、経営者も短期利益ための経営を行う可能性が高い。また、企業が不況になった場合、株主の利益を優先しているため、ほかの利害関係者を無視する可能性が高い。現実においてもアメリカでは従業員の解雇が常識になっている。

　アメリカでは、「随意的雇用原則（Employment-at-will doctrine)」というものがあって、正当事由なくとも従業員の解雇が可能になっている。解雇の予告期間の規制に関しては、1988年制定の労働者調整・再訓練予告法（Worker Adjustment and Retraining Notification Act, WARN）があるが、適用される場合が極めて少ない。

　また、荒木尚志によると、アメリカの労使関係の特徴は敵対的関係（adversarial relations）にある。その理由について、彼は、現行の法制度およびその解釈運用が協調的労使関係への移行を妨げるように作用したとして次のように述べた。

　「アメリカの労使関係を規律する連邦法である1935年の全国労働関係法（National Labor Relations Act, NLRA, 35 制定の同法は「ワグナー法」と通称される）は、「労働団体」がきわめて広義に解され、日本で一般に行われているような小集団活動や労使協議会等の従業員参加の諸制度は、ほとんど法の禁止する労働団体への支配介入に該当し、違法とされている。1970年代以降、日本が協調的労使関係に支えられて、小集団活動や労使協議制度などを通じて高い生産性を誇ったのと対照的に、アメリカは生産性、国際競争力の低下

第2章　米・日・独におけるコーポレート・ガバナンスの比較

に直面した。そこで、アメリカ企業は種々の従業員参加制度を導入することによって生産性向上を図ろうとしてきたが、そのほとんどが不当労働行為と解されているのである。こうした法制度およびその解釈運用の背景には、「ワグナー法」制定の前に、「会社組合（company union）」等の使用者に支配された御用組合が盛んに設立され、真正な組合組織化を阻害したという経験がある」[45]。

アメリカの労働組合の影響力が一番強い時期は1920年代であって、当時組合員数が500万人を超えていた。しかし、その後、従業員代表制や労使合同委員会が設置されることによって、労働組合の影響力が弱まった。当時の従業員代表制や労働合同委員会の設置はいずれも使用者主導による労使協力が目的であった。それに対し、「ワグナー法」は従業員代表制の排除を目的とすることを立法化した。つまり、それは「労働団体」による労働者参加制度を否定するものであった。特に、「ワグナー法」が全国労働関係局（National labor Relations Board, NLRB）によって指示され、現在でも「労働団体」からの支配介入が禁止されている。しかも、現在労働組合の組織率は15％にもなっていない。

以上のように、アメリカでは、法律が主要な原因になって従業員が解雇されやすくなっている。日本やドイツでは従業員を1つのコーポレート・ガバナンスの要素として捉えているが、アメリカの従業員が解雇されやすく、また労働組合の立場も弱い。このような状況で、従業員はどのようにコーポレート・ガバナンスへ参加できるのか。

ロバート・A・G・モンクス＆ネル・ミノウは従業員の重要性について、次のように述べた。「長期的に見て、従業員は、情報を最も確実に入手し、利害の衝突も少ないことから、企業の方向に関わる多くの問題を決定するのに、最もふさわしい立場にあると言える。結局、従業員よりも長く会社に関係したり、会社の長期存続に緊密に連動している関係者は他にいない。従業員は地域社会のメンバーをただ代表しているだけでなく、地域社会のメンバーそのものである」[46]。

株主は投資の目標を達成したあと、株式の売却によって責任から脱げ出すことができるが、従業員はそれと違って長期的共同体として企業と一緒に存続しなければならない。しかし、これまでアメリカでは事実上従業員の重要性が認識されていなかった。その問題点についてロバート・A・G・モンクス＆ネル・ミノウの言葉を引用すると次のようになる。「長期性を要因の一つとして含めることや、企業の外部性の割り当てという問題になると、エージェンシー・コストと利害の衝突が最も低いのは従業員だと思われる[47]」。

　このような問題はアメリカにおける普遍的な問題ともいえるが、しかしアメリカでは従業員の利害を解決するために、動きがなかったわけではない。その典型的例はESOP（Employee Stock Ownership Planの略）という従業員持ち株制度である。ESOP制度は1974年から創設され、アメリカが払った努力として高い評判を受けている。ESOP制度は企業内の資金調達に貢献したと同時に、従業員は株主としての配分を受けることになった。この制度のもとで、最も成功を収めたのはユナイテッド航空である。ユナイテッド航空は7万6千人の従業員を抱える世界で最大の航空会社である。ユナイテッド航空の従業員は、1992年より6年間で50億ドルの賃金引き下げの代わりに継続就業と会社の株式53％を購入することに合意した。1994年以降は株式53％購入を達成し、そして、13名になる取締役会のうちに、4つの席は従業員のメンバーによって構成され、ポストが確保された[48]。

　特に、アメリカでは1980年以降ESOP制度は急速に発展し、全国の民間部門の12.5％に相当する1,080万人の従業員が株式を持つようになった。会社資産4％以上を従業員持株制度で保有している公開会社は1,000社にも達している。

　しかし、ユナイテッド航空のような成功の例はごく少ないケースであって、ほとんどの会社の従業員はまだ持株制度を利用して、コーポレート・ガバナンスへ参加するわけではない。

2　日本の内部統治構造

　現在日本の内部統治構造は、2005年5月に施行された「会社法」に基づき主に2つの種類をあげることができる。1つは、アメリカのように監査役が設けられていない委員会設置会社の内部統治構造であって、もう1つは、監査役設置会社の内部統治構造である。[49] 日本における委員会設置会社は2003年商法の改正より大会社のみが認められたものが、2005年「会社法」の施行により小規模会社でも設置することができるようになった。ただし、会社は、委員会設置会社あるいは監査役設置会社のどちらかを選択することができるようになった。しかし、現在の会社の多くは依然として監査役設置会社であって、委員会設置会社が少ない。例えば、東京証券取引所が2011年に公表した『コーポレート・ガバナンス白書』によると、2011年3月まで東証で上場している2,294の会社のうち委員会設置会社は僅か51社であって上場会社の全体の2.2%しか占めていない。残りのすべては、監査役設置会社である。[50] ここで、従来からあった監査役設置会社を中心に、内部統治構造の特徴またはどのような問題があったかを検討する。

　図2-3のように、監査役設置会社においては、委員会設置会社のように株主総会、取締役会、最高経営責任者（代表取締役）という機関がある以外に、監査役会が設けられている。このような内部統治構造において、そもそも監査役会は経営者から独立性を持って監査を行うべきである。[51] しかし、戦後日本企業は経営業績が好調である代わりに、粉飾決算や総会屋などの「企業不祥事」が後を絶たなかった。その原因は、以下で述べるように株式所有構造の特徴と関連する株主総会、また取締役会と監査役会という内部統治構造のすべてに問題があった。注目すべきことは、このような内部統治構造においても「経営者支配」の問題が存在し、しかもそれが問題の根源となっている。

　前記のように、日本の株式所有構造は株式相互持ち合いが特徴になって、その中で重要な役割を果たしているのはメインバンクである。戦後、日本の企業とメインバンクは次のような変化を遂げて今日に至っている。

図2－3

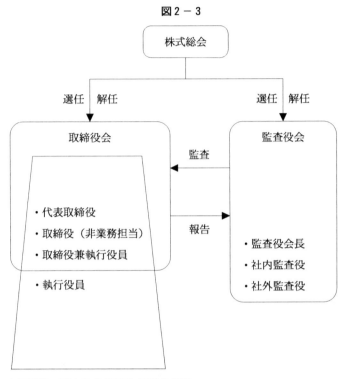

（出所）土屋守章・岡本久吉(2003),37頁を参照。

　1950年代後半から日本の経済は高度成長期を迎えるようになった。この時期において設備投資の機会が増えるに伴って、多くの企業は資金を、間接金融を行う金融機関から借入れていた。特に、日本を代表する6大企業集団はそれぞれ自分の金融機関を持って積極的に系列融資を行った。しかし、1960年代から系列融資が低下の傾向を見せ始め、1970年代半ば以降はほぼ停滞の状態に陥った。この時期において、企業のメインバンクから撤退するとおもわれたが、実際には、株式持合いの関係で企業とメインバンクの関係はますます強くなった。メインバンクは企業の安定株主工作に協力すると同時に、企業に対し一方的に役員を派遣する形で銀行の優位性を保っていた。例えば1983年度の金融機関による企業への役員の派遣は以下のようである。

第2章　米・日・独におけるコーポレート・ガバナンスの比較

「第一勧業銀行からは177名、日本興業銀行から162名、三菱銀行から151名、富士銀行から146名、住友銀行から130名、三和銀行から109名などとなっている」[52]。

以下の引用は1990年代に入ってからメインバンクを中心とする相互持合いを示したものである。

「住友銀行が自民党の証券市場等活性化対策特命委員会に提出した資料によると、2000年3月末の株式相互持合残高は、39兆9,000億円である。この金額は、東証上場の同じ時期における株式時価総額380兆円の10.5％にもなる。株式相互持合残高39兆9,000億円のうち、銀行保有分は20兆1,000億円で、全体の50.4％を占めている。損害保険、証券会社分を加えた金融機関全体で見ると、上記10.5％のうち、金融機関合計で6％となり、残り4.5％が事業会社保有分となる」[53]。

日本もほかの国と同じく株式会社における最高権力機関は株主総会である。しかし、戦後日本の株式会社は株式相互持合いという様式で、法人間の株式の相互保有を保ちながら、株式会社間の関係を強めた。企業間の株式相互持合いは、そもそも株式会社の最高権力機関である株主総会を無力にした。こういう意味で、株式相互持合いは経営者支配を実現させたが、事実上株主の利益を損なうことになる。

経営者は株主総会に先だって、積極的に株主から委任状を収集する。株式相互持合いの場合、株式の所有者の主役はほとんど株式を持つほかの法人会社であるため、株式を保有する法人会社の経営者から委任状を収集することが常識になっている。相手の会社も自社の株式がほかの会社によって所有されているため、自社の委任状収集にも応じてくれるように積極的に他社の委任状収集に応じる。また、経営者による委任状収集は株主総会が行われる前の普遍的現象である。佐久間はこの現象について、次のようにデータをあげて説明している。

「1996年の株主総会において全議決権の50％を超える議決権を委任状によって収集した会社（資本金500億円を超えるもの）は150社のうち100社に

表2－8　商法（利益供与）違反事件一覧

年　月	対象会社名	供与総額	検挙人数（人）会社側	総会屋側
1984年5月	伊勢丹	105万円	3	10
10月	大阪変圧器（だいへん）	338万8000円	2	7
1986年6月	そごう	17万7000円	5	3
7月	ノリタケ	845万円	3	4
10月	櫻護膜事件	1045万円	6	7
1987年1月	小西六（現コニカ）	320万円	4	9
4月	住友海上火災	200万円	2	1
1988年2月	共和電業	350万円	4	2
10月	パルコ	200万円	3	2
1989年5月	富士火災海上保険	315万円	3	4
1990年4月	日本合成化学工業	125万円	3	4
10月	北海道振興	320万円	3	3
11月	不二越	40万円	3	1
1991年4月	平和堂	70万円	4	1
5月	日興酸素	179万9382円	1	2
6月	日興証券	110万円	2	2
6月	山一證券	100万円	2	2
9月	野村證券	90万円	1	2
9月	大和証券	90万円	2	2
9月	京都機械工具	37万円	1	2
10月	富山化学工業	305万円	2	2
1992年10月	イトーヨーカ堂	2740万円	3	3
1993年7月	キリンビール	4635万円	4	45
11月	NTN	150万円	3	1
1996年6月	高島屋	1億6000万円	5	2
1997年3月	味の素	1000万円	3	14

第2章　米・日・独におけるコーポレート・ガバナンスの比較

5月	野村證券	3億7000万円	4	2
6月	第一勧業銀行	117億円	11	2
9月	山一證券	1億700万円	7	1
10月	大和証券	2億300万円	7	1
10月	日興証券	1400万円	6	1
10月	松坂屋	95万円	1	1
10月	三菱自動車工業	2700万円	4	7
11月	東芝	800万円	1	3
11月	三菱電機	1600万円	1	4
11月	三菱地所	1800万円	1	3
11月	日立製作所	300万円	1	1

（出所）村上亨（1999），6頁。

のぼった。その多くは直接的間接的に株式所有している企業から集められた白紙委任状にもとづいて議決権を行使することができる[54]」。

このような委任状収集は経営者が支配の便利を計る行為といえるが、株主総会の開催における形式化、形骸化も問題として指摘すべきものになっている。日本の株主総会の問題として指摘されるのは、同時開催と短時間であることである。まず、株主総会の出席者はほとんど社員株主の場合が多く、個人株主は出席しても議決権に対し影響を与えることができない。また、多くの会社は株主総会を短時間で終わらせ、平均でも30分を超えないケースが多い。そして、会計決算日は同じであることから、同じ日に開催することも多い。これは株主総会の形式化と形骸化に繋がり、事実上企業に対する支配は経営者によるものになり、株式総会は株主の意見を述べる場ではないことをあらわす。

経営者支配による被害は株主総会に対する操作だけではなく、企業の不祥事など違法行為にまで及んでいた。企業の不祥事といえば、企業と総会屋への利益供与問題が世間の注目を集める。前頁の表2－8は1984年5月からの

不祥事の事例であるが、多くの大手企業は総会屋とかかわりがあることがわかる。特に、供与した金額から見ると11社が1,000万円台を超えている、その中でも高島屋、野村證券、第一勧業銀行、山一證券の四社によって供与した金額は億単位を超えている。

日本の会社法では、取締役会は株主総会で選任された3人以上の取締役によって構成され（329条と331条）、会社の業務を決定し、取締役の職務の執行を監督する機関として定めている（362条2項）。取締役のなかには代表取締役がいて、取締役会の決議によって選ばれたものである（362条3項）。ここで注目すべきことは、取締役会は業務の意思決定機関であるが、業務の執行機関ではない。

したがって、取締役会に対して次のような考えは当然であろう。つまり、取締役会は株主総会から受託を受けると同時に、執行役員と管理層に対して管理と監視を行う機関である。

しかし、現実には執行役が取締役を兼任することが問題になっている。それは、業務担当の最上点にする社長が取締役を兼任する場合があれば、代表取締役を兼任するケースもある。[55] こうなると、取締役会は業務の執行機関となると同時に、取締役会のメンバーが自ら執行した業務を監視することになるか、あるいは、取締役によって行われた業務が同じメンバーの仲間によって監督されることになる。業務の担当社長が代表取締役を兼任する場合、社長がすべての業務の権限を掌握することになる。上で述べたように、経営者が株主総会に先だって、積極的に株主から委任状を収集し、株主総会における決定権を握る。このような方法を通じて、経営者は自ら代表取締役に就任するのみならず、ほかの取締役の選任の決定権を握ることができる。さらに、後継者も社長によって決められる。これはいわゆるバーリ＝ミーンズが提起した経営者支配の問題でもある。

日本の会社における取締役会は、執行役が取締役会を兼任することもあって、取締役の人数が相当多い。土屋と岡本によると、2000年7月まで、役員数が31人以上の企業が71で社であって、その中で、トヨタが61人、新日鉄が

第2章　米・日・独におけるコーポレート・ガバナンスの比較

48人、三井物産が42人という取締役の人数構成になっていた[56]。2011年の東証で上場している会社を見る場合、2000年より株式会社における取締役の人数は大きく減ったとはいえ、16社において取締役の人数が21名以上になっていた[57]。このように、取締役会のメンバーが大勢になっているのは日本のコーポレート・ガバナンスの1つの特徴とかかわりがある。その特徴を伊丹敬之の言葉で表現すると「従業員主権」のことであるが、その特徴とのかかわりと言えば、日本の取締役は非常に「従業員性」が強いことである。

1998年より連合総合生活開発研究所は稲上毅が率いる「企業と社会研究委員会」を発足させ現代日本のコーポレート・ガバナンス現状と将来展望について社会学、経済学、会社法、労働法からの多角的な研究を行った。そして、稲上毅らが日本のコーポレート・ガバナンスを特徴づけるために用いた根拠には次のような2つのようなものがあった。

1つは、経営者のキャリアには内部昇進型経営者が多いこと。稲上毅によると、日本の経営者のキャリアは、4分の3の経営者は内部昇進型経営者である。また、経営者達の平均年齢は60.3歳であって、彼らの平均勤続年数は34.1年である。注目すべきことは、残りの4分の1の経営者達は親会社かグループ内の会社から着任したものである。

もう1つは経営者の「従業員性」である。これは2つの意味がある。1つは、代表取締役が他の主管業務をもつこと。もう1つは、「事業本部長など主管業務をもつ取締役の場合、その年収のかなりの部分は事業本部長等であることによる所得が占めている」ことである。稲上毅らが611社を対象に行った調査の結果によると、2000年ごろ経営者の「従業員性」をもつ企業の割合は80.7%であった。

このように、日本の会社の取締役は社内昇進者が多い。これは、アメリカの取締役会のメンバーのほとんどが社外取締役によって構成されていることと根本的な違いである。また、現在、日本の委員会設置会社においては、アメリカの取締役会のように取締役会の中に監査委員会が設置され、専門経営者に対して監督機能を発揮する。それに対して、監査役設置会社において監

査役会がその役割を果している[58]。

　監査役設置会社における監査役会は、株主総会で選任された監査役によって構成され、取締役の職務の執行を監査する株式会社の常設機関である。監査役の人数は3人以上になっているが、そのうち半数以上が社外監査役でなければならない（335条）。監査役の任期は4年（336条）である。監査役は業務の監査と会計の監査について権限を持つものとされている[59]。

　しかし、日本の会社では代表取締役を兼任する執行役（社長）が実質的に監査役の人事権を握っているため、監査役が無力化している。監査役の問題を以下の2つにまとめることができる。

　第1に、監査役の監視機能を果たせない。表1－9で示したように、日本では企業における利益供与事件が多発しているが、いずれも監査役の監視機能が果せないことが原因だと言える。特に、その中には監査役が自ら総会屋に現金を渡した事例（イトーヨーカ堂）もあれば、監査役が主導になって損失を回避するために行ったインサイダー取引事件もあった[60]。

　第2に、社内監査役が主導的地位にする。会社法では、3人以上の監査役のメンバーのなかで半数以上の社外監査役の設置を要求している。しかし、社外監査役のなかには、「社内出資者」やグループ企業からのものがかなり占めている。例えば、2011年東証上場会社コーポレート・ガバナンス白書によると、関係会社の社外取締役または社外監査役からの社会監査役は33.6%であって、他の会社の業務執行取締役、執行役からのものは15.2%であった[61]。

　以上の検討より、執行役兼代表取締役が事実上株主総会の前に議決権招集をして、株主総会での主導権を握り、取締役や監査役の人事まで決定をすることが分かった。また、経営者のなかにはほとんどが従業員からの昇進者であった。では、日本の従業員のコーポレート・ガバナンスにおける位置づけをどのようにするべきであろうか。

　上では、日本のコーポレート・ガバナンスの特徴の1つとして、伊丹敬之の言葉を使って日本において従業員の主権が重視されていることを説明した。

第2章　米・日・独におけるコーポレート・ガバナンスの比較

しかし、注目すべきことはその主権を持っている従業員とはすべての従業員ではない。つまり、それは長期間企業にコミットする従業員のことで、パートで働く人々や女子社員はその仲間に入っていない。具体的に、次の3つの条件を備えることによって"主権者"になるのである。①その企業にとって最も大切かつ希少な資源を提供していること。②その資源の提供をかなり長期的にし続ける意図を持っていること。③その企業の事業の盛衰によって大きなリスクをこうむっていること。

　伊丹敬之は、従業員主権によるガバナンスに対して、次のような2つの有効性があると指摘した。1つは、現実的機能性であって、もう1つは、制度的有効性である。前者は、現実の中で、従業員主権がカネ、ヒト、法を含む企業活動の円滑な運営のために機能すること。後者は、従業員集団へのチェックと経営者へのチェックの両面において有効性をもつことである。

　以上のように、従業員の利益の重視は日本のコーポレート・ガバナンスの特徴の1つである。もし、従業員の利益の重視をガバナンスの1つのモデルとして考える場合、何が条件であろうか。伊丹敬之はその歴史的条件を次の4つにまとめた。

　第1に、経済状況。経済状況とは、日本の経済が危機から高度成長への過程があったことである。つまり、戦後の日本経済が危機的状況になったあと、朝鮮戦争をきっかけに復興にむかい、さらに経済の高度成長が始まった。

　第2に、制度基盤。1つ目は戦時中軍部指導の日本政府が打ち出した政策である。例えば、産業報国会制度（1938年）、「経済新体制」構想（1940年）、軍需会社法（1943年）。2つ目は、戦後アメリカの進駐軍によって打ち出された「財閥解体政策」や労働組合法（1945年）のことである。

　第3に、時代思潮。戦後の「財閥解体政策」や労働組合法などが日本社会に受け入れられたのは、社会的エネルギーがあるからだ。伊丹敬之によると、その社会的エネルギーは「戦前の日本社会は、一般民衆からすれば抑圧された社会という側面も持っていた。その側面が戦中の経験からより強く意識され、それが戦後になって平等への欲求のエネルギーとして爆発し、民主主義

91

への願望が一気に強まった[62]」というものであった。

第4に、社会通念。これは2つの意味が含まれている。1つは、江戸時代の商家以来、事業や企業の所有に対する観念が共同体関係者による「総有」であったこと。もう1つは、権力の正当性に対する考え方である。日本では、株主の所有者は企業権力の所有者になるという考えが日本に入る前に、すでに江戸時代から「所有ではなく帰属、財産ではなく貢献とコミットメントの大きさ[63]」が権力正当性の根源になっていた。

伊丹敬之は、経済、制度、思想、文化という四つ側面から、戦後日本の企業で従業員重視が形成される要因をあげた。しかし、この4つの条件から、現在企業の中でどのような仕組みによって従業員重視が支えられているのか。以下では日本の労使関係の役割を検討する。

日本の労使慣行の特性を考える場合には、"従業員重視"という戦後以来の企業別労働組合の形成に論及する必要がある。

戦後日本の労働組合は民主化の担い手として、積極的に労働運動を広めた。その労働運動は、労働条件と福利厚生のみならず、事業計画や経営者の任命などに関わる生産管理闘争または業務管理闘争であった。そういう意味で、当時の労使協議会は労働組合主導型と呼ばれている。

しかし、1955年日本生産性本部が設立されてから、労働組合主導型の労使協議会が経営者主導型に変わった。その変化のきっかけになったのは、日本生産性本部が提示した労使関係モデルであった。労使関係モデルとは、「①生産性向上は雇用保障を高めるべきこと（レイオフでなく配転で対処）、②労使協議の推進、③生産性向上による成果の経営・労働者・消費者間における公正な分配[64]」という「生産性3原則」によるものであった。

日本の労働組合はいわゆる企業別の労働組合である。企業別の労働組合が定着したのは1960年代の高度成長期であった。企業別労働組合は1970年には組織率が85.3%であったものが、その後組織率が持続的に低下し、1999年には22.2%までに落ちた。最近の労働組合に対してあまり評価することができないが、高度経済成長期における企業別労働組合に対しては高評価をしなけ

第2章　米・日・独におけるコーポレート・ガバナンスの比較

ればいけない。そして、その評価を次の3つにまとめることができる。

　第1に、企業別の労働組合のもとで労使協議制という協力的労使関係は、日本経済の高度成長に大きな支えになったと同時に、日本の企業の国際的競争力の強化に貢献があった。

　第2に、1973年と1979年の2度にわたる石油危機においては柔軟な賃上げ要求の対応によって、他の国より早く危機から脱け出した。その賃上げ対応とは、従来の大幅な賃上げ要求から、「経済の発展」「物価の安定」「企業経営改善」などを総合的に判断して賃上げを要求して、対応を転換したことである。[65]

　第3に、日本の企業は長期雇用の慣行によって企業内での内部労働市場が形成された。企業レベルでは、社会経済情勢の変化に合わせて、新技術の訓練以外に、労働条件、賃金、退職金などに対して調整を行う必要があった。したがって、企業別労働組合は内部労働市場の労働条件規制に最も効率的な組織形態となる役割を果たした。[66]

　とりわけ、アメリカと違って、日本では従来からあった監査役設置会社において経営者支配の問題が存在する。しかも、その経営者は従業員の利益が重視されている企業のもとで従業員から昇進しているものである。また、日本の従業員の利益が重視されている背後には日本の企業別労働組合や長期雇用など労使関係と関連するものがあった。しかし、従業員から昇進した経営者[67]は株主総会や監査役会の権限を無力化させ、経営者支配の問題を起こしている。

3　ドイツの内部統治構造

　ドイツの株式会社は、株主総会、監査役会、取締役会（または執行役会）という3つの統治機関から構成されている。ドイツでは、会社の監督機関と業務執行機関が法律によって厳密に分離されている。すなわち、監督機関が監査役会、業務執行機関が取締役会という二元的構造になっている。

　ドイツの株式会社における株主総会は、取締役の選任と解任の機関ではな

図2－4　ドイツの内部統治構造

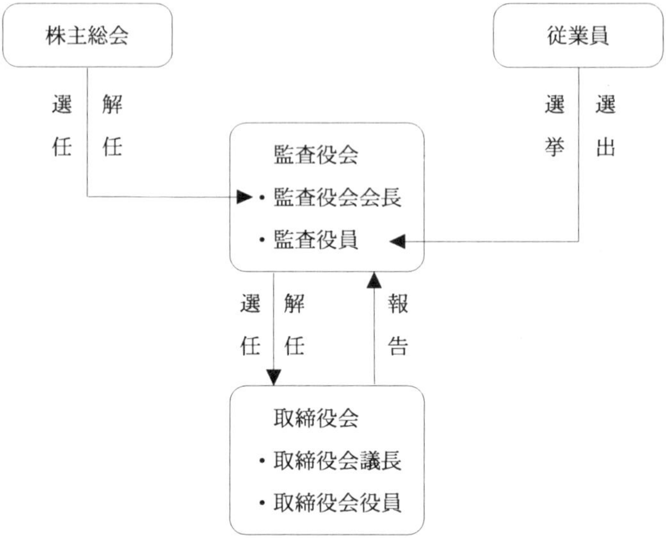

```
    株主総会                              従業員
       │                                    │
   選   解                                 選  選
   任   任                                 挙  出
       │                                    │
       └──→  監査役会  ←──────────────────┘
              ・監査役会会長
              ・監査役員  ←──────┐
                 │               │
              選  解            報
              任  任            告
                 │               │
                 ↓               │
              取締役会 ──────────┘
              ・取締役会議長
              ・取締役会役員
```

（出所）土屋守章・岡本久吉（2003），73頁を参照。

く、監査役の選任と解任の機関になっている。そのため、株主総会は取締役の業務執行に対する機能は間接的な監督機能である。しかも、株主総会で半数の監査役しか選任することができないため、株主総会の機能が限定されている。ほかの半分の監査役は共同決定法制度のもとで従業員および労働組合から選出されている。株主総会からの監査役と従業員および労働組合からの監査役の数は同じであるが、その違いの1つを言えば、監査役議長が株主総会から選出され、監査役議長が2票の投票権を持っていることである。株主総会は、監査役の選任と解任という権限をもつほか、監査役の報酬の決定、監査役・取締役の責任の免除、年度利益の処分、会計監査人の選任、定款の変更、資本の増減、合併、営業譲渡、会社の解散などの経営上の重要な権限を持っている。株主総会の運営については、上で述べたように、ドイツの銀行に多くの非金融企業から議決権が寄託されていることから、株主総会における主役はユニバーサル・バンクだと言える。ドイツは、発行株式5％以上

第2章 米・日・独におけるコーポレート・ガバナンスの比較

の株主には総会議題提案権、または単独株主のための反対提案権、監査役などの選任提案権、総会での株主の解説請求権、株主代表訴訟などの制度が設けられている。そのため、株主総会で株主が発言できる法律環境が整っている[68]。

監査役会は、業務執行の監督機関であると同時に、取締役の選任や解任等の会社の重要な事項を決定する権力機関である。詳しくは、監査役会は次のような権限を持っている。「ａ取締役会役員の選任・解任、ｂ業務執行の継続的監督、ｃ会計の監査および年度決算書の確定、ｄ業務執行措置に対する同意」[69]。監査役会のメンバーは株主総会から選任されているもの、また同数の労働者代表から選ばれたもの、によって構成されている。

取締役会は監査役会から2人以上（資本金300万ユーロ以上）の取締役が選任され、取締役が自己の責任で業務執行を行う。2000年、「コーポレート・ガバナンス原則委員会」（Grundsatzkommission Corprate Governance）によって発表された「コーポレート・ガバナンス原則」では、取締役の権限と義務について次のような内容がまとめられている。

「ⓐ取締役は経営に際して、企業の利益および経営戦略上の基本原則を踏まえ、秩序ある経営の執行義務を負う。ⓑ取締役は監査役会と協調し、企業の戦略を作成しなければならない。ⓒ会社の活動分野において生じた、一般的に知られていない事実について、会社の財務や経営に影響を与え、株価や債券価格に影響を与えるものは、遅滞なく公表しなければならない」[70]。

取締役会における業務執行に対して意思決定を行う場合、取締役会の同意が必要になっている。ただし、取締役会の代わりに株主総会あるいは監査役会が業務執行の意思決定を行う場合がある[71]。

ドイツの株式会社における株主総会、監査役会、取締役会という内部統治機構のなかで、注目すべきことは監査役会である。監査役会のメンバー構成のなかで労働者代表が半数を占めていることは、日本やアメリカの会社では存在しない独特なものである。

95

表2－9　企業レベル（監査役会）における共同決定制度

	1951年石炭鉄鋼共同決定法	1952年事業所組織法	1976年共同決定法
適用対象企業の法形式	株式会社、有限会社	株式会社、株式合資会社、有限会社、相互保険組合、営利経済協同組合	株式会社、株式合資会社、有限会社、営利経済協同組合
適用対象企業規模	従業員1000人超	従業員500人以上（株式会社、株式合資会社）、500人超（有限会社、相互保険組合、営利経済協同組合）	従業員2000人超
適用業種	石炭鉄鋼産業	限定なし（傾向企業・宗教体は除外）	限定なし（傾向企業・宗教団体は除外）
監査役会の構成	労使同数＋中立1（株主代表5名、労働者代表5名、中立1名）	労働者代表1/3、株主代表2/3	労使同数 従業員1万人以下：株主代表・労働者代表各6名 従業員数1万人超～2万人：株主代表・労働者代表各8名 従業員数2万人超：株主代表・労働者代表各10名
労働者代表の内訳	当該企業のブルーカラー1名、ホワイトカラー1名、労働組合全国組織推薦者3名	1名選出すべき場合、当該企業の労働者、2名以上の場合、少なくとも当該企業のブルーカラー1名、ホワイトカラー1名	6名の場合：当該企業の労働者4名＋組合代表2名 8名の場合：当該企業の労働者6名＋組合代表2名 10名の場合：当該企業の労働者7名＋組合代表3名
監査役会議長	一般ルール（監査役会構成員の多数により選択）	一般ルール（監査役会構成員の多数により選択）	2/3の多数決→未達成の場合、株主代表が副議長をそれぞれ多数決で選出
労務担当取締役	設置義務あり、労働者代表監査役の多数決に反して選任不可		設置義務あるも、一般の取締役と同様の手続き

（出所）　荒木尚志（2000），238頁。

第2章 米・日・独におけるコーポレート・ガバナンスの比較

　ドイツでは、企業レベルで監査役会に労働者代表を参加させるための「共同決定制度」が設けられている。実際には、企業レベルでの「共同決定制度」は、1951年の「石炭鉄鋼（モンタン）共同決定法」、1952年の「事業所組織法」、1976年の「共同決定法」という3つの法律に依拠するものである。3つの法律における具体的な定めは表2－9の通りである。ここで、1952年の事業所組織法以外に、いずれの法律に置いても監査役会の構成の中で労働者代表と株主の代表の数が同数になっている。監査役会の議長や副議長は、監査役会のメンバーの投票によって、3分の2の多数決で選ばれる。もし、3分の2に至らない場合、議長は株主代表監査役から、副議長は労働者代表からという選出の仕組みになっている。

　以上は企業レベルでの「共同決定制度」であるが、それ以外に、ドイツでは労使関係と関連する事業所レベルでの共同決定制度も存在する。

　ドイツの労使関係は「企業の外部に存する産業別の労働組合と使用者団体（または個別使用者）の間で団体交渉を行い労働協約（Tarifvertrag）を締結する産業別の労使関係と、企業内の事業所レベルにおいて事業所委員会と個別使用者が協議・共同決定等を行い、事業所協定（Betriebsvereinbarung）を締結する事業所レベルの労使関係[72]」という二重構造になっている。また、稲上毅によると、事業所レベルでの共同決定制度とは、事業所組織法において事業所委員会に付与された共同決定権のことである。ここで、共同決定権には次のような意味が含まれている。「広義には、使用者から情報提供や意見聴取を受ける権利、協議する権利を含めて、事業所委員会の参加権全般（関与権（Mitwirkungsrecht）を指して用いられる。これに対して狭義には、使用者の決定を事業所委員会との同意にかかわらしめ、事業所委員会の同意を得ない使用者の一方的措置を無効ならしめるという、事業所委員会の関与権のうち、最も強力な共同決定の権限を指す[73]」。

　事業所組織法では、共同決定に関与する事項が①社会的事項、②職場・作業関連事項、③人事事項、④経済的事項という四つに分けられ、社会的事項に強力な共同決定権を与えるのに対して、ほかの3つの事項には緩やかな関

与権が中心になっている。ここで、社会的事項とは、事業所秩序、労働時間の配分、賃金支払いなどに関するものである。職場・作業関連事項とは、工場の施設・設備に関するもので、人事事項は、情報提供・協議権、採用・配転・解雇の基準に関するものである。

以上のように、ドイツでは共同決定制度が存在し、共同決定制度では労働者代表が監査役の半数を占めることが定められた。そして、ドイツでは共同決定制度が高く評価されている。

1998年ドイツの経済界の代表と労働界の代表は、共同の調査研究を通じて公表した「共同決定委員会報告（Bericht der Kommission Mitbestimmung）」において、肯定的評価を下した。すなわち、それは「共同決定制度によって、労使の潜在的紛争が軽減され、協力的な企業文化の確立、社会的統合促進に寄与したとされている[74]」という内容の評価であった。

また、1990年代に入ってから共同決定制度が置かれている状況は「コンセンサス重視から早い意思決定へ、より高い質と低コストのプレッシャー、イノベーションの質の変化、国際化した資本市場の要求への対応、高まりの失業等の環境変化」と指摘したうえで、「経済構造の変化に対して、共同決定制度が阻害的に作用したことはなく、むしろ、共同決定のフレームワークのなかで、協力的現代化（Kooperative Modernisierung）ともいうべき対応が多くみられたこと、また、共同決定制度の運用が、受動的・事後的なものから、それが法によって要求されているかどうかとは無関係に情報を共有していったことなど、共同決定制度をベースに柔軟な対応がなされている」と高く評価した。[75]

4　内部統治構造の比較

上で述べたように、米・日・独において「会社はだれのものか」について認識の違いがある。

「会社はだれのものか」について認識の違いについては、表1－1で示した。まず、アメリカでは「企業は株主の私有財産」であるという所有観が強

第 2 章　米・日・独におけるコーポレート・ガバナンスの比較

い。これは、株式が個人に分散されている時期からあったもので、株式の機関投資家への集中は実際には個人による株式の間接所有であるために、現在もまだ根強く残っている。次に、日本における株式会社の所有観は「企業は全ての利害関係者のもの」だというものである。しかも、株式の所有と関連がない従業員が中心的な利害関係者になる。最後に、ドイツにおける株式会社の所有観は「企業は株主の私有財産ではあるが従業員の利益も考慮すべき」という点に特徴がある。つまり、中心的利害関係者は株主であると同時に、従業員でもある。とりわけ、米・日・独における内部統治構造の検討にあたって、株主総会、取締役会、監査役会という3つの権力機関だけではなく、従業員の内部統治構造における位置づけも検討する必要がある。

　米・日・独は、株式所有構造、外部統治構造、株式会社の所有観などにおいて違う特徴が現れるのと同じく、内部統治構造においてもそれぞれ違う特徴が現れている。そして、前の4つの節で検討した米・日・独における内部統治構造に関する内容をまとめると、表2－10のようになる。

　表2－10で示したように、米・日・独の株式会社における内部統治構造はそれぞれが違う問題を抱えている。では、その問題以外に以上の表から何を読み取れるか。それに答えるために、先にアメリカの内部統治構造の分析において出した結論をもう一度繰り返して見よう。

　アメリカでは米法律協会の『コーポレート・ガバナンスの原理：分析と勧

表 2－10　米日独における内部統治構造と従業員の位置づけ

		アメリカ	日　本	ドイツ
統治構造	株主総会	・会社の合併や解散など重要な事項の決定機関である。 ・しかし、多く議論されているのは取締役の選任	・経営者による委任状の収集は株主総会が行われる前の普遍的現象。 ・しかし、問題は①同時開催と短時間開催が多い、②総会屋への利益供与問題	・取締役または監査役の選任と解任の機関である。 ・半数の監査役しか選任することができない。他の半数は従業員および労働組合から選任される。

	取締役会	構成： ①執行委員会、②監査委員会、③報酬委員会、④指名委員会など。 特徴： ①取締役会は経営と監督という2つの職能をもつ合議体になっていること。②社外取締役が半数以上を占めていること。③取締役会会長とCEOの兼任が多いこと。	構成： 取締役会は3人以上によって構成され、会社の業務の決定機関であると同時に、取締役の職務の執行の監督機関でもある。(経営と監督の分離) 特徴：①執行役と取締役の兼任が多い、②取締役のメンバーが多い、③社内昇進者が多い。	構成： 監査役会から2人以上の取締役が選任され、取締役が自己の責任で業務を行う。 特徴： ・業務執行機関である。業務執行に対して意思決定を行う場合、取締役の全員の同意が必要である。 ・取締役会の代わりに株主総会あるいは監査役会が業務を行う場合がある。
	監査役会		・3人以上、4年(任期) ・代表取締役を兼任する執行役が監査役会の人事権を握っている。 ・監査役会の機能を果たせない。 ・社内監査役が主導している。	・業務執行の監督機関 ・取締役の選任と解任の機関
従業員の内部統治構造における位置づけ		・「随意的雇用原則(Employment-at-will doctrine)」のもとで、正当事由なくとも従業員の解雇が可能 ・従業員持株制度(ESOP)がある。	・「従業員主権」という表現がある。 ・従業員とは長期間企業にコミットする従業員であって、パートや女子社員ではない。 ・ガバナンスへの役割：①現実的機能性、②制度的有効性	・監査役会に労働代表を参加させるための「共同決定制度」というものがある。

(出所) 筆者作成

告』が定着し、また株主こそ主権者であるという意識が強いため、次のようなメリットもあればデメリットもある。つまりそれは、経営者の経営活動は

第2章　米・日・独におけるコーポレート・ガバナンスの比較

主権者の意向の通りに行われると同時に、主権者の強い監視を受ける。しかし、株主の意向が強いため、短期利益を重視する経営活動が行われる可能性が高い。特に、企業が不況になった場合、他の利害関係者より株主の利益が優先される可能性が高い。また、このような内部統治構造における従業員は解雇されやすい立場になっている。

　このような基準に沿って、それを日本とドイツにおける内部統治構造と比較する場合、以下のような理論的な結論を出すことができる。

　まず、アメリカでは経営者の経営活動は株主の意向の通りに行われる可能性が高いのに対して、日本では、経営者の意向の通りに行われる可能性が高く、ドイツでは株主と従業員の利益を代表する監査役会の意向の通りに行われる可能性が高い。

　次に、アメリカでは主権者が経営者の経営活動に対して強い監視を行う可能性が高いのに対して、日本では経営者のみならず従業員もステークホルダーをなしており、ドイツのそれは株主と従業員になっている。

　最後に、企業が不況になった場合、アメリカでは株主の利益が最優先される可能性が高いのに対して、日本では従業員の利益が重視される可能性が高く、ドイツでは従業員と株主の利益が平等に考えられる可能性が高い。

　しかし、以上はあくまで理論上導いた結果である。米・日・独における内部統治構造を3つのモデルとして中国の国有企業における内部統治構造の分析に応用しようとする場合、中国における企業の所有観、国有企業の株式所有構造、外部統治構造の検討を踏まえた上で、それらの中でどれが中国の事情に最も相応しいかを見る必要がある。

注
1）Berle & Means（1932），p.47.（邦訳61頁）を参照。
2）Monks and Minow（1995），p.144.（邦訳120頁）
3）（2008）II R；（2010）IIR
4）奥村宏（2005），28頁。
5）「ドッジ・ライン」→「アメリカのドッジ（J. M. Dodge）公使によって指導・実施

された1949、50年度予算に見られる緊縮財政・超均衡予算主義のことを言い、48年12月GHQによって示された経済安定9原則の具体化である。総需要の圧縮によってインフレを一挙に収束し、そこから生ずる輸出余力によって国際収支を均衡させることを主要なねらいとした。その財源的基礎を固めたのは、49年のシャウプの税制勧告である。」(『経済辞典』[2008], 936頁。)

6）「シャウプ税制勧告」→「アメリカから来日したシャウプ税制使節団体が日本の税制の改革に関して1949年に行った勧告。所得税を中心とする租税体系の確立、制度・執行両面を通じた公正の確保、地方財政の充実を基本理念として、税制全般にわたった。49年度補正予算に伴う税制改正および50年度の税制改正でほぼ全面的に実施され、ある意味ではその後の日本の税制系の根幹をなした。」(『経済辞典』[2008], 548頁。)

7）このパラグラフは奥村宏（2005), 59-70頁を参照。

8）このパラグラフは奥村宏（2005), 71-82頁を参照。

9）奥村宏（2005), 197頁。

10）高橋俊夫（1995), 18頁を参照。

11）佐久間信夫（2003), 99頁。

12）宮崎義一（1974), 141-142頁。

13）Monks and Minow (1995), p.144.（邦訳133頁）

14）藤井康弘・鈴木誠著（2004), 92-93頁。

15）藤井康弘・鈴木誠著（2004), 100-108頁。

16）以下では、四回の企業合併のブームを紹介するが、第一回～第三回は、宮崎儀一（1972), 80～85頁を参照。第四回は、奥村宏（1990), 47～58頁を参照。

17）トラストとは「独立したいくつかの企業の株主が一団の受託者に保有株式を信託し、受託者がこの株式の票決権を行使していくつかの企業の統一的支配を行う制度」という意味である。宮崎義一（1972), 81頁。

18）奥村宏（1990), 62頁。この問題を奥村宏の言葉で強調するとこのようになる。「LBO後の資産売却によって本業の規模は縮小し、従業員も減少する。もちろん資産は新たな買い手のものになり、従業員も一部はそこに引きつがれるかもしれないが、残りは失業する。個々の企業にとっては仮に不採算部門を縮小して合理化になったとしても、経済全体にとっては失業の増大という結果をもたらす」。

19）「外人買い」というのは外国の個人投資家ではなく、主に外国の機関投資家を指す。地域名をあげるならアメリカ、ヨーロッパ、アジア、アラブからのものである。外国の機関投資家は日本での運営成績がよく、最も影響力がある存在でもあ

第 2 章　米・日・独におけるコーポレート・ガバナンスの比較

る。日本では法人化現象によって浮動株が少なくなるなかで、外国の機関投資家のアナウンスメント効果はかなり大きい。いったん外国の機関投資家が日本の株を買うことになったら、株価は上昇し、個人投資家が追随して株を買う現象が起こる。これは「外人買い」の成績につながっている。しかし問題になるのは「外人買い」は株価を上昇させるが、その後の「外人売り」は市場の株価に影響がないことである。その原因を次の奥村宏の言葉で検証することができる。「もし「外人売り」をそのまま市場に出せばそうなるかもしれない。そこで「外人売り」の注文に対して日本の証券会社はこれを市場に出さないで引き取り、特定のはめ込み先（安定株主）を探してそこにはめ込むか、あるいは一時的にその証券会社が買い向かって、あとで安定株主にはめる。こうして売り物を市場からブロックすることによって株価を下げさせない。（…中略…）こうして外国機関投資家の日本株買いは実態以上に人気を呼んで株価をあげ、そしてその売りは株価を圧迫しないというメカニズムができ、これを利用して良好な投資成績をあげることができたのである」。

20) 斉藤卓爾（2011），117頁。
21) 奥村宏（2005），117頁。
22) 土屋守章・岡本久吉（2003），285頁。
23) 胥鵬（2011），164〜165頁を参照。
24) 佐久間信夫（2007），100-101頁。
25) 2001年ドイツのフィアーク（VIAG）との合併を果たし世界第二位のエネルギー会社（E.ON）となった。
26) 佐久間久夫（2007），104頁。
27) 佐久間久夫（2007），104-105頁。
28) 佐久間久夫（2007），105頁。
29) 菊澤研宗（2004），115頁を参照。
30) 宮島英昭は1990年代末からのメインバンクの機能の弱体化について次のように説明している。「メインバンクに期待される機能は、業績の悪化した企業に対して、救済パッケージを提供しながら、事業再組織化のイニシアティブをとる点にある。（中略）しかし、特にメインバンクは、自行の不良債権が確定し、過去の貸出の責任を問われることを避けるため業績の悪化した顧客企業を金利減免や追加融資を通じて救済した。他方、顧客企業は、銀行の救済を予測して、必要な事業組織化を先送りした。このように銀行（メインバンク）は、企業統治における機能領域を縮小させるばかりでなく、メインバンクが影響を維持する領域では、本来淘

汰・再編成されるべき企業を人為的に温存させるというネガティブな機能を果たしたのである」宮島英昭（2011年），12頁。
31) Aoki and Patrick (1994), p.113.（邦訳134頁）
32) Patrick (1994), p.355.（邦訳427頁）
33) 青木昌彦（1995），102頁。
34) 青木昌彦（1995），114頁。
35) 青木昌彦（1995），114頁。
36) 菊澤研宗（2004），121頁。
37) 菊澤研宗（2004），123頁。
38) 高橋俊夫（1995），31頁を参照。
39) 菊澤研宗（2004），56頁。
40) アメリカでは、会社法は州ごとに違うが、次の二つが権威的なものとされている。1つは、デラウェア州の会社法である。もう一つは、アメリカの法律協会（American Law Institute）の『コーポレート・ガバナンスの原理：分析と勧告』（Principle of Corporate Governance: Analysis and Recommendations）である。
41) 佐久間信夫（2003），181〜182頁。
42) 稲上毅（2000），214頁。
43) Monks and Minow (1995).（邦訳203頁）
44) 土屋守章・岡本久吉（2003），53頁。
45) 荒木尚志（2000），219頁。
46) 土屋守章・岡本久吉（2003），284頁。
47) 土屋守章・岡本久吉（2003），284頁。
48) Monks and Minow (1995),（邦訳292頁）を参照。
49) 2005年の「会社法」では「取締役設置会社」と「監査役会設置会社」を次のように定義する。「取締役設置会社　取締役会を置く株式会社又はこの法律の規定により取締役会を置かなければならない株式会社をいう。」（第2条7項）監査役会設置会社の定義は「監査役会設置会社　監査役会を置く株式会社又はこの法律の規定により監査役会を置かなければならない株式会社をいう」（会社法2条10項）である。また、「監査役会設置会社」と区別される「監査役設置会社」という定義がある。つまり、それは「監査役設置会社　監査役を置く株式会社（その監査役の監査の範囲を会計に関するものに限定する旨の定款の定めがあるものを除く。）又はこの法律の規定により監査役を置かなければならない株式会社をいう。」（第2条9項）である。ここで、主に公開会社かつ大会社（委員会設置会社

を除く)において「監査役設置会社」という会社形態を取っている。神田秀樹(2012), 169頁を参照。
50) 『東証上場会社―コーポレート・ガバナンス白書2011』、15頁。
サイト：http://www.tse.or.jp/rules/cg/white-paper/index.html（2012年6月）を参照。
51) 江頭憲治郎は経営者を次のように説明する。「委員会設置会社以外の会社では、取締役の大部分が経営者であるのに対し、委員会設置会社では、執行役が経営者である。」江頭憲治郎(2011), 288頁。
52) 奥村宏(1986), 107頁。
53) 土屋守章・岡本久吉(2003), 176頁。
54) 佐久間信夫(2003), 203頁。
55) 2011年度東京証券取引所で上場している会社のうち、81.2%の会社において社長が代表取締役を兼任し、18.1%の会社において会長が代表取締役を兼任する。『東証上場会社コーポレート・ガバナンス白書2011』, 17頁。
56) 土屋守章・岡本久吉(2003), 215頁を参照。
57) 『コーポレート・ガバナンス白書2011』, 17頁。
58) 日本でも、平成15年から監査委員会の設置会社に移行した会社が続々登場されている。日本監査役協会の公布によると、2011年8月まで87社が委員会設置会社であった。
出所：http://www.kansa.or.jp/support/library/secretariat/post-2.html
(2011年8月)
59) 監査役が持つ権限は具体的には次のようなものである。①株主総会への提出議案・書類の調査、報告義務、②取締役会への出席権・取締役会招集権、③会社、子会社の業務・財産調査権、④取締役・使用人に対する営業報告請求権、⑤取締役の違法行為などに対する差止請求権、⑥訴訟行為などに関する義務、⑦取締役の責任免除に関する監査役の同意権。（土屋守章・岡本久吉の整理により）
60) 佐久間信夫(2003), 210‐211頁を参照。
61) 『東証上場会社コーポレート・ガバナンス白書2011』、33頁。
62) 伊丹敬之(2000), 181頁。
63) 伊丹敬之(2000), 181頁。
64) 荒木尚志(2000), 254頁。
65) 土屋守章・岡本久吉(2003), 291頁を参照。
66) 荒木尚志(2000), 255頁を参照。

67) 江頭憲治郎は経営者を次のように説明する。「委員会設置会社以外の会社では、取締役の大部分が経営者であるのに対し、委員会設置会社では、執行役が経営者である。」江頭憲治郎（2011），288頁。
68) 土屋守章・岡本久吉（2003），204〜207頁を参照。
69) 土屋守章・岡本久吉（2003），74頁。
70) 土屋守章・岡本久吉（2003），76頁。
71) 「株主総会の業務執行……取締役の請求があって、株主総会の決議にもとづいて行う。この場合、取締役は会社に対して損害賠償義務を負わない（同119条2項）。監査役会の業務執行……例外的に、定款、監査役会自身の決定によって、一定の種類の業務は、監査役会の同意を得た時に限って、できることを決めるのが可能である（同111条4項2文）。」
72) 荒木尚志（2000），242頁。
73) 荒木尚志（2000），243頁。
74) 荒木尚志（2000），245頁。
75) 荒木尚志（2000），245頁〜246頁を参照。

第 2 部

中国の国有企業改革と株式会社化

　中国の国有企業は、建国後発足し、計画経済期に樹立された企業形態である。長期間、国有企業は国民経済を支えてきた。中国の企業形態といえば、改革開放の前には「集団所有制企業」とともに、「全人民所有制企業」[1]が中心的存在であったが、今は名を変えて「企業集団」が流行語になっている。その背景には、1978年以降、中国政府が国有企業を対象に打ち出したさまざまな改革政策と関わりがある。現在、企業の形態が大きく変わったとはいえ、社会主義という基本的な社会制度が変わっていないため、計画経済期の企業において存在していた問題が完全に消えたとはいえない。ゆえに、第2部では、国営企業を対象に次のような2つの内容を明らかにする。第一に、国営企業改革の前まで、国営企業の管理形態はどうであったのか。そして、1978年の改革開放政策がとられて以降、国営企業に対しどのような改革措置が講じられ、またその改革の措置によってそ

の姿がどのように変わったのかについて詳述する。第二に、国有企業改革の一環としての株式会社化がどのように展開されたのかについて論じる。そのうえで、国有企業の株式会社化への重要性を訴えるために、制度の変化または国有企業の規模の変化に関する検討を行う。

第3章　計画経済期における国営企業

　第2章では、外部統治構造と内部統治構造という2つの枠から米・日・独におけるコーポレート・ガバナンスを比較した。したがって、この章では、改革前の国営企業におけるガバナンスの構造を探るために、当時使用されていた「管理制度」という言葉を使い、内部の管理制度と外部からの管理構造に対して検討を行う。そして、それを評価するための特徴づけをする。

第1節　「国営企業」の形態

　建国後の中国経済は、国営経済、協同組合経済、資本主義経済、単独経営経済という4つの経済形態から発足したものであった。後に、中国政府は「社会主義」という社会制度の下で、4つの経済形態を生産手段の所有形態から「全人民所有制」と「集団所有制」という2つの種類にまとめた。

　最初の国営企業は、中国政府が旧官僚資本主義企業の没収、中国における外国企業のすべての独権の廃止、民族資本主義企業の転換などの措置を通じて、3つの資本主義の企業形態を国営化にしたものである[2]。その後の長い間、国営企業は国民経済のなかで重要な地位を占めていた。中国の経済開放政策は1978年12月からであるが、その年の工業における国営企業の生産額は工業総生産の77.6%を占めており、小売業における国営企業の販売額は小売業全体の54.6%を占めていた[3]。そして、国営企業に改革政策が導入されるまで、国営企業をめぐる内部管理制度と外部からの管理制度は以下のようなものであった。

1 内部管理制度

　文化大革命の以降、国営企業における内部管理制度は、「党委員会指導下の工場長責任制」と「党委員会下の従業員代表大会制」を「二本の柱」とした企業管理制度であった。

　「党委員会指導下の工場長責任制」とは、党委員会の集団指導と工場長の行政指揮という役割を明確にした上で、党委員会と工場長にそれぞれの役割の原則を与え、それを実行することを要求するものである。党委員会の役割は「党の方針、政策および国家の法令が、企業内で真剣に遵守、実行されることを指導、管理すること、党の思想建設と組織建設を強化し、党員の模範的、率先的役割を十分に発揮し、党組織を真に規律正しい、戦闘力のある、大衆と密接に連係のとれた前衛組織とすること、全党員に依拠しながら、広範な従業員大衆に対する思想政治工作を十分なし遂げ、彼らの社会主義への自覚を高めること、企業が社会主義の方向を堅持することの権利を正確に行使することを支持し、指導すること、労働組合や共産主義青年団等の大衆組織の役割を発揮させ、党、政（経営）、労、団（共青団）等の組織間の関係を調整し、それぞれの力を一つにまとめ、国家計画および企業に課せられた各種任務の完遂のために、共同で努力すること等[4]」というものである。工場長の役割は、「企業行政の責任者であり、国家の委託を受け、工場の経営管理に責任を負う。副工場長、総工程師、総会計師等は工場長の助手であり、彼らの業務は、工場長の指導のもとに行われ、責任は工場長に対して負う[5]」と決定されたものである。

　ここで、党委員会の役割というのは、生産や行政活動のすべてが党委員会の討議によって決定されるものではなく、工場長の役割と明確に区分され、いわゆる「党政分業」を目指すものであった。しかし、事実上、当時の党委員会は工場長の上に立ち、例えば、経営の政策決定、各種計画、機構の変動、副工場長や工程師や総会計師の任命、及び他の人事の決定などのすべての事項について決定権を有していた。

第3章 計画経済期における国営企業

「従業員代表大会制度」とは、従業員代表大会に「広範な従業員大衆を企業の管理に参加させ、企業行政を監督させる」という機能が付けられた制度である。主に、国営工業企業や郷鎮企業で「従業員代表大会制度」を実施した。中国は、1956年の初めごろ最初に「従業員大会制度」を実施してから、文化大革命の時期に一時停止になったものの、1978年に再び採用した。1981年7月に国務院は「国営工業企業従業員代表大会暫定条例」を公布し、従業員代表大会の職権を次のように定めた。

「①工場長の業務報告をはじめ、生産建設計画、財務予算・決算、および重要な技術の潜在力発掘・革新・改良案など、経営管理上の重大問題を討議し、決議を行うこと、②企業の労働保護のための資金、従業員の福利基金、奨励基金の使用、および従業員の賞罰方法、従業員の住宅分配案など従業員の直接の利害に関する面の問題を討議、決定すること、③企業の体制改革事項、給与調整案、従業員の養成計画、全工場的な重要規則制度の討議、決定、④企業の各レベルの指導幹部と指導員に対する監督。一貫して努力し、かつ卓越した成績を上げた幹部については、上級機関に対して表彰、賞与支給、ないし昇進を提案し、逆に無責任で損失をもたらした幹部については、上級機関に対し、批判、処分、罷免等の厳重処理を提案する、⑤その企業の主管部門の権限の範囲内において、企業の指導員を選挙し、主管部門の権限を届け出て、審査、承認を得て任命を受ける、等である。なお従業員代表大会代表は、在籍従業員の直接選挙によって選出される。」

ただし、同条例では、従業員代表大会の日常業務は、企業の労働組合（工会）によって行われるものであると規定した。

実際には、「党委員会指導下の工場長責任制」と「党委員会下の従業員代表大会制」という「二本の柱」とする企業管理制度は、文化大革命の時期に行われた党の「一元化」的管理体制を改めたものであって、中国政府が管理制度の現代化を目指すために実施した第一歩の制度でもある。

その後、様々な改革が行われることになり、現在の国有企業の多くは株式会社の形態をとっている。しかし、依然として国有企業には「党委員会」と

「従業員代表大会」という制度が残っている。そして、「党委員会」と「従業員代表大会」は、労働組合（工会）と合わせて「旧三会」と呼ばれ、議論の焦点にもなっている。

2　外部からの管理構造

文化大革命以降、中国政府は国営工業企業に対して「統一指導、分級管理」という外部からの管理原則を実施した。その管理原則では、国営工業企業を「(a) 中央政府が管理するもの、(b) 中央政府と地方政府が共同で管理するもの（これには (b) 中央が管理の主体となるものと、(c) 地方が管理の主体となるものがある）、(d) および地方政府が管理するもの[8]」という4つの種類に分類する。詳しくは次のようである。

まず、中央政府は、(a) 企業と (b) 企業における人事、財務、資産、資材調達、生産、販売のすべてを直接に管理する。

次に、中央政府が (b) 企業を直接に管理する。それに対して、地方政府は、(b) 企業に対する政治イデオロギーの保持という役割を担うと同時に、(b) 企業が国家の方針、政策、計画のとおりに経営を行うように監督をする。

最後に、地方政府は、(c) 企業と (d) 企業における企業の生産建設計画、資材調達・生産・販売などのすべてを管理する。中央政府は、計画、生産、技術などに対して指導的な役割を果たす。

中央政府の下では、さまざまな部門が設けられていて、各部門がそれぞれ違う管理と指導の機能を果たす。例えば、国営企業の生産計画、資材調達、生産、販売および人事、財務などに対して、管理・監督を行う部門はそれぞれ違う。中央政府の下にある部門を大きく分けると次の3つになる。①総合経済管理部門（国家経済委員会、国家計画委員会など）、②専業管理部門（財政、税収、銀行、労働、物質などの部門）、③企業主管部門（公司、主管局、部）[9]。以下では、工業企業の生産活動のメカニズムに沿って、企業と管理部門との関係を明らかにする。

第3章　計画経済期における国営企業

　当時のほとんどの企業は「全人民所有制」企業であったため、国家が企業のすべての資産を所有し、また国家が企業に対してさまざまな資産の供給を行った。それには、土地、建物、機械、設備、及びその他の固定資産などが挙げられる。そのため、国家の許可なしに、ある企業が上のいずれかの資産を他の企業に委譲することさえできなかった。

　企業の生産計画には長期計画、年度計画、生産作業計画という3つの計画がある。

　長期計画は、国家の長期計画構造をベースに作成されたものであって、具体的に、次のような内容が含まれている。「①企業の既存製品のグレードアップ、代替、および新製品開発研究に関する総合構想、②企業の生産の発展規模、③企業の技術発展水準と技術改良の方向、④主な経済技術指標が国内外の水準に追いつき追い越すための計画構想、⑤企業の従業員の養成計画構想、⑥従業員の生活および集団福利施設の発展計画構想などである[10]」。

　年度計画は、生産・技術・財務計画とも呼ばれ、年度ごとに企業によって作成される短期計画である。年度計画には次のような細分化された計画がある。つまり、製品の販売計画、生産計画、生産技術準備計画、資材調達計画、設備補修計画、労働・賃金計画、コスト・財務計画などである。

　生産作業計画とは、年度計画をさらに月間、旬間、週間、日ごとに分けられた生産のスケジュールと生産任務のことである。

　企業の計画作成の過程は、準備段階と計算整合化の段階、計画確定段階という3つの段階によって構成されている。そして、企業と主管部門の間には計画作成をめぐる「両上両下」という法則がある。つまり、企業は、初期計画を作成し、主管部門に申請をして許可をもらう。さらに、企業は詳しい計画を作成し、再び主管部門の許可をもらう。

　ここで、生産計画の主管部門とは、地方政府部門に置かれている計画経済委員会弁公室、あるいは中央の計画経済委員会のことを指す。

　企業の労働者は、主に中学・高校の卒業生、技能者養成学校の卒業生、待業青年から採用されるものである。労働者採用の主管部門は労働局である。

労働者の賃金は、国家の統一規定によって「八級賃金制」という標準で決められている。また、労働局は、労働者採用の主管部門だけではなく、国家の代わりに労働者の安全と健康を保護し、それを監督する機関でもある。

企業における原材料、燃料、動力、工具などの生産材料は、主に国家の統一計画のもとで国家によって統一的に支給される。企業の全ての製品は、国家の「物質部門」あるいは「商業部門」によって統一的に買い上げられることになる。そのため、その時の企業には販売部門がなかった。物質の提供または買い上げの管理・監督の部門として、中央政府のもとには「物質部」があって、地方政府のもとには「物質局」がある。

企業の運営資金は、国家資金（財政資金）と銀行資金、自己資金という3つの部分によって構成されている。しかし、当時のほとんどの企業資金は、国家によって供給された国家資金であって、銀行から調達されたもの又は自己資金によるものは僅かしかなかった。

企業の資金は、主に固定資金、流動資金、専用資金という3つの項目に分類されている。その詳しい構成は図3－1のようである。

固定資金とは、「企業が使用する各種固定資産（正味）の貨幣形態」[11]である。長期間、中国は固定資産の無償使用制度を実施した。固定資産の無償使用制度とは、固定資産向けの資金だけではなく、固定資産の改良や拡大に要する資金までが国家の財政から無償で給付された。それに対して、企業側は固定資産を使用するだけで、国家に対して何の責任も負わなかった。

流動資金は「企業が原材料、燃料を購入し、従業員の賃金およびその他所要の生産費用に用いる資金であり、企業が製品の生産過程と流通過程で使用する運転資金」[12]である。流動資金には、定額流動資金と非定額流動資金の2つがある。定額流動資金の全てが国家財政から給付される資金である。その一方、非定額流動資金の場合、ほとんどが国家財政から給付される資金であるが、その一部は銀行から借り入れるものもあった。非定額流動資金の一部は銀行から借り入れているが、その割合はおよそ流動資金の40%である[13]。

企業に支出された国家資金はそもそも企業から集められた資金である。要

第3章　計画経済期における国営企業

図3－1　企業の資金構成

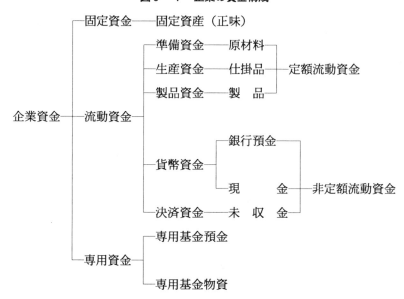

出所：『現代中国経済事典』(1982), 464頁。

するに、それは主に中央や地方に属する国営企業が上納した利潤と一部の税収である。国営企業の利潤を収めるために、政府は中央と地方にそれぞれ金庫を設立し、国営企業に利潤上納を義務づけた。そして、中央政府に属する企業は利潤を中央金庫に納付し、地方政府に所属する企業は利潤を地方金庫に納付した。工業における税収とは「工商統一税」のことであるが、それは主に工業製品を販売して以降収める税金のことである。当時、「工商統一税」に関する定めには次のような内容があった。

「製品あるいは経営業務ごとに具体的に徴税項目を区分している。工業に対しては、業種、製品ごとに必需品から奢侈品までの区分を行い、累進税率の方式で42の税率を定めている。最高の税率は69％、最低の税率は1.5％であるが、その多くが20％前後である」[14]。

以上のように、国家が中心になって企業から利潤を集める一方、企業の資金調達も行う。中国政府は、これを「統一収入、統一支出」の財政政策と言

い、後に改革対象の1つとなった。

　専用基金とは「企業における固定資金、流動資金以外の、ある特別の必要を満たすために設けられた基金[15]」のことをいう。特に、いろいろな専用基金項目のなかで「全額国家財政納付制」に基づき、国家によって統一的に使用される「固定資産基本減価償却基金」という基金がある。

　後の改革によって、企業は納税の形で固定資金、流動資金、専用基金などの有償利用が許されることになる。特に、企業の利潤に関して、改革の前まで政府に全額を納付したものの、改革後、生産発展基金、従業員福利基金、従業員奨励基金という項目を立てれば、企業の利潤の一部を留保することが認められるようになった。これはいわゆる「利改税」という政策の転換であるが、詳しいことは次の節で説明をする。

第2節　国営企業に対する評価とその特徴

　では、1978年代以降から、どうして中国の政府は戦後ほぼ30年をかけて樹立した国営企業を改革の対象にしたのか。その答えを探るために、80年代中国と日本を代表する中国経済の研究者、孫尚清と岩手啓二の国営企業に対する評価を見る。そして、国営企業を特徴づけよう。

1　国営企業に対する評価

　具体的に、内部管理制度については、孫尚清の評価をみる。外部からの管理構造の評価については、岩手啓二が取り上げた4つの観点を見る。

　孫尚清は、「党委員会指導下の工場長責任制」という企業指導体制には克服し難い欠陥があるとして、次の5点をあげた[16]。

　第1に、工場長責任制は論理的に欠陥がある。孫尚清によると、いかなる管理体制であろうと、指導と責任は連結的であることが理想である。指導には上・中・下という3段階あるが、その3段階における指導と責任は必ず一体化になるべきである。しかし、党委員会は指導権を持つだけで指導に対す

る責任がない。工場長は責任だけ負わされて指導権がない。いわゆる指導と責任が分離されている。ここに不合理な企業管理が生まれる。

　第2に、この体制のもとで、現実的に党委員会は施策決定、組織指揮、監督保障などの仕事を同時にやっていることになる。したがって、企業は生産・経営・管理に対する独立性、権威性、機敏性を失うことになる。

　第3に、現行の指導体制では、党委員会は企業の施策決定機構となっている。しかし、事実上、党員委員会がこのような役割を効果的に果すことには無理がある。

　第4に、党委員会は有効に自己監督を行うことが難しい。

　第5に、「党委員会指導下の工場長責任制」は、かつての「工場長一長制」に伴う欠陥を取り除く役割を果たした。しかし、企業の施策決定、指揮、監督などの諸機能の間には相互関係が存在する。そのため、この指導体制では、まだ解決あるいは処理をしなければならない問題がたくさん残っている。

　「党委員会指導下の工場長責任制」の欠陥を以上の5点にまとめた孫尚清は、党委員会の指導のもとでの「労働組合」と「従業員代表大会」にも限界があると次のように述べた。「労働組合は、党の指導下にある労働者階級の大衆組織である。長い間労働組合に対する党の指導制が強調されてきた。しかし、労働組合は、労働者大衆の利益を擁護し、彼らのために権力と対抗すべき存在であるという考え方には、注意が払われなかった。従来、従業員代表大会あるいは従業員代表会議も、党委員会の指導と指揮のもとに行動してきたので、労働者や青年、婦人の組織と広範な従業員大衆は、「党委員会決定」に対して、異なる意見を提起するのは困難であった[17]」。

　前記のように、国営企業のすべての資産が国家によって所有されており、国営企業における生産、資材供給、資金提供、完成品の販売などのすべてが国家の計画のもとで行われる。そういう意味で、国営企業は企業というより、国家の1つの行政機関（行政単位）にすぎない。井手啓二は当時国営企業が置かれている状況を次のように評価した。「①企業に計画権、販売権がないことから社会的生産と社会的需要のアンバランスが生じた。②固定資産の償

却率が低く、企業が固定資産の更新権をもっていないことから技術発展の停滞がもたらされた。③企業の財政権があまりに小さく、生産発展させる経済的動力を欠いていた。④企業は物質および労働力にたいしても処分権をもっておらず、物と人の能力を十分に発揮させることができなかった」[18]。つまり、企業におけるすべての権限が中央政府と地方政府に集中されているため、企業は意思決定さえもが束縛されることになった。

2 国営企業の特徴

以上は、国営企業における内部の管理制度と外部からの管理構造に対する評価である。しかし、以上の評価は国営企業に対する評価の一部にすぎず、これ以外にも様々な視点から問題点が指摘されている。ここで、様々な論者の評価に基づき、国営企業の特徴をまとめてみる。

1）国家の付属物としての生産「単位」

中国では、各行政部門や学校や社会団体など非生産的社会組織を「単位」と呼んで、それと区分して企業を「工場」か「場子」と呼んでいる。しかし、事実上、国営企業は「工場」か「場子」というより、国家のコスト計算をする生産単位にすぎない。なぜかというと、国営企業は、生産計画だけではなく、原材料の仕入れ先、販売先および生産の方法までが国家の計画で決められていた。しかし、国営企業は上級機関の指示または指令に徹底的に従わなければならなかった。そういう意味で、国営企業は政府機関の付属物という存在でもある[19]。

2）役割と目標の多重性

国営企業は、国家から下された一般的な経済目標を完成するだけではなく、次の2つの役割を果たさなければならなかった。1つ目の役割は、政治の基層組織として国家の政治的目的に応じて経済指標を達成することである。例えば、国家の戦略が軍事工業を優先する場合、国営企業はそれに応じて軍事

第3章　計画経済期における国営企業

的な生産活動を行う。2つ目の役割は、国家の代わりに社会的機能を果たすことである。社会的機能とは、国営企業は国営企業の従業員に対して、就職のみならず、社会保障や社会救済などのすべての社会的サービスを提供することである。[20]

3）所有権行使の分割

　上で述べた外部の管理構造から分かるように、国営企業は、中央または地方のどちらかの政府に所属させられ、隷属した政府によって管理されている。さらに、各レベルでの政府の中には、計画委員会、経済委員会、財政部、物質部、人事部などの数多くの部門が設けられている。そのため、企業の所有権は、各レベルでの政府あるいは政府の中にある各部門によって分割されることになった。このように、企業における経営権が各政府または各部門によって行使されることは、所有権が切り離されるだけでなく、結果として経営責任に対してもそれぞれの部門が引き受けないことになる。

4）「ソフトな予算制約（Soft Budget Constraint）」[21]

　そもそも、投入と産出の価格、資金投入、税収などの決定は、企業の生存と発展に関わる大きな問題と言われている。これらの全てが国家によって決められる場合、企業の経営者は市場競争に臨むのではなく、政府機関との付き合いだけに専念することになる。つまり、企業は政府との交渉を通して自己が直面する制約条件を変えようとする。この場合、国営企業と政府の関係は、いわゆる「ソフトな予算制約」によって結ばれる関係になる。「ソフトな予算制約」の問題は、計画経済期において既存した問題として、1990年代から話題になった。

第3節　国有企業改革

　1978年以降の経済改革の段階についてさまざまな分け方があるが、本節で

は、株式会社制度を導入する経緯を明らかにするために、各改革の段階における改革政策の解釈に中心を置きたい。

　1978年から1993年まで、中国政府は、さまざまな改革の政策を打出すが、国営企業に対して、主に「企業自主権の拡大」、「利改税」、「経営請負制」という3つの改革を行った。そのため、本節では、「企業自主権の拡大」、「利改税」、「経営請負制」という3つの改革の検討を通じて、それぞれの改革政策が実施される過程でどのような問題に焦点があてられたのかを明らかにする。そして、次の節では、3つの改革政策の理解を持って、中国ではどのように株式会社制度が導入されたかをみる。

1　「企業自主権の拡大」

　中国の経済改革が、1978年12月の中国共産党第11期3中全会の決定によって始まったのは一般的にも知られている。しかし、その前には、国営企業の改革の第一歩として「企業自主権の拡大」という改革がすでに始まっていた。その経緯は以下のようである。

　当時、中国の多くの論者たちは、計画経済期における経済体制を「高度に集中された行政管理を主体とする体制[22]」と認識し始め、企業改革に関する提案を行った。その代表者として、孫治方や蒋一葦がある。一方の孫治方が、企業自主権の拡大と企業の活力の向上を改革の中心的位置に据えるべきだと主張したのに対して、他方の蒋一葦は次のような具体的な提案をあげた。「企業（工業企業、商業企業、農業企業、等々を含む）を基本的経済単位とする方向であるべきである。企業は国家の統一的指導と監督の下で、独立経営、独立採算を実行し、一方では、持つべき権利を享受し、他方では国家に対し尽くすべき義務の達成を確保する[23]」。これは、蒋一葦の「中央集権モデルは一種の「国家本位論」であり、行政的分権は一種の「地方本位論」であり、二者ともにとることができない[24]」という認識から主張されたものであった。

　このような意見が政府に反映され、1978年7～9月に国務院が召集した経済工作の「理論検討会議」と「計画会議」という2つの会議で、李先念副総

理は「今後の改革において、必ず各企業に必要な独立を与え、それらが受動的にではなく、自発的に経済採算を実行でき、総合的経済効果を高められるようにする」という内容を含む総括報告を行った。[25]

1978年10月に、中国政府は四川省における重慶製鉄所を含む6つの企業を選び、「企業自主権の拡大」の実験的導入を始めた。その後、四川省においてそのような試みを行った国営企業は100社にまで増えた。当時、四川省で行われた実験は、企業管理層に次のような権限を与えたものであった。「①増産節約をベースに、企業は一定額の利潤留保を取り出すことができ、従業員個人は一定額のボーナスを得る。②国の計画の達成という前提の下に、市場が求める製品を増産し、委託加工を受け入れる。③余った物質を販売し、商業部門が買付けない製品を販売し、新製品をテスト販売する。④国の計画を全面的に達成するという前提の下に、企業基金を作り、利潤留保を実行する。⑤中級管理幹部（中間管理職）を抜擢する」。[26] つまり、計画体制の下で、政府がそれまで握っていた経営に関する意思決定権やコントロール権の一部を企業の管理層に移管しようとしたのである。

1979年7月に国務院は、この「企業自主権の拡大」政策を全国の企業に推し進めるために、「国営工業の経営自主権に関する若干の規定」、「国営工業企業の利潤留保の実行に関する規定」、「国営工業企業の固定資産税の徴収開始に関する規定」、「国営工業企業の流動資金金額貸付の実行に関する暫定規定」という4つの文書を公布した。このような政策の決定を受け、1979年末まで「企業自主権の拡大」は全国の4,200の工業企業に導入されることになり、1980年にはその数が6,600社にまで達した。当時、6,600社の生産額と利潤の規模を見ると、生産額は全国予算内工業生産額の60％を占めており、利潤は全国予算内工業利潤の70％に相当するものであった。

ここで、この時期の特徴の一つともいえる「利潤留保」という政策に留意したい。「利潤留保」とは、国営企業が改革前のように利潤の全額を国の財政に上納する必要がなく、利潤の一部を留保することができるということを意味する。具体的に、利潤留保金には、「三金」と呼ばれるものがある。つ

まり、それは、「生産発展基金」と「従業員福祉基金」、「従業員奨励金」のことである。ただし、利潤留保の比率は時期や地方によって異なる方法で確定されていた[27]。

「企業自主権の拡大」を実施した最初の段階では、確かに企業にインセンティブ効果をもたらした。しかし、結局「企業自主権の拡大」の改革は成功したとは言えないものであった。「企業自主権の拡大」の改革には次のような2つの問題があった。1つは、企業と国家の間に利益分配において矛盾があった。特に、「利潤留保」は従業員の生産性を高める効果があるが、当時の中国には競争的市場が存在しないため所有権と使用権の分離という問題が生じた。周知のように、所有権と使用権の分離の問題はアメリカや日本のように株式会社制度を導入している国で多く存在する問題である。この問題が、当時株式会社制度を導入していない中国においても現れたのである。もう1つは、それが経済秩序の混乱を起こしたことである。「企業自主権の拡大」は企業の財政への上納義務の達成にはマイナスの影響を与え、財政赤字の激増とインフレなどの弊害をもたらした。

後に、林毅夫らはコーポレート・ガバナンス論の観点から以上のような問題を次のように述べている。「企業の所有者（＝国家）と経営者との間の情報の非対称性とインセンティブの相違の問題が依然として存在していた。こうした状況のもとで企業に自主権を与えることは、企業に国家の権益と資産を侵害する機会を与えることを意味する。ガバナンス機構の観点からいえば、伝統的な国有企業管理体制は1つの体系であり、所有権益または経営者自主権のどちらかが変化すれば、情報の非対称性とインセンティブの相違が露呈することになる。とりわけ、競争が存在せず市場の発達度合も非常に低い当時の状況では、企業の損益状況は経営状況を完全に反映していなかった。そのため、企業自主権の拡大は従業員に企業収益をより多く受け取る機会を与えてしまい、財政への上納義務の達成にはマイナスの影響を与えてしまったのである」[28]。

しかし、当時の中国政府はこのような問題を理解できず、失敗の原因は権

限の拡大と利益の譲渡が十分ではないことにあると主張し、当時農村で行った「請負」制度を工業改革に取り入れるべきだという意見に収斂した。

2 「利改税」の改革

　「利改税」とは、1983年から1986年までの間に2段階に分けて実施された財政政策である。要するに、国営企業は、それまで国家の財政に利潤の全額を上納したが、「利改税」改革により利潤の代わりに税金を上納することになった。「利改税」の試行的導入から正式に実行するまでの経緯は以下の通りである。

　1979年初めごろ湖北省光化県は15の県営工業企業を選んで初めて「利改税」の試行的導入を行った。1981年1月には「利改税」の試行的導入が上海、四川、広西、北京、広東、黒竜江などの一部の国営企業にまで広がった。

　1983年4月、「企業自主権の拡大」政策を導入してから生じた問題を契機に、国務院は財政部によって公布された「国営企業利改税試行規則」を全国で執行することを決定した。「規則」の主な内容は「上納税の割合を拡大し、上納利益の割合を縮小し、税・利益の並存を実行する」[29]というものである。また、「規則」では「国営大中型企業は55％の統一税率にしたがって所得税を徴収し、小型国有企業の所得税は7－55％の8級の累進税率にしたがって徴収する」[30]と定めてある。但し、その時期に集団所有制と個人所有制の企業に実施した税率は10－55％の8級累進税率であって、外資系企業に実施した所得税率は33％であった。

　以上のような政策の決定を受けて、1983年6月から多くの国営企業で「利改税」の政策を正式に実行した。これは、いわゆる第一段階の「利改税」の改革である。この段階で「利改税」を実行した工業企業は28,110社である。当時、中国政府が「利改税」改革を行った目的と言えば2つがあった。1つは、「企業自主権の拡大」の政策を導入してから生じた問題を解決するためであって、もう1つは、「政府の財政収入と企業がみずから支配できる収入とを明確に区分し、国の財政収入と税収とをリンクさせ、企業の収入を利潤

とリンクさせるメカニズムを確立すること[31)]」が狙いであった。

　1984年9月、国務院は「国営企業の利改税第2段階改革の推進に関する報告」と「国営企業の第2段階利改税試行規則」を発布し、第2段階の「利改税」の改革を始めた。第1段階の「利改税」は上納税の割合増大と上納利益の割合縮小を内容とする税・利潤の並存という措置であったが、第2段階の「利改税」は徐々に完全な税金体制に移行しようとするものであった。そして、第2段階では国営企業が上納する税金を次のような11の税目に制定した。①産品税（取引高税）、②増値税（付加価値税）、③営業税、④塩税、⑤資源税、⑥不動産税、⑦土地使用税、⑧車両船舶使用税、⑨都市維持建設税、⑩企業所得税、⑪調節税。ここで、産品税（取引高税）、増値税（付加価値税）、営業税、塩税という4つの税目は、従来1つだけであった商工税を細分類したものである。資源税は採掘企業を対象に徴収する税目であって、企業所得税は営利性国営企業を対象に徴収する税目である。調節税は主に大型国営企業を対象に徴収する税目である。不動産税、土地使用税、車両船舶使用税、都市維持建設税という4つの税目は地方税を復活させたものである[32)]。

　しかし、後の研究者によると、当時「利改税」の実施には限界があった。当時、他の改革が徹底されなかったため、「利改税」改革だけでは、企業の自主経営、損益の自己負担、平等競争を実現することができなかった[33)]。

　1987年から中国政府は国有企業に対して「基数を固定して請負わせ、上納を確保し、収入が上回れば多く留保し、収入が不足すれば自ら補う[34)]」という企業請負制を推し広めた。しかし、企業は収入の不足に対し自ら補う力が弱かった。このことを呉敬璉の言葉で表現すると「『収入が上回れば多く留保する』は徹底がたやすく、他方『収入が不足すれば自ら補う』は空文と化し、ゆえに『利益は請負うが損失は請負わない』が通例となった[35)]」。また、彼によると、1987年から1991年までの間、請負企業の収入欠損総額は51億元にも達し、32億元は財政予算の欠損となり、企業が「自ら補った」額は51億元の37％にあたる19億元しかなかった[36)]。

　このように、「利改税」改革は国営企業の経営をよくすることができない

だけではなく、国家の財政にも負担をかけた。

3 「経営請負制」

　農村改革に続き、都市における本格的な企業改革は1984年から始まった。その象徴として「経営請負制」の実施がある。「経営請負制」は、他の改革政策と同じく、試験的な実施から始まり、1980年代初め頃にはすでに一部地域で普及されたものであった。しかし、その当時は「経営請負制」という名ではなく、「経済責任制」と呼ばれていた。

　1981年の初頭、山東省が初めて利潤留保から利益請負という「経済責任制」に切り替えて、成功を収めた。そして、「経済責任制」の導入が全国に広まり、1981年8月末まで、県レベル以上の全国の国営企業の65%がこの制度の試験的な導入に踏み決った。また、1983年には、「企業自主権の拡大」の改革段階で起きた問題を解決するために、中国政府が「経済責任制」の全国での正式実施を決めた。しかし、「経済責任制」は「企業自主権の拡大」政策のただの延長線である。

　「経済責任制」とは、「工業経済責任制」の略称であり、次のような特殊性を持っている。「政府の関係機関と企業の管理層の間で契約を結ぶ形式によって、企業インサイダーへの権限委譲と利益の譲渡の具体的内容と度合い、および企業インサイダーが必ず履行しなければならない義務を規定したことにある」[37]。しかし、この制度は「企業自主権の拡大」を踏まえてのものであって、「企業自主権の拡大」の段階で実施した「利潤留保制」などを完全に否定したものではなかった。「経済責任制」の改革段階では次のような方式を取っていた。つまり、企業は利益上納の任務を果たしたうえで、残った利益を全てあるいは一部だけを企業に留保する。

　1983年初めごろ、中国共産党中央書記局の指導者は「請負を都市に導入し、請負をやれば活性化する」というスローガンを提起し、「経済責任制」を全国で推し広めるように要求したが、結果的に、「経済責任制」は経済秩序の混乱と物価の上昇という結果を招くことになった[38]。しかし、当時中国の指導

者は、請負が徹底されてないと認識し、経営者を中心とする「経営請負制」という改革に切り替え、以下のようにさらなる請負政策をとることになった。

まず、1984年10月中国共産党第12期3回全国代表大会では、『経済体制改革に関する決定』という文書を発布し、「所有権と経営権の分離の原則に従って国有企業を活性化させる」という方針を打ち出した。次に、1986年12月に国務院は全人民所有制企業に「多様な形態の経営請負責任制を推し進め、経営者に充分な経営自主権を与える」という指示を打ち出した。最後に、国務院は1988年4月に『全人民所有制工業企業経営請負制暫定条例』を発布し、経営請負原則を「請負の基数を固定し、利潤の上納を保証し、収益と留保を増やし、自ら欠損の補塡をする」と規定した。[39]

以上のような政策が打ち出されて以降、「経営請負制」が徐々に全国に普及されるようになり、1987年の年末まで全国予算内全人民所有制企業のうち78％（大・中型企業は80％）の企業が「経営請負制」を実行した。[40] また、1990年にはその割合が90％以上になり、大・中型企業の場合、95％にあたる11,621社の企業が「経営請負制」を実施した。

「経営請負制」は、中国政府が国営企業の活性化のために行った改革政策である。また、「経営請負制」の実施は、経営者に経営管理に関する自主権が与えられた。したがって、「経営請負制」は従来の管理制度を変えようとすることに意義がある。しかし、「経営請負制」には問題がないわけではない。後に、「経営請負制」の問題が様々な視点から指摘されるようになった。例えば、呉敬璉は次のように述べている。

「企業に充分な経営自主権を得させるものではなく、また行政と企業の分離と企業間の平等競争を実現することもできない。同時にそれは現行制度を固定し、経済構造の調整と改善を阻害し、経済効率の向上を損ない、改革の困難度をさらに大きなものにした」[41]。

また、唐燕霞は市場メカニズムの確立と企業の自立的経営メカニズムへの転換を課題にしたものであるが、彼女はその課題に関連して「経営請負制」の問題を次のように指摘したことがある。

第3章　計画経済期における国営企業

「第1に、請負契約が依然として基本的に行政管理関係の枠内にあることである。第2に、経営請負制が市場経済化の方向と矛盾し、企業間の不平等を引き起こしたことである。第3に、企業行為の短期化の問題である。第4に、企業が欠損に対して自ら責任を負えないことである」[42]。

以上のように、中国政府は、国営企業の改革にあたって、ある特定地域での試行から始め、それが成功を収めたら、全国の国営企業に広めるように政策を打ち出す。注意すべきことは、3つの政策の間には連関性があって、後の政策は前の政策を補おうとする政策でもある。このような改革を、中国の研究者は「石を探りながら河を渡る」[43]という改革の論理と言っているのに対して、青木昌彦は「漸進的な改革」[44]と表現している。

注
1) 「集団所有制企業」は「集体所有制企業」の日本語訳である。次に出てくる「企業集団」とは企業グループのことを指す。
2) 建国以降、中国政府は旧資本主義経済を官僚資本主義経済と民族資本主義経済に分け、二つの異なる政策をとった。官僚資本主義に対して、没収の政策をとったが、民族資本主義を「極く一部を除いては、買弁的、封建的性格を持っておらず、その犠牲者であった資本家階級である」として、民族資本主義経済は人民民主主義革命統一戦線のなかで一定の位置を占めた。しかし、後に、「社会主義的改造」政策の下で、民族資本主義経済が国営経済に転換された。草野文男『中国経済の構造と機能』御茶の水書房、1982年、3～5頁を参照。
3) 呉敬連（2007), 60頁。
4) 草野文男（1982), 447頁。
5) 草野文男（1982), 448頁。
6) 草野文男（1982), 36頁。
7) 1967年からはじまった文化大革命は、「社会主義企業は、プロレタリア階級独裁を強固にするための堅強な陣地になることである」という認識から出発したものであった。文化大革命の時期には、企業の管理体制は工場党委員会による「一元化」管理体制であった。これは、党委員会が工場中での重大な問題や思想、政治、路線などの問題をとりあつかい、党委員会のもとで工場革命委員会という機構が生産、技術、及びほかの活動を処理する。工場革命委員会のメンバーには主任、

副主任、委員によって構成されている。それの下には、労働者、技術要員、専門管理要員によって構成されている。ほかに、工場のなかには組合、青年団、民兵などの組織がある。工場革命委員会は市区の革命委員会の工業主管部門によって管理され、市区の革命委員会の上には省、中央の専門主管部門がある。

8) 『現代中国経済事典』(1982), 220頁。ここで、(a、b、c、d) は説明を便利にするために付けたものである。
9) 『現代中国経済事典』(1982), 445頁。
10) 『現代中国経済事典』(1982), 456頁。
11) 『現代中国経済事典』(1982), 465頁。
12) 『現代中国経済事典』(1982), 466頁。
13) 銀行から工業企業に貸し出す種類は次のように分類されている。「①一定金額を超える流動資金貸出。これは企業に対する季節的および臨時的な流動資金の貸出であり、期間は1年までとなっている。②決済貸出。これは企業が販売した商品を発送したのち、代金回収前に必要とする資金にあてるものである。③大修理貸出。これは企業が固定資産の大修理行う場合に、大修理基金を引き出すべきであるが、まだ引き出していない場合の当座資金需要を解決するものである。④中、短期設備貸出。これは工業・交通企業の技術潜在力の発掘・革新・改良、および、これらと関連のある小規模の改築、増築工事のための貸出であり、新規建設、あるいは建設中の企業の基本建設投資資金に使用することはできない」。『現代中国経済事典』(1982), 636頁。
14) 『現代中国経済事典』(1982), 615頁。
15) 『現代中国経済事典』(1982), 467頁。
16) 以下の5点は孫尚清 (1982), 122-126頁を参照。
17) 孫尚清 (1982), 125頁。
18) 井手啓二『中国社会主義と経済改革』法律文化社、1988年、148頁から149頁。
19) 呉敬璉 (2007), 132頁。
20) 呉敬璉 (2007), 133頁。
21) コルナイが定義した定義である。「企業が財務困難にぶつかった場合、国が減税、特別融資、財政充当金、欠損引受、あるいは価格引き上げ許可などの方法で企業の脱出を助ける。」呉敬璉 (2007), 134頁。
22) 孫尚清 (1982), 100頁。
23) 呉敬璉 (2007), 55頁。
24) 呉敬璉 (2007), 55頁。

第 3 章　計画経済期における国営企業

25) 呉敬璉（2007），55頁。
26) 呉敬璉（2007），136頁。
27) 呉敬璉（2007），137頁。
28) 林毅夫・蔡昉・李周（1999），47頁。
29) 呉敬璉（2007），252頁。
30) 呉敬璉（2007），252頁。
31) 林毅夫・蔡昉・李周（1999），50頁。
32) 呉敬璉（2007），252頁。
33) 呉敬璉（2007），138頁。
34) 中国語「包死基数，确保上交，超収多留，欠受自補」の日本語訳である。
35) 呉敬璉（2007），253頁。
36) 呉敬璉（2007），253頁。
37) 呉敬璉（2007），137頁。
38) 呉敬璉（2007），138頁。
39) 中国語「包死基数,确保上交,超収多留,欠受自補」の訳である。その主な形態は次のようなものである。「①「上納利潤の額を引き受ける」、②「利潤を比率で分配する」、③「上納利潤逓増でいっさいを引き受ける」、④「欠損企業の赤字減少でいっさい引き受ける」、⑤「両保一掛」：税利上納を保証し、技術改良プロジェクトの実行を保証し、賃金総額と税利実現をリンクする」。呉敬璉（2007），138頁。
40) 呉敬璉（2007），137頁。
41) 呉敬璉（2007），138頁。
42) 唐燕霞（2004），117-118頁。
43) 中国語の訳は（摸着石頭過河）である。
44) 青木昌彦は東欧の経済改革をビック・バン的改革に例え、中国の経済改革を「漸進的な改革」と言っている。

第4章　国有企業の株式会社化への動向

第1節　国有企業の株式会社化

　1978年の改革開放以降、中国の経済発展は勢いが止まらないほどであり、それは今でも続いている。それとともに経済発展を支える企業の姿もかわってきた。前記のように、改革開放の前までの企業は「全人民所有制企業」あるいは「集団所有制企業」1)と呼ばれていたが、現在の企業は「企業集団」という呼び名に変わった。このような変化の背景には、資本主義国において長期間発展してきた株式会社制度の導入があると言わざるを得ない。中国の株式会社制度は農村から始まり、都市部で発展した後、国有企業が主導的位置を占めている。

1　株式会社制度の萌芽と試行

　中国の「改革開放」は農村が先行し、最初の株式会社制企業の登場も農村からであった。

　1979年3月、国務院は「社隊企業発展の若干の問題に関する規定」を公布し、中国の経済改革の幕をあけた。人民公社のもとでの「集中労働、統一分配」の農村経済体制が、土地公有と農戸ごとでの「農村経営請負」制度に変わった。新しい経済政策は生産力を高めたと同時に、農民たちの商品生産と商品交換に対する意識も変わるようになった。一部の農民たちは自発的に資金、現物及び労務を持分として出資し、企業を設立しはじめた。これは郷鎮企業の始まりである。当時この現物と労務を持分として出資する方式を「以資帯労、以労帯資」（つまり、農民は出資すると同時に、企業の労働者として働く

こと）といい、さらに1983年1月には共産党中央委員会が発布した「当面における農村経済政策に関する若干の問題」において認可されるようになった。そこでは共同出資者は労働者としてともに働かなければならない。そして「労働に応じた分配」原則を守らなければならない。このような政策を打ち出した理由として、当時新たな企業形態を社会主義制度のもとでの「集団所有制企業」に属させることがあったと思われる。

前記のように、農村の改革に続き、都市における本格的な企業改革は1984年から始まった。都市における株式会社制企業の登場もこの時期であった。その理由は、政策転換、企業利潤分配方式の変更、個人収入の増加など3つにまとめられる。具体的には以下の通りである。

1）企業の資金調達に対する政策の変更

改革開放の前、中国の財政政策は「統一収入・統一支出」であったため、企業の資金調達は主に財政による無償支出であった。しかし、1979年には中国の財政の支出政策が「統一支出」という方式から「撥改貸」という方式に変わった。すなわち、企業資金の使用効果を高めるため、国家財政による無償的支出から金融機関による有償的貸付に政策が変わった。また、財政部の代わりに金融機関が企業の流動資金（流動資産の購入や短期借入金の返済に充てる資金）を監視するようになった。

さらに、1984年には経済改革の中心が農村から都市へ移ることにより、都市部で人々は消費に対する観念が高まったと同時に、企業に対する投資意識が生じた。また海外からの耐久消費財の輸入の増加による対外支出の増加、国家財政の予算外固定資産投資の膨張など内外の原因で、政府は金融引き締め政策と銀行の貸し出し金利の引き上げ政策を打出した。その結果、「集団所有制企業」と小型「全人民所有制企業」は銀行からの資金調達が極めて困難になり、新たな資金の調達方法として株式会社制度の導入を余儀なくされた。

2）企業利潤分配方式の変更

1978年にもたらされたもう1つの国家制度の変更は、企業利潤の分配方式である。改革の主題として企業の資金調達の変更のみならず、企業に対して「放権譲利」（国家が経営権を下放し、利益を企業に譲る）が行われた。計画経済体制の下では企業は自主性を持たず、企業は上級機関の付属機関にすぎなかった。しかし、「放権譲利」の政策をとることによって企業が生産の計画、原材料の購入、販売、人事、財務、資材などに対して一定の自主決定権を持つようになった。さらに政策面から見ると、1983年から1984年にかけて「全人民所有制企業」に対し、2回の「利改税」（利潤の上納から納税へ）政策を打出した。それから、企業の所有と経営を分離する新しい市場経済のメカニズムに転換し始めた。

3）住民の個人平均収入の増加

中国の経済改革の成果の1つは住民の個人平均収入の増加である。これは農村と都市部の個人収入の変化から説明ができる。農村において農家ごとの請負制度が実施されてから、個人の平均収入は大幅に増加した。年平均収入は1981年の時点での191元から1984年の400元まで上昇した。都市部においても従業員の平均収入の増加は明らかである。従業員の平均収入は1981年の762元から1985年の時点では1,176元まで上がった。個人収入の増加は金融機関における個人預金総額からみても1,600億元まで上った。しかし、個人収入の変化に対し個人消費のパターンはあまり変わらなかった。したがって、個人のお金の使途はほとんど日常生活の商品購入であったため、国債や社債などの購入意識は全くなかった。当時国民の家庭支出に関する抜き取り調査によると、生活費支出に占める食品、衣類など日常商品の支出割合は91％から92％であって、家賃、光熱費、交通費など非商品支出はわずか7％から8％であった。また、生活消費のほか、余裕のあるお金を全部金融機関に貯蓄した。このような現状から、個人の預金と手持ちのお金を株式投資に転換することが企業にとって新たな課題になった。個人収入の増加は企業の資金調

達に道を開き、株式会社制度の導入に新たな可能性をもたらした。[2]

以上のように、中国の企業に対する政策転換は、従来の「統一収入・統一分配」という財政政策から「利改税」と「撥改貸」という財政・金融政策にかわった。また、企業を中心に行われた「放権譲利」政策が行われた。政策の転換は企業の資金調達に対する自主性を刺激したと同時に、計画経済から市場経済への移行に一定の役割を果たした。政策の転換、または農村と都市部における住民の個人所得収入の拡大、いずれも中国の株式会社制度の導入に必要な条件となった。

中国の株式会社化の導入において政策的、経済的な外観的条件が備わりつつあるなか、特に中国の経済研究者と政府の関係者の中で行われた株式制度導入に関する議論は、株式制度導入の過程において注目すべきものである。欧米、日本などの実例から見ると株式会社制度は資本主義国家で生まれ、また資本主義国家で発展してきた。しかし、社会主義の政治制度を採りながら市場経済をめざしている中国にとって、株式会社制度は社会、経済、政治にどういう影響を及ぼすのか。ここで『中国証券発展簡史』（経済科学出版社、2000年）に拠って当時の賛成と反対の両理論を取上げて説明する。

賛成論[3]

賛成論者は中国の改革が株式会社制度の導入にあると期待し、株式会社こそが経営難に陥っている国有企業を救う唯一のモデルとして考えた。賛成論者の主張をまとめると以下のようになる。

① 株式会社は生産規模の拡大と商品経済社会の産物として資本主義経済において必要であるが、社会主義経済においても必要である。株式会社は資本主義に特有なものではない。

② 株式会社制度の実施によって、国有企業の「所有と経営の分離」が可能になり、現段階における社会主義市場経済への改革方針と一致する。

③ 株式会社制度の実施は、国家、企業、個人を一体化させ、社会資本の迅速な調達、社会資本の使用の効率化などにおいて重要な役割を果た

す。
④ 株式会社制度の実施は社会主義制度を変えることではない。国有企業は従来の国家、集団の所有形態から「一企三制」（企業の国家、企業、個人による株式所有形態）に変わる。但し、国家株が中心的であれば社会主義という制度は変わらない。

反対論[4)]

反対論者は社会主義と資本主義が矛盾しているという観点から、株式会社は資本主義のものとして、株式会社制度を取り入れるべきではないと主張した。まとめると以下の通りである。
① 資本主義の生産関係と生産力が相互に矛盾した結果、株式会社が生まれてくる。すなわち生産規模の拡大と資本家個人所有の形態が相互に矛盾している。その産物として生まれてきたのが株式会社であって、社会主義において存在する必要がない。
② 株式会社制度のもとで大株主が存在している限り、「所有と経営の分離」において重要である「経営請負制」は充分に発揮ができない。
③ 株式制度を実施すれば、短期的投機が避けられない。国家による社会資金のマクロ的調達が難しくなり、社会的格差が生まれてくる可能性がある。
④ 株式会社の株式の国家、法人、個人所有形態によって国有企業の所有形態が根本的に変わっている。これは国有企業の分解に繋がり、社会主義ではない。

このように、株式会社制度の導入に対して賛成と反対、双方の理論が議論されている中、結局は社会主義政治制度を放棄せず、中国の独特な株式会社制度づくりが始まった。中国の株式会社制度の導入においては、中国の実情に合わせて、外国の株式会社制度をそのまま導入しないことが図られた。1984年4月には、国家経済体制改革委員会は常州で都市経済体制改革の試行

に関する座談会を開き、都市「集団所有制企業」および小型の「全人民所有制企業」に対して株式会社制企業の試行を認める方針を打出した。それに伴って、1984年7月には北京天橋百貨有限株式会社は商業部の従業員を対象に、額面が100元で定期3年の株式を3万株発行して、中国建国以来ではじめての株式会社が設立された。具体的に言うと、北京天橋百貨有限株式会社は他の企業、個人を対象にして株式を発行し、発行後の株式所有構成は国家持ち株が50.97％、銀行持株が25.89％、企業法人持株が19.69％、従業員持株が3.46％となっていた。

その後、株式会社の試行は北京、上海、広州のほか、瀋陽、重慶、武漢など全国の重要都市に広がった。例えば、1984年11月には上海の第一号試行株式会社として、上海飛楽音響会社が設立された。1985年下半期において広州では850の企業が株式を発行した。このうち、広州織麻工場、明興製薬工場、僑光製革工場など三つの国有企業が試行株式会社として政府によって指定された。1985年から1986年の7月にかけて瀋陽市では50の「集団所有制企業」と小型「全人民所有制企業」が株式会社になった。

以上のように、中国の株式会社は農村から芽生え、都市で実行された。1978年の経済改革はまず農村で成功を収めることによって、農民たちは自発的に「以資代労、以労代資」という方式で資金を集めて企業を作り上げた。1978年から1984年までは株式会社制度の試行が農村を中心に行われていたが、1984年には経済改革の中心が農村から都市に移ることによって、「集団所有制企業」と小型「全人民所有制企業」が全国各地で試行されるようになった。1986年には全国範囲で株式発行が過熱化するに至った。

萌芽期と株式会社制度の試行期間は中国にとって株式会社制度の導入期間であったため、現代的な株式とはいえない。この時期は資金調達が主要な目的であって、従業員向けの発行が主流であった。また、人々は株式に対する認識も高くなかった。人々は株を買えば儲かると思い、1986年ごろは企業の株式発行の過熱化と共に、株を買う傾向も加熱化していった。また、中国政府は株式制度導入に対する憂慮があったため、株式会社の試行が国営の大型、

中型企業では行われなかった。ここで株式制度導入の最初の段階における特徴を挙げてみよう。

まず、株式の発行の目的は資金調達である。政策転換の前まで国家政府に頼ってきた人々は共同出資という新しい資金調達方法で、郷鎮企業の発展と農村労働の多様化を実現した。1984年から都市への改革の転換、また同時に行われた金融引き締め政策により、都市部にある企業は財政と金融に頼らなくなって、新たな資金調達として株式の発行を始めた。さらに、政府は新たな資金調達方法を認める方針を打ち出して、政策面から株式会社制度の試行を促した。これによって、1986年末頃にはすでに中国の全土に株式会社が広まった。

次は、この株式は、社債の性格が強いことが挙げられる。株式には償還可能、利子と配当付けの条件が約束された。地方によって利子率は異なる。ここで上海の例をあげて説明すると、1984年7月に、中国人民銀行上海分行が発布した「上海市株券暫定管理弁法」（上海市股票暫定管理弁法）によれば、集団株と個人株に対しそれぞれの銀行の一年の定期預金利率に相当する利率が設定された。配当についても一株あたりの年間の利益配当額は、株式の券面額の3％～5％程度に設定された。

また、株式の発行会社と株式の発行対象が限定されていた。特に、1984年以後、株式制企業の試行が都市の「集団所有制企業」と「全人民所有制企業」に広げられるようになってから、多くの企業は株式発行の対象を内部従業員向けの内部発行に限ったため、ほとんどの企業は株式の公募を行わなかった。例えば、1985年末まで、上海の企業は従業員向け発行株が圧倒的に多かった。発行後の株主の93％、株式総額の70％は従業員によるものであった。

最後に、株式発行後、依然として国家が重要な位置を占めていることが言える。上で見たように、北京天橋百貨有限株式会社の株式発行後、株式の所有構成は国家持株が50.97％、銀行持株が25.89％、企業法人持株が19.69％、従業員持株が3.46％になっていた。これは株式発行するとき会社の資産全部を株価に換算して占める割合であって、実際の発行は他の企業と個人向けの

ものが大部分である。[5]

2 株式会社制度の発展と調整

　中国の株式会社制度の導入において、大型「全人民所有制企業」の株式会社制度の試行は他の企業より遅れて始まった。しかし、これは他の企業より順調にはいかなかった。1986年12月に国務院は「企業改革進化と企業活力増強に関する若干の規定」を公布し、「各地で条件が揃った少数の全人民所有制対中型企業を選んで会社制度を試行することを許可する」と通達した。[6]このような政策のもとで、1987年1月上海で初めての大型国営企業「上海真空電子器件公司」が4,000万元あまりの株式を発行して株式試行会社として設立された。[7]また、1987年上半期には「四川重慶嘉陵集団公司」が設立された。この影響を受けて、株式の試行会社が全国各地に広がった。1988年末の時点で全国各地の株式試行企業は4,750にも達している。[8]

　株式会社制度の試行が全国に広がる中、中国政府には大型「全人民所有制企業」の株式会社制度の導入に憂慮する面も見られた。1987年3月28日に国務院は「株券・債権管理強化に関する通知」を発布し、株式制の試行を「集団所有制企業」に制限し、「全人民所有制企業の株式発行を禁止する。すでに試行会社として認められている少数全人民所有制大中型企業に対して、地方政府が監督と検査をする。そのなかで株式発行の必要がある企業に対し、各地の人民銀行が審査と許可を厳しく行う」としている。[9]

　全人民所有制企業の株式会社制度の試行に対する憂慮の声は政府の関係者だけではなく学界にも及んだ。論争の中心は株式会社が社会主義に適応するかどうかであった。しかし、このような論争があるにもかかわらず、株式会社制度は各地の地方政府と企業によって重視された。1988年5月3日には当時最大の株式会社「瀋陽金杯汽車株式有限公司」が設立された。これは中国ではじめての全国各地を対象に株式を公募して成立した株式会社である。

　だが、その後1989年に起きた「天安門事件」の影響で、再び株式会社制度の試行は他の経済体制改革と同様に冷え込んでしまった。しかし、中国の株

式会社化への道は閉じられることはなかった。1990年12月には「上海証券交易所」が設立され、1991年4月には「深圳証券交易所」が設立された。

　1987年の第一号の大型国営企業の株式制度の試行から1992年まで、中国の株式制度の試行は発展と調整が繰り返されていた。この時期の特徴をまとめると以下のようである。

（1）株式会社制度が個人にとっては充分理解されなかった。

　株式会社制度は国家と企業の経済体制改革の処方箋として試行されていたが、個人からは充分に理解されなかった。また個人の投資意識は高くなかった。例えば、1989年5月に深圳発展銀行は公募発行方式で1株20元の株式を39,650万株発行したが、発行後79.2％しか売れなかった。この売上も政府の宣伝で他の国営企業に一部を分担させた結果である。[10]

（2）大・中型「全人民所有制企業」で株式会社制度が試行されたが、他の企業の株式会社制度試行と同じく従業員依存と優遇の株式会社制度が試行された。

　1989年の3,800余りの株式会社制試行企業の内、従業員持株の会社制企業が85％を占めて圧倒的に多かった。また、全社会から株式を公募して設立された会社においても、自社従業員株の発行が優先された。[11]

（3）政府は大型企業の株式会社制度の試行に対して憂慮した。

　前記のように、1986年12月に国務院は「企業改革進化と企業活力増強に関する若干の規定」を発布してから、株式制度試行の企業に対しての管理を強化した。1987年の3月には「株券・債権管理強化に関する通知」を発布し、「全人民所有制企業」による公募を規制した。また、1988年9月に開かれた共産党第13期3中全会において、株式会社制企業の試行は公有制の主体性を維持することを明確にさせた。政府は社会主義制度の維持に憂慮しながら、「全人民所有制企業」の改革として株式会社制度の試行は順調な発展を見せた。1988年末では、株式会社または有限会社に変更された企業はすでに3,800社にのぼっていた。1989年の「天安門事件」から中国の経済改革は一時低迷期に入って、株式会社制度と試行と「工場長請負制度」は経営目標の短期化

第4章　国有企業の株式会社化への動向

と経営者の権力の過度集中につながり、国有企業の経営状況を急速に悪化させた。その結果、国有企業の赤字の比率は1988年の1割から1991年の3割まで急上昇した。このような現状のなかで株式会社制度の試行はほぼ中止状態になっており、株式発行による資金調達も1988年の25億元から1991年の5億元へと下がることになった。[12]

3　株式会社制度の本格的実施

　1987年から1991年の間中国の株式会社制度が国有企業を中心に行われていたが、その道は平坦ではなかった。政府の憂慮や国有企業経営状況の悪化により株式会社制度の試行は再び疑われるようになって、経済改革は一時停滞状態になった。この局面を打開したのは1992年鄧小平の南巡講話である。鄧小平は上海、深圳など沿海都市を視察し、中国の経済改革路線をもっと大胆に行うべきだと主張した上で、資本主義の資本、技術、管理のノウハウだけではなく、資本主義諸国の経済政策と経済法などについても、中国に参考になれば大胆に取り入れてもいいと指示した。鄧小平の南巡講話は中国の株式会社制度の導入と試行において重要な意義を持っている。それまで議論されてきた理論に終止符をうち、株式会社は中国の社会主義の市場経済にとっても有効的な企業形態とみなされるようになった。[13]

　この時期に特徴的なことは、国家政府が明確に株式会社制度を実施したことである。1992年5月に国家経済委員会、財政部、中国人民銀行と国務院は連合文献「株式制企業試行弁法」（原文「股份制企業試点弁法」）を発布し、株式会社制企業（股份制企業）組織、株式の所有形態、従業員の持株、株式会社制企業の管理などについて詳しい政策を決めると同時に、「株式有限規範意見」（原文「股份有限公司規範意見」）を公表し、株式会社の設立、株式の発行、株式所有権の分けかた、株主総会、取締役会、監査役会（監察会）などの権利と義務についての詳細な制度がつくられた。また、政策的な動きはこれだけではなかった。1992年5月23日には財政部と国家体制改革委員会によって「株式制試行企業会計制度」（原文「股份制試点企業会計制度」）と「株式

制試行企業の財務管理の若干の問題に関する暫行規定」(原文「股份制試点企業財務管理若干問題的暫行規定」)が作られ、同年の6月12日には国家税務局と国家体制改革委員会によって「株式制試行企業の税務問題に関する暫行規定」(原文「关于股份制企業税務問題的暫行規定」)が作られた。このように、株式会社制度の正式の採用において中国の国務院、国家体制改革委員会、国家財政部、中国人民銀行、国家税務局など五つの部門が全面的に動き出した。特に、1993年12月には会社法(原文「中華人民共和国公司法」)が作られ、国有企業の株式会社化が企業制度改革の方向を示すものとなり、大型国有企業の株式会社化が本格的に実施されるようになって、1993年から1995年まで100社の大型国有企業が株式会社になった。

第2節　国有企業の株式会社化への意義とその動向

　第3章では、主な改革政策として「企業自主権の拡大」、「利改税」、「経営請負制」など三つの政策の検討を行い、次のようなことを明らかにした。この段階における改革は、企業に充分な自主権を与え、一定のインセンティブ効果があったといえるものの、結局国有企業を救う処方箋にならなかった。また、中国の改革は株式会社制度の導入段階に辿ってきたことを明らかにした。この節では、国有企業に株式会社制度を導入した意義を検討した上で、現在までの株式会社への動向をみる。

1　株式会社化への意義

　中国の改革開放は漸進的な改革であるため、15年を経た1993年になって、ようやく大・中型国有企業で株式会社制度の導入が認められるようになった。では、株式会社制度の導入が国有企業改革にどのような意義をもたらすか。その意義を次の3つにまとめることができる。①赤字経営の対策としての「株式会社制度」、②「インサイダー・コントロール」の対策としての「株式会社制度」、③「現代企業制度」の内容としての「株式会社制度」である。

第4章　国有企業の株式会社化への動向

表4－1　国有企業の赤字額および財政の企業への補填

(単位：億元)

	企業赤字額	企業赤字へ補填
1985	32.4	207.0
1986	54.5	324.8
1987	61.0	376.4
1988	81.9	446.5
1989	180.2	598.9
1990	348.8	578.9
1991	367.0	510.2
1992	369.3	445.0
1993	452.6	411.3
1994	482.6	366.2
1995	540.6	327.8

(出所)『中国統計年鑑1996』(1996),227頁。　林毅夫・蔡昉・李周 (1999),59頁。

1) 赤字経営の対策としての「株式会社制度」

　従来の改革は、国営企業を活性化するために、経営者に十分な自主権を与えたことに意義があった。しかし、国家の全体利益の視点からその改革をみる場合、評価ができないものがある。それは、次のような2つの問題である。1つは、国有企業の赤字額の増大であって、もう1つは、国有企業の国家財政への貢献度の低下である。

① 国有企業の赤字額の増大。

　1990年代以降、40％以上の国有企業は赤字になった。表4－1は国有企業の赤字額と財政から企業赤字への補填を表わしたものである。表4－1で示したように、赤字額は1985年の32.4億元から1993年の452.6億元まで増えた。その後、赤字額がさらに伸び続け、1995年の赤字額は540.6億元になった。その額は1985年の赤字額のほぼ17倍である。1985年から1995年まで、赤字の平均上昇率は9.19％である。

② 国有企業の国家財政への貢献度の低下。

　国家と企業の財政上の関係を言うと、多くの企業の投資が国家によって賄

われているのと裏腹に、企業の利益が企業の内部で分配されている。そのため、国家財政にとって、投資後の赤字が増え、企業にとって、企業の納税後の貯蓄が減り、国家財政に対して赤字の補填を要求する。表４－１で示したように、1985年から1995年までの10年の間、国有企業は財政補填によって維持されていた。特に、1985年に補填した額は赤字額の15.6倍にも及ぶ。これは、企業改革の初期段階における企業の投資が増えたことが原因と思われる。しかし、1992年まで、引き続き財政の企業への補填額が国有企業の赤字額を超えたことは、国有企業の財政への貢献度があまりにも低いことを説明する。すなわち、そもそも国有企業が財政に貢献すべきであったが、逆に財政が国有企業に対して補填しなくてはいけなくなった。

　林毅夫らは、以上のような問題を「放権譲利」改革に原因があると述べた。「国有企業がより多くの自主権を獲得し、ひいては生産効率と経営状況を改善するインセンティブを備えるにつれ、国家の利益が却って保障されなくなっている」[14]。

　しかし、コーポレート・ガバナンス論の観点からこの問題を見る場合は、所有権と経営権の分離によって、所有者と経営者の間に情報の非対称性の問題が生じたと説明することができる。経営者と従業員は経営の情報を十分に把握し、企業が赤字であるにも関わらず従業員の賃金の上昇に専念した。これに対し、国家は国有財産の所有者として、国有資産の価値の維持と増加をすることができなかった。

　したがって、このような問題を解決するにあたって、株式会社制度の導入は、国有資産の「所有者と経営者」との関係を「株主と経営者」の関係に切りかえ、両者の利益関係を一致させる方法として見ることができる。

2)「インサイダー・コントロール」の対策としての「株式会社制度」

　「インサイダー・コントロール」は、1990年代初めごろスタンフォード大学の教授である青木昌彦によって提起され、また多くの中国の学者によって証明された考え方である。青木は、中欧（ポーランド、チェコ、ハンガリーなど）

やソ連など旧社会主義国家が市場経済を目指している中で、いわゆる移行経済において出現した現象を「インサイダー・コントロール」として取り上げている。青木によれば、「インサイダー・コントロール」とは、旧共産主義国家における旧国有企業が法人化への過程で、企業のコントロール権の実質的部分が、法的または事実上、経営者と従業員によって掌握されたことを言う。

当時、中国の国有企業における「インサイダー・コントロール」は次の3つの現象としてあらわれた。1つ目は、前記のように、国有企業が赤字であるにもかかわらず、従業員の収入が一方的に増える現象。2つ目は、株式会社制度導入の実験段階で、国有資産が企業株に転換させられ、無償で従業員に供与されたこと。3つ目は、旧国有企業のもとで、収益性ある部門だけを持ち出して子会社化し、国有企業の優良資産と生産的な労働者を子会社に移転させることによって、国有資産が流出した現象である。

旧国有企業におけるインサイダー・コントロールの原因は、「企業請負制」政策の実施によるものである。企業請負制度の下で、政府は企業のインサイダーと請負契約を結び、経営権だけではなく、資産の処理権までを企業のインサイダーに委譲した。また、インサイダー・コントロールを助長させたのは、前章で述べた「ソフトな予算制約（Soft Budget Constraint）」であった。実際に、財政から企業への赤字の補填は、銀行の貸出の形で行われたものが多い。後に、この問題は銀行に不良債権問題を引き起こし、2000年代に入ってから大きな話題になった。ちなみに、2006年四大国有銀行による不良債権の額は、911億ドル（7,288億元）に達し、その比率は総債権の28.82%を占めていった。

では、株式会社制度の導入とインサイダー・コントロールの間にどのような関連があるのか。

青木は、インサイダー・コントロールを解決するために、日本のメインバンクのように、中国は銀行を中心とした「状態依存的ガバナンス」の構造を目指すべきだと指摘した。このような理論の影響を受け、特に株式会社制度

を導入して以降、中国ではインサイダー・コントロールに対してさまざまな解決案が出された。例えば、現在中国人民銀行の総裁である周小川は、国有企業の債務負担を減らすための中国型メインバンク制度を提案した。周小川の提案はいわゆる株式と債務のスワップをする方法である。すなわち、国有企業は株式の発行を通じて、銀行の債務を株式に切り替え、銀行に企業の株式を保有させる。この方法は国有企業が債務再建を目指すものでもある。また、張維迎は、国家が企業に対し監督とコントロールをするのではなく、ただの国有企業の債権者になるという方法を提案した。それに対して、呉敬璉は「一種の階層別の国有持ち株会社モデル[20]」を提案した。

以上のように、株式会社制度が導入されて以降インサイダー・コントロールの問題が高く認識され、さまざまな解決案が出された。このような積極的な議論は、やはり株式会社制度の導入と関連があると言わざるを得ない。

3)「現代企業制度」の内容としての「株式会社制度」

1992年の10月の中国共産党第14期代表大会で、中国の経済体制改革の目標を「社会主義市場経済体制」に明確化した。さらに1993年の11月の中国共産党代表大会第14期3回中央委員会全体会議で発布された『社会主義市場経済体制樹立の若干の問題に関する決定』では、国有企業改革の方向を権限と利益の委譲から「現代企業制度」に転換した。しかし、当時「現代企業制度」の概念は明確にしておらず、後に研究者によって様々な解釈が与えられた。例えば、呉敬璉は、現代企業制度を発達した市場経済における現代的会社と指摘している。それに対して、林毅夫らは、現代企業制度の構築過程を会社化に向けての改革過程だと指摘し、さらに、会社化を具体的な株式会社と有限会社であると強調した。

当時の「決定」において、「現代企業制度」は、「財産の所有権をはっきりした、権限と責任の明確な、行政と企業が分離した、管理が科学的な」（产权清晰、权责明确、政企分开、科学管理）[21] ものとして特徴づけられた。この規定は、後の研究者によって重要な意義があると指摘されている。その理由は2

第4章　国有企業の株式会社化への動向

つある。1つ目の理由は、共産党が発布した正式文書だということであり、2つ目の理由は、国有企業の改革の方向を確認したことである。

「現代企業制度」の最初の始まりは、やはり国有企業の株式会社化という展開であった。1993年の末まで、株式制会社に転換した国有企業は11,489社であった。それとともに、総額3,396.66億元に相当する株式が発行された。ただし、その当時、国家株と法人株が主流であったため、全体株式の80.3％が国家株と法人株であった。具体的に、国家株と法人株の総額と全体株式に占める割合は次の通りである。国家株1,247.6億元（36.7％）、法人株1,479.6億元（43.6％）である。注目すべきことは、1993年初め頃の上場株式会社は52社だけであったが、年末には182社まで増えた。

その後、「現代企業制度」の実行は、他の制度と同じく試行段階と実行段階を経て今日に至っている。そして、中国政府が「現代企業制度」を通じて目指したものは結局株式会社制度の導入であった。その経緯は以下のようである。

（1）試行段階

まず、1995年初め頃、国務院は全国で100社を選び、現代企業制度の試験的実施を行った。その内容は次のようである。「①企業の法人制度を改善または完備する、②試行企業における国有資産の投資主体を確定する、③企業における会社組織形態を確定する、④科学的・規範的な会社内部組織管理機関をつくる、⑤企業における労働・人事・収入の制度を改革する、⑥企業における財務の管理制度を健全にする」[22]。その後の1996年には、全国で試行企業の数が2,500社までに増えた。

次に、1997年国務院は『大型企業集団試行のさらなる深化と拡大に関する意見』（原文「关于深化大型企业集団试点工作的意见」）を発表し、資本を連結の手段とする意見を明確にした。

最後に、1998年3月に国家経済体制委員会は『企業集団の親・子会社体制の作り方に関する指導意見』（原文「关于企业集団建立母子公司体制的指導意见」）を発表し、親・子会社の規範や組織形態などを定めた。

試行的段階の政策の特徴は、いわゆる「抓大放小」である。「抓大放小」とは、一方で、請負、貸出、売出し、株式会社の転換などの形態で小型国有企業を市場に押し出す。もう一方、国有大型企業に対して、国家が集中的に統一の管理をする。
（2）実行段階
　1998年国務院の新任総理である朱鎔基の発言を契機に、「現代企業制度」が正式的に実行されるようになった。
　1997年、全国の大・中型国有企業16,784社の内の39.1％にも及ぶ6,599社が赤字経営であった。それを目のあたりにして、朱鎔基総理は、大多数の国有企業が3年以内に赤字から脱け出すよう、また現代企業制度を立てるように指示をした。その指示を受け、中国の政府は次のような改革措置をとった。
　まず、中国の政府は、紡織工業を選んで、「圧錠、減員、調整、増益」を内容とする構造改革を行った。この改革によって、1998年だけで紡織工業で66万人の失業者が出た。しかし、政府は、このような失業をもたらす改革政策を打ち出しながら、それを補う政策として、失業の生活保障、再就職制度、養老保険制度、医療保障制度、住宅制度などを設けた。
　次に、1999年中国政府は520社の国有企業（国家レベルで重要とされている企業）を株式会社制企業に転換させた。これは、企業内部に株主総会、取締役会、監査役会という株式会社の内部ガバナンス構造を作ることを目的としたものである。
　最後に、1999年9月に、中国政府は、共産党15期4回の全体会議で『国有企業改革と発展に関する若干重大問題に関する中共中央の決定』を発布し、国有企業に対して管理制度と現代企業制度を改善するように指示を出した。
　以上のように、「現代企業制度」の導入の経緯は、実際には株式会社制度を導入する経緯でもある。故に、株式会社制度は「現代企業制度」の一部であって、「現代企業制度」が目指す方向だと言っても過言ではない。

2 株式会社化への動向

1) 制度の変化から見た動向

　前記のように、1978年の改革開放前まで、全人民所有制企業が主導的であった。その後、中国政府は全人民所有制企業に対して様々な改革を行った。結局、国有企業の改革は株式会社制度を中心とした「現代企業制度」に至った。1990年代から「国営企業」の最大の変化と言えば、それが「国有企業」と呼ばれるようになったことである。このような変化は、やはり国有企業の改革が新たな段階に入った証でもある。

　実際に、1993年人民代表大会第8期第1回会議が契機となって、「国営企業」が「国有企業」という呼び名に変わった。その会議では、憲法を改正し、法律上国家が企業の経営権から離脱することを決めた。

　さらに、中国の共産党第15期大会では、国有企業に対してさらなる改革を行い、それから、国有企業が「国有と国有持ち株会社」と呼ばれるようになった。

　前記のように、国有企業の改革にあたって、中国政府はビック・バン的な改革ではなく、漸進的な改革を行った。株式会社制度を導入して以降、中国政府は引き続き国有企業の重要性を強調し、様々な政策を打ち出した[23]。特に、1998年2月28日に発布された「企業の登録類型の区分に関する規定」（原文「关于划分企业注册类型的規定动作」）では、国有企業の定義を次のように規定した。「国有企業は、企業のすべての資産が国家によって所有され、『中華人民共和国の企業法人登録の管理条例』の規定に従って登録された非会社性の経済組織。ただし、有限責任会社の中の国有独資会社は含まれてない」[24]。

　注目すべきことは、「国有企業」や「国有と国有持ち株会社」という呼び名には、中国の改革段階をあらわす意味が含まれるだけではなく、法律からの分類の意味も含まれている。以下では、国有企業が法律でどのように位置づけられたかを見るために、2つの法律の観点から企業形態の分類を見る。

　前記のように、中国の改革は1978年12月に農村から始まった。しかし、そ

の時から株式会社制度の芽生えが始まり、中国政府が国有企業の改革を正式に決定した1984年にはすでに一部の小型国有企業において株式会社制度を導入し始めていた。そして、1990年代初め頃になると、それは一般的と言えるほどになった。1993年より大・中型国有企業の株式会社制度の導入が認められたが、そのシンボルとして、1993年12月29に発布された「中華人民共和国会社法」（中華人民共和国公司法）がある。しかし、その前に、中国ではすでに「中華人民共和国工業企業法」（中華人民共和国全人民所有制工業企業法）という法律が存在していた。「中華人民共和国工業企業法」は、1988年4月の第7回全国人民代表大会第1次大会で採択され、8月1日より施行されたものであって、現在でも「会社法」とともに施行されている。両法律は企業の種類をそれぞれ違う方法で分類する。

　「中華人民共和国工業企業法」は、「企業の所有体制」から企業を「全人民所有制企業」、「集団所有制企業」、「私有制企業」という3つの企業形態に分類する[25]。

　中国の「会社法」は企業を大きく「有限責任公司」（有限会社）と「股份有限公司」（株式会社）という2種類に分類する。「会社法」の条件を備えれば、「全人民所有制企業」あるいは「集団所有制企業」は、有限会社あるいは株式会社に転換することができる。転換しない場合、引き続き従来の法律が適用される。詳しく言えば、全人民所有制企業には「中華人民共和国工業企業法」が適用され、集団所有制企業には「郷村集団所有制企業条例」[26]と「城鎮集団所有制企業条例」[27]が引き続き適用される[28]。

　近年、学者の間では「国資企業」という概念が流行している。「国資企業」とは、「国有資本企業」の略称であり、国の出資形態によって「国有独資会社」（国有独資公司）、「国家持ち株式会社」、「国家資本（株式）参加企業」など3つに分けられている[29]。現在多くの大型国有企業（あるいは企業集団での親会社）は「国有独資会社」であるため、ここで主に「国有独資会社」に焦点をあててみる。

　周知のように、アメリカや日本の経験から見ると、株式会社は、設立され

第4章　国有企業の株式会社化への動向

て以降、利潤留保、株式発行、企業の買収などを通じて、発展または巨大になる。しかし、中国の株式会社は、アメリカや日本と違って、設立の当初から旧国有企業からの転換が多い。そのため、中国の「会社法」において、会社の形態を「有限責任公司」（有限会社）と「股份有限公司」（株式会社）に分類しているほか、「国有独資会社」に対して特別に扱いをしている。

「会社法」の第65条では、「国有独資会社」を「国家が単独に出資し、国務院あるいは地方人民政府が同レベルでの人民政府の国有資産の監督管理機関に授権し、同レベルでの人民政府の国有資産の監督管理機関が出資人の職責を履行する有限責任会社である」と定めた。また、「国有独資会社」につけられた特徴は次のようである。

(1) 会社の全ての資本は国家によって投資されたものである。会社の法人財産は国家によって投資されているため、「国有独資会社」は国有企業の一種である。

(2) 国家は会社の唯一の株主である。国務院あるいは地方人民政府に授権された同レベルでの国有資産監督管理機関が出資者の職能を履行する。

(3) 国家は、出資範囲内で債務の清算責任を負うが、それについての無限責任を負わない。

(4) 会社の形態（性質）は「有限責任会社」であり、会社の設立と組織機関、生産・経営制度、財務会計制度などに関しては「有限責任公司」のそれと同じまたは類似する。

以上のように、「国有独資会社」は国有企業の1種であり、国家だけが出資者である。

しかし、注目することは、「国有独資会社」は有限責任会社でありながら、有限責任会社との違いもある。債務の清算責任に関して「国有独資会社」は有限責任会社と同じである。つまり、「国有独資会社」が出資の範囲内で有限な責任を負う。しかし、有限責任会社の最高権力機関は株主総会だと規定されているが、「国有独資会社」には株主総会がない。「国有独資会社」の場合、有限責任会社の株主総会にあたる役割は国務院の下に置かれている「国

有資産監督委員会」によって果される。

　また、「国有独資会社」は有限会社と同じく利潤を経営の目標の１つにする。しかし、国家が唯一の株主であるため、「国有独資会社」は国家が与えた経済政策を施行しなければならなく、そもそも国家の使命であった国全体の経済の運営と調整という役割を果たさなければならない。

　現在、多くの「国有独資会社」は、「集団公司」を名乗っており、それの傘下には上場株式会社を含む多くの子会社を持っている。例えば、「宝鋼集団」の親会社である「宝安集団有限会社」（宝安集団有限公司）は「国有独資会社」であり、すべての資産が「国有資産監督委員会」に属し、「国有資産監督委員会」が株主の職権を果たす。「宝安集団有限会社」の下には、22の子会社がある。それぞれが鉄鋼、資源開発及び物流、鉄鋼加工、技術、生産のサービス、石炭・化学工業、金融投資などの７つの大きな業務を担当している。その中で、「宝山鋼鉄株式会社」（宝山鋼鉄股份有限公司）は上場した株式会社である。

　とりわけ、全人民所有制企業は、「国営企業」と「国有企業」と呼ばれる段階を経て、現在の「国有と国有持ち株会社」と呼ばれる段階に至った。また、「会社法」に従えば、「国有と国有持ち株会社」は「有限責任会社」あるいは「株式有限会社」に属する。特に、国有企業を特別に扱うために、「会社法」では「国有独資会社」が特別に設けられている。「国有独資会社」は「有限責任会社」でありながらそれとの区別もある。

2）国有企業の規模の変化から見た動向

　株式会社を導入して以降、国有企業の変化は上で述べたような呼び名や制度上の変化に留まるのではなく、資産規模または生産規模も大きく変化を遂げた。表４－２で示したように、2009年の工業企業434,364社のうち、国有と国有持ち株企業は20,510社で、全体の4.72％しか占めていない。しかし、国有と国有持ち株企業の総生産額は146,630億元で、これは工業生産総額548,311億元のうちの26.74％を占めているものである。資産総額から見ると、

第4章　国有企業の株式会社化への動向

国有と国有持ち株企業は215,742.01億元の資産を持っており、工業企業の全体資産総額493,693億元の43.70％を占めている。

さらに、2009年度の国有独資会社を見ると、1,454社の国有独資会社は39,279億元の資産を持っており、生産総額が22,028億元に達している。国有独資会社が国有と国有持ち株企業の全体に占める割合は、会社数が6.76％、資産総額が18.21％、生産総額が15.02％になっている。

表4－2で示したように、以上のような比率は例年の比率と比べるとかなり下がっている。では、株式制度の導入によって、国有企業のマクロ的パフォーマンスが変わってないのか。ここで、国有企業における会社数、資産総額、工業生産の総額の変化を検討してみる。

（1）国有企業の数の低下。国有企業数の低下の現象は、最初に1978年の改革開放政策を取り入れた時点からあらわれ始め、株式会社制度の導入によってさらに鮮明になった。1998年から2009年まで、工業全体における企業の数が1998年の165,080社から2009年の434,364社までに急激に増えたのに対し、国有企業の数は64,737社から20,510社までほぼ1／3に減った。図4－2は1998年から2009年まで、工業企業数と国有企業の数の変化を表わしたものである。この図からもわかるように、工業企業の全体の数が急激に増えるのに対し、国有企業の数は徐々に減っている。

（2）資産総額の増加。表4－2で示されたように、工業企業の全体資産額のなかで国有企業の資産の割合は、1998年の68.84％から2009年の43.7％に減った。また、2009年国有企業の数は1998年国有企業数の3割を切っている。それに対して、国有企業の総資産額はむしろ毎年増え続けている。1998年国有企業の総資産額は74,916.27億元であったものが、その後毎年3.36％の増加率で増え続け、2009年には215,742.01億元になった。

（3）工業企業の総生産額の中で、国有企業の生産総額が占める割合の低下。国有企業の生産総額は、1998年の33,621.04億元から2009年の146,630億元までに増えた。それは10年前に比べ4.36倍増えたことにもなる。しかし、国有企業の総生産額が工業企業の総生産額に占める割合は、1998年の49.63％か

表4－2　　　　　　　　　　　　　　　　　　　　（単位：億元）

年度	工業企業単位数 32)	工業生産総額 (a)	工業全体資産総額 (c)	国有と国有持ち株単位数	国有と国有持ち会社の生産総額 (b)	国有と国有持ち会社資産総額 (d)	b/a× 100%	d/c× 100%
1998	165,080	67,737.14	108,821.87	64,737	33,621.04	74,916.27	49.63%	68.84%
1999	162,033	72,707.04	116,968.89	61,301	35,571.18	80,471.69	48.92%	68.80%
2000	162,885	85,673.66	126,211.24	53,489	40,554.37	84,014.94	47.34%	66.57%
2001	171,256	95,448.98	135,402.49	46,767	42,408.49	87,901.54	44.43%	64.92%
2002	181,557	110,776.48	146,217.78	41,125	45,178.96	89,094.60	40.78%	60.93%
2003	196,222	142,271.22	168,807.70	34,280	53,407.90	94,519.79	37.54%	55.99%
2004	276,474	201,722.19	215,358.00	35,597	70,228.99	109,708.25	34.81%	50.94%
2005	271,835	251,619.50	244,784.25	27,477	83,749.92	117,629.61	33.28%	48.05%
2006	301,961	316,588.96	291,214.51	24,961	98,910.45	135,153.35	31.24%	46.41%
2007	336,768	405,177.13	353,037.37	20,680	119,685.65	158,187.87	29.54%	44.81%
2008	426,113	507,448.25	431,305.55	21,313	143,950.02	188,811.37	28.37%	43.78%
2009	434,364	548,311.42	493,692.86	20,510	146,630.0	215,742.01	26.74%	43.70%

（出所）『中国統計年鑑2010』により作成。

ら2009年の26.74％まで減った。図4－3は、この現象をグラフで表わしたものである。1998年度と2009年度を比べて見ると、2009年度における国有企業の生産総額が工業生産総額に占める割合が明らかに減ったことが分かる。

　このような国有企業のマクロ的パフォーマンスの低下は、中国共産党第15回4期全体会議で打ち出した「抓大放小」という方針が原因である。上でもあげたように、「抓大放小」方針のもとで、小型国有企業は、請負、貸出、売出し、株式会社の転換などの形態で市場に押し出され、大型国有企業は国家によって集中的または統一的に管理されるようになった。その結果、国有企業は、一般的な産業から完全に撤退するか、又は株式を持つだけとなった。ただ、次のような産業において国有企業がまだ重要な位置を占めている。①国家安全にかかわりがある産業、②自然資源に対して独占的な地位をもっている産業、③重要な公共製品と公共サービスを提供する産業。④ハイテク産業と基幹産業。

第 4 章　国有企業の株式会社化への動向

図 4 − 2

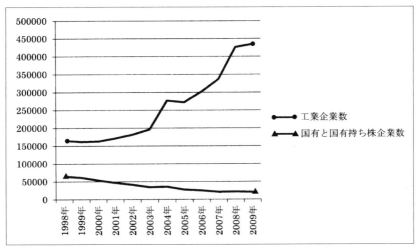

（出所）『中国統計年鑑2010』により作成。

図 4 − 3

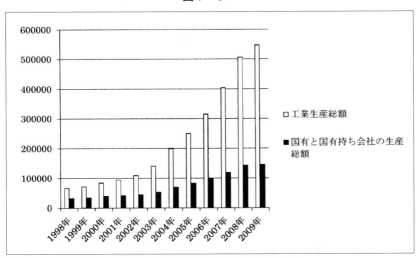

（出所）『中国統計年鑑2010』により作成。

しかし、現在中国では1930年ごろのアメリカと類似する現象が起きている。第1章で述べたように、アメリカでは、1929年の時点ですでに30万社以上の非銀行業会社のうち、0.07％にも足らない200の巨大株式会社の影響力が図り知れないものになっていた。金山の先行研究によれば、2007年中国のベスト500社の営業収入、納税総額、利潤総額は、それぞれが14.14兆元、9,938億元、6,428億元になった。それはどういう規模かと言うと、500社の営業収入は中国GDPの77.6％を占めており、納税総額と利潤総額の場合、それぞれが全国の納税総額と利潤総額の33.1％と22.1％を占めている。注目すべきことは、このベスト500社のうち349社が国有と国有持ち株会社であって、349社が所有する資産額は39兆919億元である。つまり、349社の資産は500社の資産総額の94.95％を占めている。また、349社の営業収入と利潤を見る場合、それぞれは11兆9,467億元と5,654億元であって、500社の営業収入総額と利潤総額の84.49％と87.99％を占めている。[33]

とりわけ、株式会社制度を導入して以降、国有企業の企業数、国有企業の資産が工業企業の資産総額に占める割合、国有企業の生産額が工業全体の総生産に占める割合などの面において低下の傾向が見られたものの、営業収入、納税総額、利潤総額という面から見る場合、国民経済における国有企業の主導的存在がまだ変わってない。

以上の内容を持って、私は、本章の最後において国有企業の株式会社化への重要性を訴えたいが、そのため本章の内容を以下のようにまとめる。

長い間、国有企業は国家が運営していることから国営企業と呼ばれていた。それまでの国営企業は、「党委員会指導下の工場長責任制」と「党委員会下の従業員代表大会制」という「二本の柱」とする内部管理形態を取っていた。そして、国営企業における外部からの管理形態は政府からの「統一指導、分級管理」というものであった。当時、国営企業は、経済指標の達成、政治的役割、社会的役割など様々な役割を担っていた。しかし、当時の国営企業は、企業というより国家のコスト計算をする生産単位にすぎない存在であった。

1978年から1993年まで、中国政府は国有企業改革に対して主に「企業自主

権の拡大」、「利改税」、「経営請負制」という3つの改革を行った。しかし、3つの改革が決して成功した改革とは言えない。なぜかというと、3つの政策にはそれぞれ次のような問題があった。まず、「企業自主権の拡大」の改革は、企業と国家の間に利益分配において矛盾が生じたと同時に、財政赤字の激増とインフレなどの弊害をもたらした。次に、「利改税」は、企業にとって自主経営、損益の自己負担、平等競争を実現することができなかった改革であって、国家にとって財政に負担がかけられた改革であった。最後に、「経営請負制」改革は経済の効率の向上を損ない、改革の困難度をさらに大きくした改革であった。

　3つの改革に続き、1992年より中国政府はそれまで試行段階にあった株式会社制度を正式に大・中型国有企業に導入することを決めた。

　それまでの中国における株式会社制度の導入は決して平坦なものではなかった。1984年7月に設立された「北京天橋百貨有限株式会社」は建国後初めての株式会社である。1984年以降、全国各地で株式会社制企業が相次いで設立された。しかし、当時、株式会社制度は個人に充分理解されず、また政府もその導入に対して憂慮していた。そのため、大・中型国営企業に株式会社制度を導入したのは1992年からであった。その契機となったのは当年の鄧小平の南巡講話であった。当時の国有企業にとって、株式会社制度の導入は次のような3つの意義をもたらした。①赤字経営の対策としての「株式会社制度」、②「インサイダー・コントロール」の対策としての「株式会社制度」。③「現代企業制度」の内容としての「株式会社制度」。

　株式会社制度が導入されて以降、国有企業は大きく変化を遂げた。営業収入、納税総額、利潤総額などにおいてはそのパフォーマンスが大きくなった。

　しかしながら、そこには依然として問題が残されている。現在の株式会社のほとんどは旧国有企業から転換されたものである。そのため、株式会社制度が導入されるまで国有企業にすでに存在した問題が決して完全に消えたとは言えない。また、第1章で見たように、米・日・独においては長い株式会

社の歴史の中で、米・日・独という3つのコーポレート・ガバナンスのシステムが出来上がった。では、以上のような問題を前提にして、また米・日・独におけるコーポレート・ガバナンスを標準とする場合、中国の国有企業にとってどのようなコーポレート・ガバナンスが必要であろうか。次の章においてそれを検討する。

注

45)「集団所有制企業」は中国語「集体所有制企業」の日本語訳である。
46) 鄭振龍（2000),169頁。
47) 鄭振龍（2000),162～163頁を参照。
48) 鄭振龍（2000),161-162頁を参照。
49) 鄭振龍（2000）173-174頁を参照。
50) このパラグラフは徐涛（2005),357頁を参考。
51) このパラグラフは鄭振龍（等)『中国証券発展簡史』、前掲書、176頁を参照。
52) 徐涛（2005),357頁。
53)「株券・債権管理強化に関する通知」（原文「关于加强股票债券管理的通知」の内容（全民所有制企業の株式発行を禁止する。すでに試行会社として認められている少数全民所有制企業に対して、地方政府が監督と検査する。そのなかで株式発行の必要がある企業に対し、各地の人民銀行が審査と許可を厳しく行う）は私が翻訳したものであるが、中国の原文は次のようである。（全民所有制企業不得向社会発行股票.対少数已経批准试点的全民所有制大中型企業,由各地人民政府負責人真核查清理.対其中确需認真発行股票的,各地人民銀行从厳審批）鄭振龍（等)『中国証券発展簡史』、前掲書、176頁。
54) 鄭振龍（2000),177～178頁を参照。
55) 徐涛（2005),358頁を参照。
56) このプラグラフは、徐涛（2005),359～362頁を参照。
57) 虞建新（2001),30頁を参照。
58) 林毅夫・蔡昉・李周（1999）57頁。
59) 青木昌彦（1995),160頁を参照。
60) 唐燕霞（2004),188－189頁を参照。
61) 1992年7月23日に国務院が公布した『全人民所有制工業企業の経営メカニズム転換条例』において、国有企業に次のような14項目の自主権を与えた。「1. 企業は

第4章　国有企業の株式会社化への動向

生産経営の意思決定権を有する。2. 企業は製品、労務の価格設定権を有する。3. 企業は製品販売権を有する。企業は指令的計画の製品生産任務を達成した後、超過して生産した部分は自ら販売できる。4. 企業は物質買付権を有する。5. 企業は輸出入権を有する。企業は全国規模で外国貿易代理企業を自ら選んで輸出入業務に従事することができ、また外国企業との交渉に参画する権利をもつ。6. 企業投資の意思決定権を有する。7. 企業は資産の処理権を有する。8. 企業は連合経営、合併権を有する。9. 企業は労働者雇用権を有する。10. 企業は人事管理権を有する。11. 企業は賃金、バーナスの分配権を有する。12. 企業は内部機構設置権を有する。13. 企業は割当拒絶権を有する。14. 企業経営権は法律の保護を受け、いかなる部門、単位、個人も介入や侵犯ができない。」呉敬連（2007），139頁を参照。

62) この数字は、アメリカの会計事務所 Rrnst&Yong によって公表された数字である。柯隆（2007），113頁を参照。

63) 「状態依存的ガバナンス」とは、「企業の自己金融力や銀行金融以外の代替的金融機会の状態に依存する、企業と事後的モニター（メインバンク）の間の交渉力に応じて変化する」。青木昌彦（1995），117頁。

64) 林毅夫らは「一種の階層別の国有持ち株会社モデル」の意味を次のように説明する。「人民代表大会およびその常務委員会が公有資本経営委員会を選出する。後者は、国有経済の取締役会として、一級の持ち株会社および投資会社の設立と所有を担当し、その級の取締役会の人選・任命と監督を行なう。一級会社の下に、さらに二級持ち株会社と投資の付属会社を設立し、後者は商工業を経営する事業会社を直接にコントロールする。このモデルの提案者は、このような階層別持ち株方式を採用すれば、国家の行政権と所有権の分離を図ることができるだけでなく、所有者の不在という問題を解決し、各階層の所有権代表とこれに対応する経営過程との距離を縮小することができると考えている。」林毅夫・蔡昉・李周（1999），8-9頁。

65) 日本語訳は、呉敬連（2007），143頁を参照。

66) これは、「(1) 完善企業法人制度; (2) 確定試点企業国有資産投資主体的地位; (3) 確定企業的公司組織形式; (4) 建立科学規範的公司内部組織機構; (5) 改革企業労働人事工資制度; (6) 健全企業財務管理制度.」を日本語に訳したものである。

67) 金山権（2008），78頁-79頁を参照。

68) これは中国語"国有企業是指企業全部資産帰国家所有,并按《中華人民共和国企業法人登記管理条例》規定登記注冊的非公司制的経済組織.不包括有限責任公司

中的国有独自公司"」を日本語に訳したものである。劉銀国（2007），89頁。
69) 金山権（2008），80-81頁を参照。
70) 「郷村集体所有制企業条例」は、1990年6月3日に国務院によって発布され、農村における集団企業を対象にした基本法規である。
71) 「城鎮集団所有制企業条例」は、1991年6月21日に国務院よって発布され、都市における集団所有制企業を対象にした基本法規である。
72) 張海棠（2009），1-3頁を参照。
73) 金山権（2008），78-79頁を参照。
74) これは、「本法所称国有独資公司,是指国家単独出資,由国務院或者地方人民政府授権本級人民政府国有資产監督管理机构履行出資人职责的有限責任公司」の日本語訳である。
75) 以下の四つの特徴は「1 公司全部資本由国家投入,公司法人財産源于国家的投入,所以,国有独資公司是一种国有企業;2 国家是公司唯一股东,国務院或者地方人民政府授権的本级国有資产監督管理机构履行唯一出資人的職責;3 国家在其出資範囲内对公司承担有限的債務清償責任,无需承担无限責任;4 公司性質属于有限責任公司,有关公司設立,組織機構,生産経営制度和財務会計制度等均与有限責任公司的一般規定相同或相類似.」を訳したものである。張海棠（2009），155頁。
76) ここでの単位数とは会社数を指している。
77) 金山権（2008），88頁を参照。

第 3 部

国有企業におけるコーポレート・ガバナンス

> 　第1部では、米・日・独におけるコーポレート・ガバナンスを把握するために、それぞれの国における株式所有構造、機関投資家、企業買収、内部統治構造および内部統治構造における労働者の位置づけを検討した。その結果、米・日・独におけるコーポレート・ガバナンスの特徴がそれぞれ違うことが分かった。第2部では、中国の国有企業の改革が株式会社制度の導入段階に入ったことを確認し、また、株式会社制度の導入によって国有企業にもたらされた意義と動向を検討した。そして、中国の株式会社制度を導入して以降、国有企業の重要性が依然として存在することが分かった。第3部では、国有企業における今後の発展の行方を探るために、米・日・独におけるコーポレート・ガバナンスの特徴を視点にし、国有企業のコーポレート・ガバナンス構造を①株式所有構造、②国有銀行の役割、③機関投資家の役割、④企業買収の役割、⑤内部の統治構造という5つの側面から検討を行う。

第5章　所有構造から見た株式会社の特徴

　戦後、米・日・独における株式所有構造の特徴と言えば、それは株式所有の法人化である。しかし、3つの国における株式所有の法人化は違う形態で進んだ。3カ国の株式所有構造では、アメリカの機関投資家、日本のメインバンク、ドイツのユニバーサル・バンクなどがそれぞれ重要な位置を占めていた。そして、3つの所有者によるガバナンスは違うものであった。中国ではアメリカや日本やドイツのように、株式所有構造では機関投資家の所有または銀行による所有が特徴になるのか。あるいは、株式が全然違う所有者によって所有され、違う特徴が現れるのか。中国の株式所有構造の検討は中国のコーポレート・ガバナンスの特徴を摑むための重要なカギとなる。

第1節　株式会社の所有構造

　1992年5月に発表した「株式会社規範意見」により、株式を国家株、法人株、個人株、外資株など4種類に分類した。具体的には以下の通りである。
「(1) 国家株は、国家投資を代表する権利のある政府部門もしくは機構が、固有資産を公司に投入して得た株式である。国家株は一般に普通株でなければならない。国家株は国務院が授権した部門、もしくは国務院の決定により、地方人民政府の授権した部門もしくは機構が所持し、また株主権利代表を任命する。
　(2) 法人株は、企業法人が合法的に支配できる資産を公司に投入して得た株式である。もしくは法人資格の事業単位および社会団体が、国家から経営に用いることを許可された資産を公司に投入して得た株式である。

図5－1　株式分類図

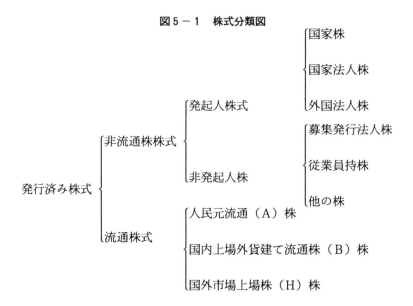

（出所）中国証券委員会（株式構成表）により筆者が作成したもの。

(3) 個人株は、個人投資もしくは当該公司内部の職員が、個人の合法財産を公司に投入して得た株式である。
(4) 外資株は、外国およびわが国香港、アモイ、台湾地区の投資者が、人民元の持株式を購入する形式で公司に投入して得た株式である」[1]。

このように、株式が所有の主体から4つに分類されている。しかし、注目すべきものは株式の流通の形態からの分類である。株式流通の形態から非流通株と流通株に分けられている。さらに、非流通株は国家株、法人株と従業員持ち株3種類があって、流通株はA株、B株、H株3種類がある。

ここで中国証券監督管理委員会統計資料から作った図5－1をあげて中国の株式所有構造を説明する。

1　非流通株

当初、中国の株式会社制度導入の憂慮から、その試行段階から慎重になっ

第5章 所有構造から見た株式会社の特徴

表5－1 株式の構成　　　　　　　　　　単位：億株

	1992年	1994	1996	1998	2000	2002	2004
非流通株	48.19	458.50	789.69	1,664.85	2,437.43	3,838.54	4,572.23
国家株	28.50	296.47	432.01	865.51	1,475.13	2,773.43	3,344.20
国内法人株	9.05	73.87	224.63	528.06	642.54	664.51	757.32
外資法人株	2.80	7.52	14.99	35.77	46.20	53.26	70.30
募集法人株	6.49	72.82	91.82	152.34	214.20	299.70	345.02
内部従業員株	0.85	6.72	14.64	51.70	24.29	15.62	8.94
その他	0.00	1.10	11.60	31.47	35.07	32.02	46.45
流通株	21.18	226.04	429.85	861.94	1,354.26	2,036.90	2,577.18
A株	10.93	143.76	267.32	608.03	1,078.16	1,509.22	1,992.53
B株	10.25	41.46	78.65	133.96	151.56	167.61	197.01
H株	0.00	40.82	83.88	119.95	124.54	360.07	387.64
株式総数	68.87	684.54	1,219.54	2,526.79	3,791.69	5,875.44	7,149.41

（出所）中国証券監督委員会（各年の株式構成表）により筆者が作成したもの。[2]

ていた。株式会社制度の試行はほとんどが「全人民所有制企業」と「集団所有制企業」で行われていたため、株式を発行するまえの固定資産と流動資産を全て政府による投資の形で非流通株（国家株と法人株）に換算した。これは発起人（起業者）株式の主な一種である。新規株式の募集については流通株になっている。中国の株式構成の中で非流通株の割合はかなり高い。表5－1のように、非流通株は1992年の48.19億株から2004年の4,572.23億株まで増えたが、全体株に占める割合は69％から64％に下がっている。しかし、依然として60％以上の高い割合を保っていた。そのなかで国家株は29億株から3,344.20億株に増加している、その占める割合も42％から47％になっていて、株式全体の中で主導的存在になっている。非流通株のなかでは、国家株以外に法人株と内部従業員株などがある。さらに、法人株の中で国内法人株、外資法人株、募集法人株に分類されている。国内法人株と外資法人株は発起人株式に分類されているが、募集法人株と従業員株は非発起人株に分類されて

いる。以下は従業員持株、法人株と国家株の順でそれぞれの形成された実情を説明する。

1) 従業員持ち株

　従業員持ち株は株式試行段階から実施され、形成する過程において2つの形成ルートがある。1つは政策のもとで従業員が現金で買ったものであって、もう1つは最初の株式を発行する時期に、固定資産の中から一部を従業員株として換算したものである。中国の株式制企業試行段階から従業員は株式の受け皿として、重要な役割を果たした。特に、1990年代に入ってから従業員の企業参加意識を高めるため、実施された持株制度が注目を浴びるようになった。1992年5月に「株式有限会社規範意見」（原文「股份有限公司规范意见」）の発表によって「限定募集公司の内部職員が引き受ける株式は公司株式総数の20％を超えてはならない」という制限を設けたにもかかわらず、1994年までの2年の間に限定募集会社5,964社の設立に伴い、総株数は3,942億株のうち約37％が従業員による持株であった。また、上場株式会社の中でも1993年にはこれまでで最高の2.4％に達していた。但し、この従業員持ち株に関しては、「3年以内に譲渡してはいけない」や「公開発行した株の10％を超えてはいけない」などの制限が、中国政府によって設けられていた。

2) 法人株

　法人株は国内法人株と外資法人株の総称である。国内法人株は「法人企業が合法的に支配している資産、または法人格のある事業単位や社会団体が経営に用いることのできる資産を出資して形成した株式のことである[3]」。外資株は「外国企業が所持する上場企業（B株発行）の非流通株である[4]」。国内法人株は国有株とともに株式全体の大半を占めている。表5－1のように上場株式の中で国内法人株は1992年の9.05億株から2004年の757.32億株まで増加した。それが全体株式に占める割合は13.05％から10.6％に落ちているが、基本的には10％を維持している。外資法人株は国内法人株に比較するとかな

り低い数字を示している。1992年一時4％になったものの、次の年より1％台を保っている。法人株の流通に関しては、外資法人株の場合、会社が設立されてから3年後は株式市場に上場流通してもいいが、国内法人株は募集法人株とともに株式市場での流通が禁止されている。

3）国有株

　国有株の主導的存在は上でも述べたように、企業の固定資産と流動資産を株式に換算した分が多い。国有株の特徴としては2つがあげられる。すなわち、市場占有率が高いと株式市場での売買ができない。国有株は株式市場が登場した当時からずっと上場株式総数の45％を保っている。また、国有株は市場で売買できないだけではなく、配当がないことも事実である。これは中国政府が敵対的買収を防ぎ、株式所有構造を安定化させるために講じられた処置であった。

　非流通株は株式市場で取引ができないと決められているが、一部株においては法人同士での協議による譲渡が認められている。そして法人同士による非流通株の協議譲渡価格は、基本的には1株純資産を基準に決められているので、流通株よりかなり低くなる。

2　流通株式

　中国の証券取引場で上場している株式とは流通株式のことを指している。中国の流通株式は上海と深圳の両取引場が設立される前から既に流通していた。ここで前の段階の株式流通状況を簡単に説明してから、両証券取引場の株式を中心に中国の流通株式の所有形態を分析する。

　上でも述べたように、1984年11月には「社会公募」の方式で上海の第一号試行株式会社、上海飛楽音響会社を設立した。その時から株式会社の拡大にともなって株式流通はすでに始まっていた。しかも1986年までの株式流通はいわゆる「灰色交易市場」であって、この時期の株式流通は自発的なものが多く、売買相手を自分で探す、株式の売買を代理発行者によって行う、交易

規模が小さいなど、不便なことが多かった。

　1986年9月26日に中国人民銀行上海市分行の許可を受けて「静安信託」が設立され、上海で初めて株式交易の窓口として株式売買の代理業務が行われた。当時上場した企業は飛楽音響公司と延中実業公司の2つだけであった。1年後は上海で9つの株式交易の窓口ができた。また同年の9月には深圳では12の金融機関が共同出資して「深圳経済特区証券公司」を設立した。これは中国国内ではじめの証券会社である。しかし、この初期段階の証券会社は完全とはいえないものであった。例えば、①1つの株式が証券売場の違いによって異なる価格で売買された。②株式供給が需要に応じないのが通常のことであって、市場外の闇市場が多く存在した。③全国の資金が大量に上海と深圳に集中し、株式供給と需要の矛盾が更に激しくなった、という問題が挙げられる。

　中国の中央政府の正式許可を受けて設立された証券取引市場は、1990年12月に設立された「上海証券交易所」と1991年5月に設立された「深圳証券交易所」である。当時は国内投資家のみ購入可能な人民元建て株式のA株の発行からはじめて、1992年からは外貨建て株式のB株を発行した。A株とB株以外にも海外株式市場で上場している株式H株（国外市場上場株）がある。両証券取引場が設立されてから2006年までの間に、全国各地で上海証券交易所の業務代理店が2,958、深圳証券交易所の業務代理店が3,581まで拡大した。

　中国の株式発行においても増加のスピードは驚異的なものであった。1992年に発行株総数が21.18億株のみであったものが、2004年には2,577.18億株まで増加し、12年の間にほぼ120倍まで上った。しかし、表5－1の流通株比率を見ると流通株が全体株に占める比率はあまり変わってない。流通株を投資者から見ると主に個人投資家と機関投資家によって構成されている。A株の場合、投資者は国内の個人投資家と機関投資家のみである。B株の場合、投資家は国内の個人投資家と機関投資家以外にも、国外の個人投資家と機関投資家も含まれている（表5－2と表5－3を参照）[5]。中国の機関投資家は主に証券投資基金、全国社会保険基金、QFII（Qualified Foreign Institutional

第5章 所有構造から見た株式会社の特徴

表5-2 2006年A株投資者状況　　　　単位：万

	全国（total）	上　海	深　圳
投資者数（total）	7,317.55	3,733.62	3,583.92
機関投資者	36.26	20.37	15.89
個人投資者	7,281.29	3,713.25	3,568.04

（出所）中国証券監督委員（2006年の統計表）により筆者が作成したもの。

表5-3 2006年B株投資者状況　　　　単位：万

	全国（total）	上　海	深　圳
投資者数（total）	164.56	101.09	63.47
機関投資者	1.88	0.96	0.92
国内	0.02	0	0.02
国外	1.87	0.96	0.91
個人投資者	162.67	100.13	62.54
国内	136.64	83.36	53.28
国外	26.03	16.77	9.26

（出所）中国証券監督委員会（2006年の統計表）により筆者が作成したもの。

Investors)[6]、保険会社、企業年金、証券会社などによる投資である。2006年になってからは機関投資家の活動がとくに活発化になり、2006年の年末までA株の総価値24,000億元のうち、約42.5％が機関投資家によるものであった。これは2005年の同時点より12.39％を上回った。一方、個人株の比率は2005年の69.87％から2006年の57.48％まで下がっていった。

3　非流通株と流通株の評価

日本とアメリカの場合、株式を所有権の相違によって普通株と優先株に分類している。しかし、中国の株式は所有主体から国家株、法人株、個人株、外資株などの分類、また流通の形態から非流通株と流通株に分類されている

ことは中国の株式の独特性を現している。特に、問題提起としてあげられるのは非流通株と流通株の分析である。ここで黄孝春の非流通株と流通株の分析をあげて説明する。黄孝春は非流通株について「非流通株は株式市場で取引ができないが、法人同士での協議による株式の譲渡が認められている。この場合、株式の値上がりをねらった譲渡もあるものの、株式の大量所有に基づく経営参加権の獲得が主要な目的とされる。この意味では、非流通株は株式の所有を通じてその発行会社への経営参加をねらう支配証券の性格をもっている」と述べる。また、流通株についても黄孝春は「個人投資家や機関投資家などは株式市場で流通株の売買に参加できるが、その目的はもっぱらキャピタル・ゲインの獲得にある。流通株の取得によって会社の支配権を獲得する、いわゆる会社乗っ取り、企業買収は皆無とはいえないが、非常に少ない。この意味では、流通株は株式保有による利益獲得（配当と売買差益）を目指す利潤証券の性格が強いといえる」と指摘した。このように中国の株式市場における流通株と非流通株の分断は、実は利潤証券と支配証券との分離ともいえる。

中国の独特な株式分類は独特な所有と分配の問題にかかわってくる。非流通株の数は大半を占めて、特に国有株は圧倒的に支配力をもって、一般の株主利益を直接害している。当時社会主義に対する憂慮から導入した株式会社制度は他の国と違い、新たな株式統治形態を生んだ。株式の非流通株と流通株による分類の問題点について、それに否定的観点を持つ中国の学者の指摘を確認してみよう。

① 人為的に株主を２つの利益関係に作り上げ、また両者を対立させた。非流通株と流通株の分離は株式制度、株価を２つに分けてしまった。また、株式所有は法人による所有と自然人による所有になった。

② 上場会社は経営目標を経営管理ではなく、短期的利益に目を向けるようになった。そのため、中国の株式会社は持続的な経営能力が低くなり、法人がよく変わる現象がある。2005年10月までA株を発行した会社1,360のうち、575会社は大株主が変わることによって、会社の名前

第5章 所有構造から見た株式会社の特徴

が変わった。
③ 大株主の株式に対する支配力が強くなり、一般株主の利益を損なう。非流通株と流通株の分離は異なる2つの株価に分かれてしまったため、流通株を持つ側が非流通株を持つ側に従って判断すると、間違って大損につながってしまう。また、大株主が所有の主導権を持って株式の全体をコントロールする可能性が高い。

第2節 「株権分置改革」導入以降の株式会社の所有構造

1 「株権分置改革」

　中国の株式市場における流通株と非流通株という分類は、社会主義を放棄しないで市場経済を目指す漸進的な改革の結果である。1990年代初め頃、当時の中国の政府は次のような3つの憂慮をもって、上海と深圳に2つの証券交易場を立ち上げて、大・中型国有企業の株式会社化に足を踏み切った。それは、①株式発行によって、国有資産が私有化にされるのではないかという憂慮。②株式発行によって、国有資産が流失するのではないかという心配。③株式発行によって、全人民所有制の主導的な存在が揺れるのではないかという憂慮。[10] その結果、上場株式が流通の形態から流通株と非流通株に分類された。これはいわゆる「株権分置」でもある。すなわち、「株権分置」とは、株式を流通株と非流通株の2種類に分類することによって、株式交易市場で2つの株価または2つの所有権形態が現れ、さらにそれに対し中国政府は2つの制度を設けなければならなくなった。[11]

　しかし、当時「株権分置」の問題に対して、異論が提起されることはなかった。なぜかといえば、それは社会主義制度にかかわる大きな問題であって、また国家株と法人株を流通市場で流通させる場合、その規模があまりにも大きいため市場の混乱を起こす可能性があったからである。但し、当時の議論においても、「株権分置」による「転配株」（中国語では"転配股"である）の

問題提議がなされていた。「転配株」とは、新しい株式が発行される場合、非流通株の側は新しい株式の「購入権」を放棄し、流通株主は持ち株の比率にあたる新しい株式の「購入権」を買うと同時に、国家株と法人株の側が放棄した部分も購入した。その結果、大株主の持株率が下がるという問題が生じた。もう1つの問題は、購入後の新しい株式を株式流通市場で流通させてはいけないという決まりがあった。株式の転配は、さらに二回、三回の「転配」が生じ、これが「転々配株」と「再転配株」の問題をもたらした。後に、「証券監督委員会」は非流通株の側に対して、持株の比率にあたる「購入権」を実施するように命じた。中国政府が正式に「株権分置改革」に取り組んだのは1999年からである。「株権分置改革」の経緯は以下のようである。

まず、1999年には「中国嘉陵」と「黔輪胎」という2つの株式会社の国家株の比率を下げる法案が出された。しかし、株価の転落の結果を招き、失敗に終わった。

次に、非流通株と流通株との分類は、会社法における「同一株同一権利、同一株同一価格の原則」は実現できないという批判が高まり、2000年度から国有株の減量保有の執行が始まった。2001年6月には具体的な国家株の減量法案が提起されたが、翌年の4月にはまた失敗に終わった。

また、2005年4月中国証券監督委員会は「上場企業の株権（股権）分置改革の施行における問題に関する通達」を発表し、非流通株主から流通株主に対する補償と非流通株式を流通市場で流通させるという2つの政策を打ち出した。その結果、2005年5月には「清華同方」、「三一重工」、「紫江企業」、「金牛能源」という4つの会社からはじまった試行が、2006年8月には全国1,300上場株式会社のうち90％以上が「株権分置」改革に応じて、非流通株の減量を成功させた。

「株権分置改革」は、主に非流通株を流通株に転換させることを内容とする改革であった。注目すべきことは、非流通株を市場で流通させる場合、株価の転落によって流通株主の利益が損なわれる可能性があるということである。これを防ぐために、当時の各株式会社は「対価支払」という方式で、流

通株主に対して損失を補償することを行った。しかし、この「対価支払」というのも、同一の方法ではなく、各株式会社によって次のように様々な方法が採用された。①「株式による補償」（送股）、②「現金による補償」（派現）、③「総株数の削減」（縮股）、④「新しい株式の購入権による補償」（贈送権証）、⑤「株価と経営業績による株式の原価保障」（股価及経営業績承諾）。

その中で、多くの株式会社は「株式による補償」を採用した。実際には、「株式による補償」には「存量」と「増量」という2つの方法がある。「存量」とは株式の総額を維持しながら、非流通株主が一部の株式を流通株主に譲る方法である。例えば、「宝鋼股份」がこの方法を採用し、この会社の非流通株主の側が流通株主に対し、1株（流通株主が持ち分）に0.22株（流通株主がもらった分）を譲った。「増量」とは、株式会社が全体株式の数を増やす方法である。そして、非流通株主は非流通株の増量分を流通株主に与える。例えば、「民生銀行」がこの方法を採用したが、それは10株（旧）を11.55株（新株）に増量させる方法であった。この場合、非流通株主が持ち株の総額は変わらないが、持ち株の比率は減ることになる。[12]

2 「株権分置改革」後の株式所有構造

以上のように、各株式会社は自主的に方法を選択して「株権分置改革」を行った。その後、各株式会社の年度報告における株主の構成には国家株という項目がなくなった。その代りに、大株主の欄にはいくつかの会社の名前が入っている。しかし、それらはいずれも国家を大株主とする株式会社である。表5－4は、2008年、上場会社上位100社における第1位から第3位までの大株主の所有制の状況を表わしたものである。表で示したよ

表5－4　上位100社の三大株主の所有制の状況

（会社数）

	国有	民営	外資	自然人
第一の大株主	85	10	4	1
第二の大株主	42	38	17	3
第三の大株主	29	42	26	3

（出所）仲継銀（2009），378頁。

表 5 − 5　第一大株主の所有制の状況（会社数）

	政府機関	製造業	保険会社	他の機関	自然人	合　計
国　有	11	71	1	2		85
民　営		10				10
外　資		2	1	1		4
自然人					1	1
合　計	11	83	2	3	1	100

（出所）仲継銀（2009），379頁。

うに、2008年、上場会社上位100社のうち85社は第1位の大株主が国有の形態である。さらに、第2位の大株主と第3位の大株主が国有の形態をとるものも、それぞれ100社のうち42社と29社になっている。

このように、国家が様々な形をとって大株主になっている。例えば、政府機関、製造業、銀行、証券会社、保険会社、投資基金などである。第1の大株主の場合、表5−5のように製造業が一番多く85社のうち71社である。次に多いのが政府機関であって、100社のうち11社になっている。[13]

以上のように、株式会社制度を導入して以降、中国では株式の流通の形態から株式を流通株と非流通株に分類した。この独特な分類方法によって、国家株と法人株が非流通株式に分類され、しかもその規模が大きいため一般株主の利益を損なう問題までもたらしている。この問題を解決するために、中国の政府は「株権分置改革」に踏み切った。それの以降、国家株と法人株が上場市場において流通するようになった。確かに、形式的に国家株が法人会社による所有になったが、事実上国家の主導的存在があまり変わらなかった。

3　国家株の株主主体からの分類

第3章で述べたように、計画経済時代、国営企業を管理するために、中央政府の下には総じて①総合経済管理部門、②専業管理部門、③企業主管部門という3つの部門が設けられていた。さらに、その下には細分化された諸部

門が成り立っていた。例えば、資産を管理する財政部、投資を管理する国家計画委員会、経営を管理する経済貿易委員会、人事を決定する企業工作委員会などである。株式会社制度を導入して以降、中国政府は大株主として企業を管理する機関を設立しなかった。ただ、1988年に、国家財産に対して管理と監視をするために、設立された国有資産管理局が国有企業に対して資本と財産の確認を行った。それ以外の権力の実施に関しては、株式所有において国家株が主導的存在であることと対照的に、株式会社に対する支配はいくつかの政府の部門によって分散的に行われた。1989年には、国有資産管理局を財政部に帰属させ、企業工作委員会と経済貿易委員会などを撤去する動きがあった。しかし、当時の大・中型国有企業には、まだ株式会社制度が導入されてないため、国有資産管理局が国家株の管理機関として位置づけられることはなかった。

　上で述べたように、中国の株式の所有構造は国家株が大半を占めて、議論の中心も国家株に集中している。中国では、人民全体が国家株の最終的所有権を有していると指摘されている。この国家株の所有の主体から、国有企業は次の4つに分類される。つまり、それは「中央部委員会」に所属する国有企業、「中央直属」に所属する国有企業、「地方政府部門」に所属する国有企業、「地方所属国有企業」である。以下では、2006年上海証券取引所に登録された会社の例をあげて説明する。

　「中央部委員会」に所属する国有企業とは、国務院の下に置かれている各部に所属する国有企業である。例えば、農業部、鉄道部、水力部などである。（日本の省庁に当たる。）このような上場した会社は38社であって、上海証券取引所で上場した株式会社総数の4.57％を占めている。

　「中央直属」とは国務院のもとでの国有資産管理委員会によって、管理されている株式会社である。会社の総数は166社であるが、上海証券取引所で上場した会社数は129社であって、15.52％を占めている。

　「地方政府部門」に所属する国有企業とは、地方政府の行政部門（例えば、財政局）、地方の国有資産管理局、地方の政府などの許可を得て国有資産を

表 5 − 6　国有株の持主（主体からの分類）

	中央部委員会	中央直属	地方政府部門	地方所属国有企業
会　社　数	38	129	152	268
総数に占める割合（％）	4.57	15.52	18.29	32.25

（出所）『中国公司治理報告（2006年）』, 30頁により作成。

運営する株式会社をいう。このような会社は152社で、総数の18.29％を占めている。

　「地方所属国有企業」とは、地方政府、あるいは地方の国有資産監督管理委員会が大株主になっている株式会社である。このケースが一番多く、株式会社総数の3分の1を占めている。

　これらの企業は機械、石油、化学、金属、鉱石、情報通信、薬品、貿易などあらゆる産業と関わりがある。

　2002年11月には16回中国共産党大会が開かれ、国有資産における問題の解決案として「三層管理」様式が提起されるようになった。具体的には次のようである。

　まず、中央政府が国有資産管理局を設立すると同時に、省、自治区、市、県のレベルでも国有資産管理部門とオフィスを設立する。これが第一層となる「国有資産管理機構」である。

　次に、第二層管理機構として、「中間層会社」（中間層公司）を設立する。これによって、国家は国有株式会社における大株主の不在、インサイダー・コントロール、過剰投資、国有資産の流失などの問題解決を目指す。

　最後に、第三層管理機構として、国有企業が主に経営に専念する。そのために、人事と資産の管理を統一する必要がある。

　特に、現在は「中央企業」と呼ばれているものが注目を浴びている。「中央企業」には、上で述べた「中央部委員会」に所属する国有企業、また「中央直属」に所属する国有企業が含まれるが、区別もある。多くの「中央企業」

第5章　所有構造から見た株式会社の特徴

は、「集団公司」と名乗っており、法律上「国有独資企業」として登録されたものが多い。また、「中央企業」とは、企業集団の中での親会社のことであって、その傘下には上場会社を含む多くの子会社が存在する。

それに対して、「中央部委員会」または「中央直属」に所属する国有企業というのは、株式市場で上場した国有企業のことである。両者の中には企業集団のなかでの親会社もあれば、上場した子会社もある。また、「中央企業」のすべての株式が国によって所有されている。例えば、上で挙げた「宝鋼集団」の親会社である「宝安集団有限会社」（宝安集団有限公司）は、すべての資産が「国有資産監督管理委員会」に属し、その監督または管理を受けている。以下では、「中央企業」の発展の経緯から「中央企業」に対する理解を深めよう。

「中央企業」の歴史は、1952年の「第一次五カ年計画」の時期に遡ることができる。当時、中国では工業を建設する際、ソ連から156項目の建設の援助を受けた。しかし、これらの156項目の建設は、大量の資金と技術を必要とするため、中央政府の統一管理のもとで行われねばならなかった。そして、「第一次五カ年計画」の最終の年である1957年までに、中国の政府は9,300の「中央企業」を設立した。これは、当時全国の国有企業数58,000のうち16％を占めるものであって、「中央企業」による工業生産額は国有企業の総生産額のほぼ半分を占めるものであった。1965年になると、「中央企業」の数が10,533社までに増えた。しかし、1970年の3月、中国の政府は、極少ない大型企業を除いて、ほとんどの企業を地方政府の管理下に属させた。

「中央企業」の概念が正式に提起されたのは、2002年11月の中国の共産党16期大会であった。この大会により、中国政府は、国有資産に対する監督・管理の体制が「国家が統一所有・地方分級管理」から「国家が統一所有し、中央政府と地方政府が出資者の責任を果たす」という資産の管理体制に切りかえ、2003年3月には、国有資産の管理機関となる「国有資産監督管理委員会」を設立した。そして、「中央企業」を次のように定義した。「『中央企業』とは、国務院の国有資産監督管理委員会の監督または管理のもとに置かれて

いる中央所属の企業（金融類の企業は含まない）のことである」[16]。

　2003年、「国務院の国有資産監督資産管理委員会」の設立と共に公布された「中央企業」が196社であった。それの以降、「中央企業」の間の合併やM&Aなどによって調整を行い、2011年6月現在の時点で120社（付表1）までに縮減された。今後、中国の政府は、さらに会社数を80～100社までに縮減する計画がある。

　以上のように、株式会社制度が導入された最初の段階において、株式会社の所有構造は所有の主体から国家株、法人株、個人株、外資株などの4種類に分類されたものであった。その中で、注目すべきことは、株式が流通の形態から流通株と非流通株に分類されたことである。この非流通株には国家株と法人株が当てられた。しかも、1992年から2004年まで国家株と法人株が株式の全体に占める割合は60％以上という高い割合を保っていたのである。上場株式の流通株と非流通株の分類によって、株式交易市場で2つの株価または2つの所有権形態が現れ、それに対して中国政府は2つの制度を設けなければならなくなった。この問題はいわゆる「株権分置」というものである。その後、中国政府は「株権分置」の改革を行った。しかし、結局、それは国家の管理下に置かれている政府機関、産業会社、保険会社などの法人に株式を持たせた改革であって、株式所有構造における国家の中心的な存在はあまり変わらなかった。特に、中央企業においては依然として国家がすべての株式を所有する構造になっている。

　株式の法人所有と言えば、それが米・日・独の株式所有構造における共通の特徴でもある。また、どの国においても諸法人の中には、必ずコーポレート・ガバナンスの特徴と言えるほどの中心的な役割を果たすものがいる。例えば、アメリカでは諸法人の中で機関投資家が中心的な役割を果たしていたのに対して、日本においてはメインバンクがその役割を果たしていた。ドイツにおいては株式の諸法人所有者の中でユニバーサル・バンクが目立っている。他の国と同じく、「株権分置」改革後の中国においては株式所有構造の中で法人所有のほうが個人所有より多くなった。一方の米日独のコーポレー

第 5 章　所有構造から見た株式会社の特徴

ト・ガバナンスにおいては銀行や機関投資家の役割が重要されている。他方の中国のコーポレート・ガバナンスにおいては、誰が中心的な役割を果すことになるのか。その答えを探るために、次の章より、日・米・独における銀行や機関投資家の役割の視点から、中国の銀行や機関投資家が国有企業のコーポレート・ガバナンスとどう関係するかを検討する。

注
1）黄孝春（2006),41頁。
2）2000年までの数字は中国証券監督管理委員会の公式サイト（以下）によるものを修正したのである。2002年と2004年の数字は著者が両年度の数字を調べて作成したものである。
　　http://www.csrc.gov.cn/n575458/n4239016/n4239073/n8876669/n8876886/8906749.html（2008年12月12日、参照。）
3）黄孝春（2006),51頁。
4）黄孝春（2006),51頁。
5）表（3、4）中国証券監督委員会の公式サイト（以下）のデータにより作成。
　　http://www.csrc.gov.cn/n575458/n4239016/n4239073/n4847325/n4847416/n4984887.files/n4984886.pdf（2008年12月12日、参照）
　　http://www.csrc.gov.cn/n575458/n4239016/n4239073/n4847325/n4847416/n4984973.files/n4984972.pdf（2008年12月12日、参照）
6）QFIIは中国の証券管理委員会の許可を受けている国外の機関投資家を指す。
7）黄孝春（2006),38頁。
8）黄孝春（2006),38頁。
9）以下の三点は傅子恒（2006),5-11頁を参照。
10）傅子恒（2006),3頁を参照。
11）これを中国語で「不同股、不同価、不同権」と呼んでいる。
12）傅子恒（2006),41-42頁を参照。
13）仲継銀（2009),378-379頁を参照。
14）張卓元・鄭海航（2008),185頁を参照。
15）これに対し、中央政府と地方政府の共同管理体制をとっていた。さらに、この中には、地方政府が管理の主体になる企業と中央政府が管理の主体になる企業、という二つの企業の管理形態がある。

16）これは中国語「中央企业就是指国务院国有资产监督管理委员会（简称国务院国资委）监管的中央所属企业（不含金融类企业）」を日本語訳したものである。

第6章　中国の国有銀行の役割

　第2章で述べたように、戦後日本の財閥が解体されて以降、中小企業間の系列化、旧財閥系の大企業間の結合関係としての株式の「相互持合い」が始まった。その中でメインバンクが重要な役割を果たした。一方、ドイツは日本と同じく株式所有構造のなかで、投資信託、企業、政府、銀行、保険会社、外国人など法人による株式の所有が目立っている。そして、法人所有者の中で、注目すべきことは銀行の存在である。銀行は企業のコーポレート・ガバナンスにおいて積極的な存在である。

　メインバンクになる銀行は、企業にとって長期融資の提供者である同時に、企業の安定株主でもある。また、銀行から一方的な役員派遣が行われている。つまり、銀行は、①主要な債権者、②主要な株主、③人的交流という3つの条件[1]が備えることによってメインバンクになるのである。

　ドイツでは「ユニバーサル・バンキング」という銀行制度が設けられている。ユニバーサル・バンクは預金、貸付、振替など銀行の一般業務を行う一方、投資業務や証券業務にも携わっている。そのため、ドイツではアメリカや日本のように証券会社が存在しない。

　この章では、中国の国有企業におけるコーポレート・ガバナンスのあり方を探るにあたって、金融改革や国有銀行の発展経緯をみる。そのうえで、現時点の国有銀行は、政府との関係にしてもまたは国有企業との関係にしても、いかに日本やドイツのような銀行からのガバナンスが不可能であることを検討する。

第1節　中国の金融改革と銀行

　中国の金融改革の段階を次の3つに分けることができる。①専業銀行の形成。②専業銀行の商業銀行化。③商業銀行の株式会社化である。

1　専業銀行の形成

　1978年の改革開放の政策を導入する前まで、中国では中国人民銀行を唯一の国家銀行とする単一の銀行体制であったため、中央銀行、政策銀行、商業銀行などの職能が中国人民銀行によって担われた。しかし、当時の中国人民銀行は、国家財政の出納機関として機能し、具体的な預金と融資業務を扱ったものの、企業に対する融資の権限は「非定額流動資金」のみであった。1979年より中国の政府は、中国人民銀行から相次いで中国農業銀行、中国銀行、中国工商銀行、中国人民建設銀行の4つの銀行を分離させ、それぞれ違う業務を与えた。①農業銀行には農村金融業務。②中国銀行には外国為替を取り扱う業務。③中国工商銀行には商業と工業に対する貸付業務。④中国人民建設銀行には固定資産の貸し付け業務である。そして、4つの銀行は設立した当時から、国務院に所属し、「専業銀行」と命名された。

　このような動きは、やはり国家の財政による「統一収入・統一支出」政策から金融機関による「撥改貸」（ボー・ガイ・ダイ）政策への切りかえにかかわりがある。従来の企業資金は、固定資産投資と流動資金（定額流動資金）があって、すべてが財政によって無償でまかなわれた。但し、企業の臨時性運用資金（非定額流動資金）の貸出だけが、短期融資の形で中国人民銀行によって行われた。後に、中国の政府は、固定資産投資と流動資金に対する財政からの無償充当政策を改めて、銀行による貸付政策（撥改貸）に転換した。

　各銀行が設立された時期には、次のような改革が行われた。まず、1979年に中国は農村における経済体制改革、いわゆる農村「経営請負」を実施した。その時に、中国農業銀行が設立された。中国銀行もその時に設立され、対外

第6章　中国の国有銀行の役割

改革開放政策と足並みをそろえるものであった。また、1983年に中国工商銀行が設立されたことも、1984年の国有企業の改革と同調するものである。最後に、1985年、中国政府は国家予算内の基本建設投資のすべてを無償充当金から貸付金にかえることを決めて、中国人民建設銀行を設立した。

　4つの「専業銀行」の設立を通じて、中国の政府は次のように中央銀行と専業銀行の枠をわけた。1つは、中国人民銀行の中央銀行化である。1983年9月国務院は「中国人民銀行が中央銀行の職能を専門的に行使に関する決定」（原文「关于中国人民銀行專門行使中央銀行職能的決定」）を発布し、中国人民銀行を中央銀行として位置付けた。もう1つは、専業銀行の経営の企業化である。1985年には、銀行の間に業務の交差、「銀行が企業を選ぶことができる、また企業が銀行を選ぶことができる」（原文「銀行可以選擇企業、企業可以選擇銀行」）という政策を打ち出し、4つの専業銀行の間の競争体制を作った。また、1985年には、銀行資金に対する管理体制を従来の「差額請負」（各支店が本店審査済みの預金と貸付の差額の範囲で請負使用できる）から「統一計画、画分資金、実貸実存、相互融通」（統一計画のもとで資金枠を決め、預金と貸付の実需に対応して相互に融通できる）の管理方法に改めた。このようにして、専業銀行に一定の自主権を与えた。

　この時期に注目すべきことは、株式制銀行の出現と他の金融機関の発展によって銀行間の競争がさらに高まったことである。1986年7月に国務院の指示によって設立された交通銀行をはじめ、1993年までの間に中信実業銀行、招商銀行、煙台住房貯蓄銀行（恒豊銀行）、深圳発展銀行、広東発展銀行、福建興業銀行、中国光大銀行、華夏銀行、上海浦東発展銀行という10の株式制銀行が設立された。それ以外にも、城市信用社、農村信用社、郵政貯蓄などが設立された。さらにこれらの金融機関の規模が全国的に広がるにつれて、4つの専業銀行との競争体制ができあがった。

2　専業銀行の商業銀行化

　中国では、中国人民銀行と4つの専業銀行を中心とした銀行システムを作

った後、1993年より専業銀行の商業化に取り組んだ。その原因は、中国人民銀行と4つの専業銀行という銀行システムに次のような問題があったからである。

（1）中国人民銀行は中央銀行としての職能を発揮することができなかった。1986年の「中華人民共和国銀行管理条例」は、中国人民銀行の金融活動に「経済の発展」と「通貨の安定」という2つの目標を与えた。しかし、事実上中国人民銀行の金融活動が経済成長を重視したあまり、インフレと経済の変動を引き起こし、通貨の安定にはあまり効果がなかった。当時、中国人民銀行は、本店と支店（行政区域による設置）の間に「両級マクロ調節」を実施したため、地方政府からの影響を受けやすく、通貨政策の統一性がなかった。また、中国人民銀行の各支店では、利潤留保のメカニズムが働き、支店における営利性企業の過剰設置や過剰融資という傾向が強かった。このようにして、中国人民銀行は組織構造や財務制度に合理性が欠けていたため、通貨の安定に有効ではなかった。

（2）専業銀行は政策性金融業務と商業性金融業務を分離することができなかった。専業銀行は行政的制約を受けたため、商業銀行としての経営の自主権がなく、政策性業務を行うことになったのである。政策性の金融業務には、資金の保証が欠けており、常にリスクと欠損が伴うものであった。また、専業銀行の貸付金額が中国人民銀行によって制限されていたため、市場の需要量を満たすことができなかった。

1993年中国共産党第14期3中全国代表大会は「社会主義市場経済体制樹立の若干の問題に関する中共中央の決定」（原文「中共中央关于樹立社会主義市場経済体制若干問題的決定」）を発布し、銀行体系の改革と金融市場の発展を内容とする金融体制改革案を提起した。さらに、国務院は同年に「金融体制改革に関する国務院の決定」（原文「国務院关于金融体制改革的決定」）において2つのことを目指した。1つは、中国人民銀行を真の意味での中央銀行に改造することで、もう1つは、4つの専業銀行を「国有独資商業銀行」（これを簡略し国有商業銀行あるいは国有銀行と呼ぶ場合がある）に転換することであった。

具体的な措置は以下のようなものである。

　まず、中国人民銀行を、貨幣価値の間接調節を重視したものと、貨幣政策を従来の本店と支店という多級の調節から本店による1級の調節に改めた。1995年に「中国人民銀行法」が発布され、通貨価値の安定を前提とする経済発展を中国人民銀行の目指す目標に定めた。1998年には、中国人民銀行の支店構造を従来の31の省級支店構造から9つの中心都市の大区支店の構造に転換し、国有商業銀行に対する貸付規模の制限を廃止した。

　次に、1993年国務院が発布した「金融体制改革に関する国務院の決定」（原文「国务院关于金融体制改革的决定」）において、政策性金融と商業性金融の分離、また国有商業銀行を中心とする多種金融機関の併存を内容とする金融システムの構築が提案された。このような提案のもとで、1994年には国家開発銀行、中国進出銀行、中国農業発展銀行という3つの政策制銀行が設立され、4つの専業銀行から政策性金融の業務を引き受けるようになった。また、3つの政策性銀行には商業銀行と競争してはいけないという原則を与えた。1995年に実施された「中華人民共和国商業銀行法」において、これらの4つの専業銀行を国有独資商業銀行と定めることになった。そして、1998年1月には中国人民銀行によって、国有商業銀行の貸付規模の制限を廃止し、「計画による指導、自らのバランスの追求、比率による管理、間接的な調整とコントロール」（原文「计画指导，自求平衡，比例管理，間接调控」）という管理制度を実施したのである。また、国有商業銀行に対し独立の法人権を与え、「法人」単位で資産負債の比率による管理を実施するように命じた。これらの措置によって、国有銀行は商業化経営の第一歩を踏みだした。

　最後に、上記で述べた10の株式制銀行の他、さらに中国民生銀行、浙商銀行、渤海銀行、蘇州銀行、平安銀行が増設され、現在は14の中小株式制銀行の体制になっている。これらの株式制銀行を増設した目的は、多様な資金供給源により市場経済における資金需要を満たし、また国有商業銀行に競争の環境を作ることであった。

3　国有銀行の株式会社化

4つの専業銀行の商業化に続き、2003年から2005年にかけて、中国政府は、「中央匯金公司」を通じて中国銀行、中国建設銀行、中国工商銀行に対し600億ドルの資本金を注入して、3つの銀行を株式会社制銀行に改めた[2]。この改革が行われた要因には、国有商業銀行の内部の問題と外部環境の変化という2つがあった。

1）銀行の内部の問題

1993年の専業銀行の商業化による最大の変化は、国有銀行の貸出規模の縮小にある。専業銀行が国有商業銀行に転換する際、中国人民銀行は国有商業銀行に対して、経営の自主権を与えたと同時に、国有商業銀行が資産と負債の比率に基づく自律的な経営をするように要求した。その結果、国有銀行の貸出額が金融機関全体の貸出額の中に占める割合が、1992年までほぼ90％であったものが1996年には75％まで下がった。しかし、このような措置は、当時インフレの抑制には効果があったものの、国有商業銀行における資産と負債の問題に対して有効な解決策ではなかった。当時の国有商業銀行は、低い資本金充足率と高い不良債権の問題を抱えていた。これを解決するために、後に中国政府は資本金の注入と不良債権の削減という2つの措置を取るようになる。具体的には、1998年11月に財政部が2,700億元の特別国債を発行し、4つの国有商業銀行に資本金を注入した。1999年には国務院の指導のもとで信達、華融、長城、東方の4つの資産管理会社（AMC）が設立され、4つの国有商業銀行と国家開発銀行から1兆3,939億元の不良債権を受け継いだ。

注目すべきことは、1998年の資本金の注入措置が8％の資本金充足率を目指したものであったことである。しかし、後の研究によれば、当時の資本金充足の算出方法には誤りがあって、また同年の不良債権の増加があまりにも多かったため、四つの銀行における資本金充足率は6.87％までしか達してなかった[3]。その後4行における不良債権は増え続け、2002年にはAMCによっ

第6章　中国の国有銀行の役割

表6－1　国有商業銀行資産充足率と不良債権率（2000～2003）

項目	資本充足率（％）				不良債権率（％）			
年度	2000	2001	2002	2003	2000	2001	2002	2003
工商銀行	5.5	6.1	5.8	－8.8	29.4	25.8	22.5	21.7
農業銀行	0.4	－4.8	－4.8	－19.6	39.8	35.1	30.4	30.4
中国銀行	9.8	8.9	8.7	5.4	28.2	24.2	18.8	18.8
建設銀行	4.4	8.3	7	6.7	18.1	14.9	11.9	11.9

（出所）何平・殷小斌（2010），52頁。

て接収された金額を上回って、1兆7,000億元までに達した。表6－1は、2000年から2003年までの4つの国有商業銀行の資本充足率と不良債権率を表わしたものである。資本充足率に関しては、2000年から2002年までの中国銀行、2001年の建設銀行以外にどれもが8％に達していない。工商銀行と農業銀行の充足率はマイナスになる時期もあった。4つの銀行の不良債権率を見ると、どの時期においても10％を超えている[4]。

以上のように、資産と負債の比率からコントロールしようとする措置では、中国の国有商業銀行における問題の処方箋にはならなかったのである。

2）外部環境の変化

　国有商業銀行をめぐる外部環境の変化には、1997年のアジア金融危機、2001年の中国のWTOへの加入、また中国における中・小商業銀行と都市銀行の発達をあげることができる。

　まず、1997年アジア金融危機を契機をとして同年11月に国務院の朱鎔基総理は、中国の国有企業が3年以内に困難を克服するように指示した。それに応じて、中国政府は2000年までの3年の間に、重要とされる国有企業520社のうち430社を株式制企業に転換させた。しかもそれは、ただ国有企業に株式制度を導入するだけではなく、政府に属する財政部、保険会社、金融機関などの国力をあげた改革であった。1998年度には4つの商業銀行の貸出のう

ち、ほぼ75%が国有企業に流れていた。[5]

　また、中国政府は2001年のWTO加盟にあたって、2006年までの金融機関の全面的な開放を約束した。つまり、それは中国が、WTOに加盟してから5年以内に外資系銀行を含む非国有銀行の参入に対する制限を緩和することを意味した。これを契機に、国有商業銀行は新しい金融環境に適応するためにも、外資系銀行やそれまでに発展してきた株式制銀行のノウハウを取り入れることを積極的に求められるようになった。

　最後に、1990年代末まで中国における金融改革には、人民銀行と国有商業銀行に対する改革だけではなく、株式制銀行、都市の信用組合、農村の信用組合などの改革が含まれている。当時、上記に述べたような14行の株式制銀行、また都市部における信用組合の中から100以上の都市銀行が設立された。このような変化が、国有商業銀行の株式会社化に刺激を与えたのである。[6]

4　株式会社化への措置

　以上のように、国有商業銀行の資本と負債の問題を解決するためにも、新しい金融環境に適応するためにも、中国においては国有商業銀行に株式会社制度を導入することが必要になった。

　2002年に開かれた「全国金融工作会議」において、国有商業銀行を株式制銀行に改める決議がなされ、2003年には、「国有商業銀行を株式制銀行に改めるための指導組織」(原文「国有独資商業銀行股份制領導小組」) が作られた。改める目標は「管理体制の改革、ガバナンス構造の改善、経営機構と制度の転換、効率進歩の促進」(原文「改革管理体制，改善治理結構，転換経営机制，促進績效進步」) と規定された。すなわち、それは、資本、管理、運営、サービス、効率などのすべてにおいて、他の国々の銀行と競争することができる株式制商業銀行を目指すものである。したがって、中国政府は、①財務の再建、②ガバナンスの改革、③株式市場での上場という3つの具体的な措置をとった。

第6章　中国の国有銀行の役割

1) 資本金の再建

　4つの国有商業銀行が株式会社制銀行に転換するための最大の問題は資本金の不足と不良債権の問題である。まず、資本金の不足を解決するために、中国政府は、2003年12月6日に「中央匯金投資有限会社」を設立し、当該会社を通じて450億ドルの資金を中国銀行と中国建設銀行に注入した。次に、両銀行は、資本金、資本準備金、同年の利潤をもって、4,070億元の不良債権を処理したうえで、今後不良債権になる恐れがある債権2,790億ドルをAMCに移譲した。2005年には中国工商銀行が150億ドルの資本金注入によって、株式制銀行に転換された。この措置によって、三つの銀行の資本充足率が銀行監督管理委員会によって定められた8％に達したとされている。

2) ガバナンスの改革

　国有商業銀行の株式制改革の一貫として、中国銀行業監督管理委員会は「国有商業銀行のガバナンス及びそれと関連する監督と管理の指引」(原文「国有商業銀行公司治理及相関監管指引」)を発布し、株式制銀行が次のような内容でガバナンス改革を行うように要求した。[7][8]

① 株主総会、取締役会、監査役会などを設置し、高級管理層に対して経営目標の授権と経営責任の追及ができる制度を作る。
② 厳密な選択を通じて、国内外の協力的な投資家を受け入れ、迅速に経営管理とサービスのレベルを高める。
③ 明確な発展戦略を設定し、銀行価値の最大化を実現する。
④ 科学的な政策決定システム、内部コントロールの構造とリスク管理体制を確立する。
⑤ 機関の水平化と業務の垂直化の管理を実行する。
⑥ 人材の市場化管理と有効なインセンティブ制約構造を作る。
⑦ 慎重な会計政策、厳格な標準、財務管理の強化、厳格な会計公開制度などを実施する。
⑧ 情報技術の構築を強化し、全面的に総合管理、サービスの質をあげる。

⑨ 金融の人材受け入れ戦略を実行し、また総合改革における思想工作と世論の案内工作を高度に重視する。
⑩ 仲介機関としての優位性を充分に発揮し、金融再建と上場のプロセスを科学的かつ着実的におし進める。

3）株式市場での上場

現在は、中国交通銀行を含む五つの国有商業銀行のすべてが国内市場（A株）と香港市場（H株）での株式の発行を実現している。

表6-2で示したように、2005年10月、中国建設銀行は香港の株式市場で304.59億のH株を発行した。その後の2007年9月には中国の国内で90億のA株を発行した。中国銀行は、2006年6月に294.04億のH株を発行したあと、同年の7月に64.94億のA株を発行した。中国工商銀行は2006年10月に149.5億のA株と407億のH株を同時に発行し、株式の上場を実現した。中国農業銀行は、2010年7月にA株とH株を同時に上場させた。

表6-2　五大国有商業銀行の上場株式の発行状況

銀行の名称	株式の種類	発行時期	総発行数	発行価格
中国建設銀行	H株	2005.10	304.59（HK$）	2.35（HK$）
	A株	2007.09	90（元）	6.45（元）
中国銀行	H株	2006.06	294.04（HK$）	2.95（HK$）
	A株	2006.07	64.94（元）	3.08（元）
中国工商銀行	H株	2006.10	407（HK$）	3.07（HK$）
	A株		149.5（元）	3.12（元）
中国農業銀行	H株	2010.07	254.11（HK$）	3.2（HK$）
	A株		225.7（元）	2.68（元）
中国交通銀行	H株	2005.06	67.34（HK$）	2.5（HK$）
	A株	2007.05	31.90（元）	7.9（元）

（出所）各銀行のWebサイトより作成。

第2節　銀行の国有企業に対する役割

　上の検討で明らかになったように、中国では経済改革に伴い、旧中国人民銀行から4つの専業銀行を分離させた。そして、4つの専業銀行を国有商業銀行に改組して以降、資本充足率の不足や不良債権の問題が表面化し、その対応措置として改革の方向を株式制銀行化に切りかえた。以下では、中国の国有企業と銀行間の関係の解明を通じて、国有企業のコーポレート・ガバナンスにおける銀行の役割を位置づける。

　現在、中国の国有企業の改革は、株式会社制度の導入の段階に至っている。中国の政府が国有企業に株式制度を導入したのは、諸外国のコーポレート・ガバナンスの経験を学び、国有企業の経営状況を改善しようとする目的であった。しかし、中国の銀行システムに問題があって、国有企業に対して一体どのようなガバナンスを行えるのだろうかが大きな問題として残されている。

　普通、企業の資金調達の方法には、銀行からの融資、企業債券の発行、株式の発行という3つを挙げることができる。1978年まで、中国の国有企業の資金は、固定資金、流動資金、専用資金という三つの資金によって構成されていて、企業の資金調達の源泉はほとんどが国家資金（財政資金）からであった。しかし、1979年には中国の財政の支出政策が「統一支出」という方式から「撥改貸」という方式に変わった。すなわち、企業資金の使用効果を高めるために、国家財政による無償的支出から金融機関による有償的貸付に政策が変わった。また、財政部の代わりに金融機関が企業の流動資金（流動資産の購入や短期借入金の返済に充てる資金）を監視するようになった。「撥改貸」政策は1989年まで続けられるが、それまでの4つの国有専業銀行が国有企業の貸出金に対して自主権がなく、ほとんどの融資は政府の指導のもとで行われた。1990年代から各銀行は国有企業に対し担保付貸付を通じて、貸し出しの条件を厳しくした。しかし、銀行側は融資の返済能力がない国有企業に対して、破産の手続きを行う代わりに、再融資の措置を取っていたため、銀行

の不良債権が増え、国有企業も銀行融資により頼るようになった。企業債券は、1980年代からあったものの、中国の政府からあまり重視されず、ただ地方政府やある部門の補充措置として採用される場合が多かった。故に、中国の国有企業における資金調達の手段が銀行からの融資と株式の発行が中心になっている。中国における株式制企業の発展は、1980年代後半からであって、正式に大・中型国有企業に株式会社制度を導入したのは1992年からである。1993年から2004年の証券市場での各債券・各株式の発行状況と融資額を見る場合、間接金融が直接金融を上回っている。表6-3で示したように、2004年の株式の発行額が1,510億元であるのに対し、銀行の貸出額は18,367.26億元に達している。

このように、中国では直接金融より間接金融の方が多いため、銀行が企業に対してガバナンスをしやすいのではないかと思われる。しかし、中国の銀行と企業の関係を論ずるにあたって、政府と銀行の関係を外してはいけない。

表6-3　1993～2004年　中国における企業債券、株式、銀行融資額との比較

年　度	企業債券	株　式	銀行融資額
1993	236	376	6,335.40
1994	162	327	7,216.62
1995	301	150	9,339.82
1996	269	425	10,683.33
1997	255	1294	10,712.47
1998	148	842	11,490.94
1999	158	945	10,846.36
2000	77	2103	13,346.61
2001	147	1252	12,439.41
2002	325	962	18,979.20
2003	358	1357	27,702.30
2004	327	1510	18,367.26

（出所）『2005中国証券期貨統計年鑑』により作成。

なぜかというと、中国国有企業改革や金融改革のすべてが政府の指導の下で行われ、両者の債権関係にも政府が絡んでいるからである。

1　政府と銀行の関係

　では、金融市場において間接金融が直接金融を上回っていることが何を意味するのか。中国では、政府、銀行、国有企業の三者関係を「三位一体」と考えている。そして、国有企業改革や金融改革を含むすべての経済改革が政府の指導の下で行われた。特に、国有企業の資金調達の面では、株式市場からの資金調達があるものの、銀行からの融資が圧倒的に多い。これは、国家が銀行に対する直接コントロールを通じて、経済全体をコントロールしようとする狙いもあろう。

　中国の国有銀行の商業化及び株式化の改革過程で、残された部分として次の３つを挙げることができる。①国家開発銀行、中国進出銀行、中国農業発展銀行という３つの政策制銀行。②信達、華融、長城、東方という４つの資産管理会社（AMC）。③中央匯金投資有限公司がそれである。

　３つの政策性銀行の成立によって、４つの旧専業銀行が政策性金融業務から脱することができ、専業銀行の商業化への第一歩として評価することができよう。しかし、AMCと中央匯金投資有限公司の場合、銀行と企業の関係を一層複雑にさせた。

　1999年AMCが４つの商業銀行から受けつけた不良債権は１兆3,939億元である。その後の株式制銀行への転換の過程で、AMCは中国銀行と中国建設銀行から2,790億元の不良債権を受けつけることになった。この措置は国有銀行の財務負担の軽減に一定の役割がある。しかし、

表6－4　中央匯金と財政部が四つの商業銀行の株式所有状況

	中央匯金（％）	財政部（％）
中国工商銀行	35.40	35.30
中国農業銀行	40.03	39.21
中国建設銀行	57.03	0
中　国　銀　行	67.55	0

（出所）各銀行のWEBサイトより作成。

銀行の不良債権の売却によって、銀行の企業に対するモニタリングが弱まった。また、国有商業銀行の株式制銀行への転換は、いずれも中央匯金投資有限会社による資本金の注入によって実現された。中央匯金投資有限会社は中国の財政部が国債を発行して成立させた会社であるため、国有商業銀行に対する資本金の注入は事実上国家財政による投資金になる。表6－4で示したように、中国工商銀行と中国農業銀行の場合、財政部が両銀行の株式をそれぞれ35.3％と39.21％とを直接に持っている。

　政府と商業銀行の関係を統治構造から見る場合、図6－1のようになる。

図6－1

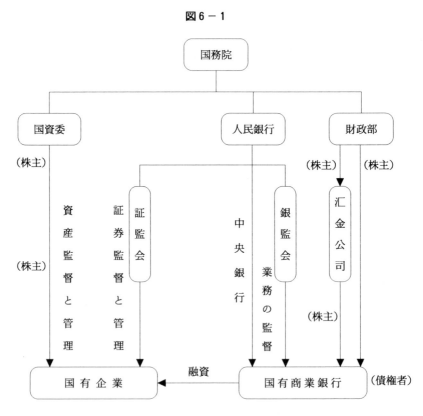

（出所）筆者作成

国務院のもとに、財政部、人民銀行、銀行業監督管理委員会（銀監会）など三つの部門が設置されている。財政部は直接的に銀行の株式を持っているか、中央匯金投資有限公司を通じて、間接的に銀行の株を持っている。商業銀行の業務を監督する部門は、人民銀行の管理のもとにある銀監会である。

2　国有商業銀行と国有企業の関係

　図6－1では、国有商業銀行と国有企業の関係をただ債権者と債務者の関係として示している。しかし、国有商業銀行の国有企業に対する役割を見ようとする場合は、さらに債務の中身を見る必要がある。

　1993年まで、国有企業の資金調達は主に銀行からの融資であった。しかし、1993年から大・中型国有企業における株式会社制度の導入が許され、多くの企業の資金調達が株式市場からの調達が多くなった。その時、株式制企業に転換するために、国有企業は次のような2つの措置をとっていた。1つは、上場会社を含む多くの子会社をつくり、コア資産やコア業務を上場子会社に移動させる措置である。もう1つは、従来銀行から調達していた長期負債を株式市場から調達し、短期負債だけを銀行に依頼するという措置であった。[10]

　このような変化は、中国政府が推し進めた政策に原因がある一方、企業にとっても利便性があったからである。中国政府は1997年から、国有企業の高い負債率の解決策として、株式会社制度の導入と株式市場での株式上場を促進し、国有企業の株式市場での上場のテンポが速くなった。その時、企業側は政府の政策に対応するために、従来は銀行から調達していた長期負債を株式市場から調達し、短期負債だけを銀行に依頼するという措置をとった。また、銀行融資と株式を比較する場合、各企業にとって、株式市場での資金調達のほうが銀行の牽制を受けることがなく、定期期間に利子を払う心配もない。また、会社が株式市場で上場する場合、法人所得税のうち15％が免除される。

　以上のように、株式会社制度の導入は、国有企業の資金調達方法の変化をもたらしたと同時に、銀行と企業の関係も変わった。間接金融が直接金融を

はるかに上回っていることは、企業が大きく銀行に依存していることである。しかし、企業は短期資金だけを銀行に依存して株式市場から長期資金を調達することは、銀行からのガバナンスを避けようとすることであろう。つまり、短期融資の場合、担保融資や信用融資という形で行われ、毎回の融資が長期融資より小額であるため、銀行が企業に対して厳しいモニタリングをしなくても良い。つまり、長期融資より短期融資が多い場合は、銀行が債権者として企業に対するガバナンスが弱まるのであろう。

コーポレート・ガバナンス論の検討にあたって、日本のメインバンクとドイツのユニバーサル・バンクが重要な役割を果たしていることについては言うまでもない。しかし、日本とドイツの経験を中国に応用しようとする場合、中国の銀行がいかにメインバンクやユニバーサル・バンクと違うかを考慮しなければならない。

まず、メインバンクになる条件として、銀行が株式会社の主要な債権者であることは上述の通りである。主要な債権者とは、メインバンクになる銀行が企業にとって長期融資の提供者でなければいけないことである。つまり、メインバンクは、企業に対して持続的に企業経営に関する情報の収集を通じてモニタリングを行う際、モニタリング・コストを収めるために企業の長期の債権者になる。それと違って、中国の銀行は企業にとって長期融資の提供者ではなく短期融資の提供者である。

次に、メインバンクになるもう１つの条件として、銀行は株式会社の主要な株主ではなければならない。日本における株式会社間の関係は株式の「相互持合い」によって結ばれた関係であるが、その中で中心的な役割を果たすのがメインバンクである。それに対して、中国においては、国有企業の間に日本のような株式の「相互持合い」関係もなければ、メインバンクのような銀行もない。ただ、国家が国有企業の主要な株主になっている。

また、メインバンクの３つ目の条件は人的交流である。人的交流とは、日本のメインバンクから企業への一方的な役員派遣という意味である。中国は日本と違って銀行から国有企業への役員派遣がほとんどない。その代わりに、

第 6 章　中国の国有銀行の役割

政府から国有企業への役員派遣が多い。

　さらに、企業の財務状況が困難な場合、メインバンクやユニバーサル・バンクは債権者として債権の回収を最優先にする。それと違って、中国の国有企業が財務困難に落ちた時、いつも政府が救済措置を行ってきた。例えば、中国政府は、計画経済期には「ソフトな予算制約」という政策を通じて財務困難になった企業を救った。また、2000年の初め頃には国有企業の不良債権問題の解決策として、3つの政策性銀行、4つの資産管理会社（AMC）、中央匯金投資有限会社などを設立した。

　最後に、ドイツは「ユニバーサル・バンキング」という銀行制度を設けて、ユニバーサル・バンクの債権者または株主とするガバナンスを保障する。それに対して、中国はまだこのような銀行制度がない。

　以上のように、日本の場合、銀行を含む企業間の関係が「株式の相互持合い」によって結ばれている。ドイツの場合「ユニバーサル・バンキング」という銀行制度によって結ばれることになる。それに対して、中国の場合、銀行と国有企業の関係は政府の強いガバナンスによって結ばれるだけであり、特に銀行を中心とした企業間の株式の持合いもなければ、ドイツのような「ユニバーサル・バンキング」という銀行制度もない。政府の強いガバナンスの下での中国の国有企業の資金調達は、銀行からの間接金融が主導的となる一方、長期金融は株式市場に頼るという脱銀行化の現象を見せることになる。どの国の銀行においても企業の財務状態を事前的に把握できることは共通な特性であろう。しかし、中国の銀行は中国政府の強いガバナンスの下に置かれているため、企業の財務状況を事前的に把握することができるとしても、債権者として債権の回収を最優先することができない。とりわけ、中国政府が強いガバナンスを手放さない限り、日本やドイツのような銀行からのコーポレート・ガバナンを実現することができないのである。

　以上の結果は、日本のメインバンクとドイツのユニバーサル・バンクと比較して、中国の国有銀行からのコーポレート・ガバナンスの可能性を検討したものである。では、アメリカの機関投資家の役割の視点から中国の機関投

資家を見る場合、それによるコーポレート・ガバナンスを実現することができるのか。次の章ではそれを論じる。

注
1）菊澤研宗（2004），115頁を参照。
2）中国農業銀行の株式制銀行の転換は、2009年からである。
3）呉暁灵（2008），88頁を参照。
4）中国の政府は四つの国有商業銀行に対して8％の資本充足率を保つよう要求した。また不良債権率の国際的警戒線は10％である。
5）何平・殷小斌（2010），51頁。
6）呉敬璉（2007），219頁を参照。
7）中国銀行業監督管理委員会とは、2003年4月に設立され銀行業金融機関を監視する機関である。
8）次の内容は呉暁灵（2008），89-93頁を翻訳。
9）匯金は中国語「汇金」の日本語に訳したものである。中国語において「汇金」は送金という意味である。
10）黄格非（2007），135頁。

第7章　機関投資家の役割

第1節　機関投資家

　前記のように、アメリカのコーポレート・ガバナンスは機関投資家の活動によって、株主の利益を重視するコーポレート・ガバナンスである。アメリカの機関投資家は、例えばアメリカの年金基金のように「売り逃げできない投資家」になっているため、「議決権」などの行使を通じて、積極的にコーポレート・ガバナンス活動を行う。では、中国の機関投資家はアメリカの機関投資家のように国有企業のガバナンスに積極的であるのか。

　中国の機関投資は主に証券投資基金、保険会社、QFII（Qualified Foreign Institutional Investors）[1]、全国社会保障基金、企業年金基金などによって構成されている。この節では、5つの機関投資家を紹介する上で、国有企業のガバナンスへの可能性について検討をする。

1　証券投資基金（証券投資信託基金）

　証券投資基金は中国の資本市場において重要な位置を占めていて、株式市場での最大の機関投資家である。2010年まで証券監督管理委員会に登録されている基金管理会社の数は64社になっており、64の基金管理会社が704銘柄の証券投資基金を管理している。投資基金は、主に上海証券取引場と深圳証券取引場で取引されており、2010年の年間取引金額は8,116.02億元である。[2]

　証券投資基金は、1990年代初め頃上海証券取引場と深圳証券取引場の成立とともに、珠信基金（1991年7月）、武漢証券投資基金（1991年10月）、深圳南山風険投資基金（1991年10月）という3つの基金から発足したものである。

1991年から1997年までの間に78の銘柄の証券投資基金が相次いで設立され、それらの基金によって調達された資金は76億元であった。しかし、当時証券投資基金とはいえ、規模が小さく、またそれを規制する政策や法律さえなかった。

　1997年11月に国務院は「証券投資基金暫行弁法」を発布した。当弁法の33条では、基金の80％以上を債券と株式に投資するように規定している。しかし、債券や株式に投資する場合、同一の債券あるいは同一の株式における総市場価額の10％を超えてはならない。国債に投資する場合、投資制限は基金の総資産の20％までになっていた。「証券投資基金暫行弁法」の発布を契機に、南方、国泰、華夏など10の基金管理会社が設立され、10の基金管理会社が従来78銘柄であった証券基金を29銘柄の証券基金にまとめて管理を行った。

　2004年中国政府が発布した「証券投資基金法」につづき、2005年中国人民銀行と中国金融監督管理委員会、中国証券監督管理委員会という3つの政府機関は、連合文書「商業銀行で基金管理会社の設立に関する試行管理方法」を発布し、金融機関が証券投資基金へ参入することを決めた。その政策を受け、工商銀行、交通銀行、建設銀行は、それぞれ「工銀瑞信基金管理会社」、「交銀施羅徳基金管理会社」、「建信基金管理会社」を設立した。また、金融機関の証券投資基金への参入には保険会社からの参入もあった。それ以降、証券投資基金の数が増え続けていて、現在も止まらないほどである。表7－1で示したように2005年から証券投資基金の名柄数が毎年ほぼ100の単位で増えている。

　現在、中国の証券投資基金の構成には次の2つの特徴がある。1つの特徴は証券投資基金の全体資本が少数の投資基金に集中されていること。上位10番目までの証券基金の資本を合わせると、証券投資基金の全体資本の50％以上を占めている。資本規模から見ると、5大証券投資基金の資本がいずれも1,000億元を超えることに対し、小規模証券投資基金の中にはわずか12億元の資本しかなっていないものもある。[3] もう1つの特徴は個人投資家が多いことである。表7－2で示したように、2006年から2009年個人投資家が持って

いる基金の割合が87.07％、80.17％、79.05％になっている。

また、証券投資基金の内部の管理構造においても次のような特徴がある。①「証券投資基金法」では、証券投資基金の株式の10％をもつ株主が株主総会の開催を提案することができるという定めがあるが、事実上その通りに提案権を実施する株主が少なく、その規定はただ形式的になっている。②取締役は任期が短く平均年齢が若い。中国の証券投資基金の取締役の平均任期は1年である。2007年だけで346の投資基金のうち171の投資基金で取締役の更迭が行われた。また、取締役の平均年齢が若く、経営の経験も少ない。③中国では、まだ外部からの管理体制ができていない。つまり、法律と政府の規定を含む外部からの監査制度ができていない。

以上のように、証券投資基金の数が増えることと対照的に、中国では証券投資基金はまだ未成熟である。全体資本が少数の投資基金に集中することは、株式市場では小型投資基金が大型投資基金に従う可能性が高い。故に、投資基金の資金が株式に流れる場合、株価の高騰か下落によって激しく揺るさぶ

表7－1　2002～2010年証券投資基金の名柄数と取引された金額

年度	名柄数	取引された金額
2002	71	11,66.61
2003	110	682.65
2004	161	452.14
2005	218	773.13
2006	301	1,909.68
2007	346	8,620.1
2008	439	5,831.06
2009	557	10,249.59
2010	704	8,116.02

（出所）証券監督管理委員会Webサイト各年度の「統計数据」、『証券市場概況統計表』により作成。
http://www.csrc.gov.cn/pub/newsite/sjtj/zqscyb/
（2011年12月）

表7－2　機関と個人が証券基金を持つ割合　　単位：％

年度	機関	個人
2005	45.77	54.23
2006	28.06	71.94
2007	12.93	87.07
2008	19.83	80.17
2009	20.95	79.05

（出所）証券監督管理委員会の統計数字により作成。

られるリスクがもたらされることになりかねない。個人投資家が多い場合、証券投資基金は個人投資家の随時的な解約の要求に応じるために、資金の多くを流動性の高い預金、債券、証券に組み入れる可能性が高い。そのため、個人投資家が多いことは企業の長期投資にはマイナスになる。それがゆえ、証券投資基金は自身の内部の問題を解決しない限り、1つの機関投資家として企業のコーポレート・ガバナンスに関与することは限界があるだろう。

2　保険会社

　中国の保険会社は、1980年代に業務が復活させられて始まったものである。しかし、保険会社の業務が復活させられたものの、1990年代初め頃まで中国には保険会社に関する監督及び管理体制がなかった。また、当時の保険会社はほとんどの保険金をリスクの高い融資、不動産、先物などで運用したため、膨大な損失をもたらした。1990年代半ばから中国政府は、保険金の運用先を銀行の預金と国債の買い付に切りかえ、さらに保険会社の証券市場への投資を促すためにいろいろな政策を打ち出した。

　まず、1999年10月中国保険監督管理委員会は、保険会社が証券投資基金の購入を通じて間接的に証券市場への進出することを許可した。

　次に、中国保険監督管理委員会は、2004年10月に「保険機関投資者による株式投資に関する管理暫行弁法」（原文「保険機構投資者股票投資管理暫行弁法」）を発布し、保険会社が証券市場で株式の直節の売買を認めた。

　また、2005年には「保険機関投資家による債券投資に関する管理暫行弁法」（原文「保険機構投資者債券投資管理暫行弁法」）を発布し、保険会社が証券市場での債券の直接売買を許可した。

　最後に、それまで保険会社の株式の購入限度は総資産額の5％であったが、2007年の7月から10％に引き上げられた。

　現在、中国の保険会社は従来に比べ規模が拡大されただけではなく、資産の運用が多様になっている。

　表7－3で示したように、保険会社全体の保険収入と資産総額は、2000年

から2010年までそれぞれの年間増加率は24.2%と31.2%である。保険会社全体の年間収入は2000年の15,958,577.23万元から2010年の1兆45,279,714.55万元まで上がり、保険会社の資産総額は2000年の33,738,948.02万元から2010年の5兆04,816,086.47万元までに増えた。

中国の保険会社は、主に生命保険会社と財産保険会社の2種類があって、またそれらの傘下には資産管理会社がある。現在、保険監督管理委員会には120の保険会社と10の資産管理会社が登録されており、保険会社は次の3つの方法で資産を管理している。①資産を他社に委託し、他社が資産を管理する、②保険会社の内部に投資部門を設立し、投資部門が資産を管理する、③保険会社の下に資産管理会社を設立し、資産管理会社が資産を管理する。

表7－3　2000～2010年度の資産総額と年間保険収入　単位：万元

年度	資産総額	保険収入
2000年	33,738,948.02	15,958,577.23
2001年	45,913,431.27	21,093,543.37
2002年	64,940,741.00	30,531,390.78
2003年	91,228,392.19	38,803,960.93
2004年	118,535,464.56	43,181,349.81
2005年	152,259,680.59	49,273,350.40
2006年	197,313,218.11	56,414,444.96
2007年	290,039,208.73	70,357,598.09
2008年	334,184,386.70	97,840,966.41
2009年	406,347,543.43	111,372,989.22
2010年	504,816,086.47	145,279,714.55

（出所）中国保険監督管理委員会ウェブサイト各年度の「保険業経営数据」により作成。http://www.circ.gov.cn/web/site0/tab61/module438/more.htm

保険会社の資金運用は、大きく銀行の預金、証券への投資という2つの形態によって構成されている。さらに、証券への投資には、政府債券、金融債券、証券投資基金、株式、未上場商業銀行の株式、海外の金融商品などがある。証券への投資は、2005年末まで主に国家債券と証券投資基金だけであったが、2006年から株式をはじめとした他の金融商品もが含まれている。図7－1は2000年から2010まで保険会社全体の資産、銀行預金、証券への投資の上昇状況を表わしたものである。2000年から2004年まで銀行預金が証券の投資より多かったが、2004年以降から証券への投資が預金を上回っている。特に2006年から証券への投資の増加が激しく、2010年銀行への預金が資金全体に

図7−1

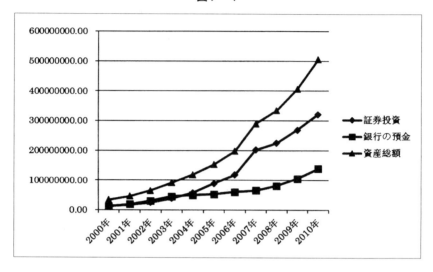

（出所）中国保険監督管理委員会ウェブサイト各年度の「保険業経営数据」により作成。http://www.circ.gov.cn/web/site0/tab61/module438/more.htm

占める割合が27.55％であるのに対して、証券への投資が63.66％を占めている。

　中国の保険資産の管理会社は、2003年7月に創立された「中国人民保険資産管理株式有限会社」をはじめ、現在まですでに10社が設立されている。中国で保険資産管理会社が設立されたことについて、次の2点で評価することができる。1点目は、各保険会社が資産運営の専門化を目指そうとしていること。2点目は、保険会社はすでに機関投資家の一員になったことである。

　しかし、中国の保険会社は、規模と資本運営において拡大化し、多様化したとはいえ、アメリカの保険会社に比べると、全体資産の中で企業の株式に投資する資金が少ないだけではなく、企業を規制する制度もまだできていない。そのため、中国の保険会社はアメリカの保険会社のように「物を言う機関投資家」になるにはまだ限界がある。

3 (QFII) 外国機関投資家

中国の外国機関投資家には、中国証券監督管理委員会に登録されている外国の商業銀行、保険会社、証券会社、基金管理機関などが含まれている。中国政府は、外国機関投資家に対してQFII[7]（適格外国機関投資家）制度を執行している。

QFII制度は、1990年代初め頃資本市場が完全に開放されてない台湾、韓国、インド、ブラジルなどの発展途上国で実施されたものである。中国におけるQFII制度の導入の経緯と内容は以下のようなものである。

1998年から、中国証券監督管理委員会の顧問である梁定邦は、中国の機関投資家がまだ規模が小さいため、証券市場での投資理念、コーポレート・ガバナンスにおいて果たすべき役割、競争力などの面において問題があるとして、台湾や韓国で実施したQFII制度を中国に導入するように国務院に対して何度も提案を行った。

2002年11月に国務院の指針のもとで中国証券監督委員会と中国人民銀行は、QFII制度を実施するための「適格海外機関投資家の国内証券投資管理における暫行弁法」（原文「合格境外机構投資者境内証券投資管理暫行弁法」）を発布した。その後、各政府の機関から公表された文献には次のようなものがあった。①中国人民銀行の「商業銀行の適格海外機関投資家かつ国内証券投資委託業務の従事申請に関連する問題に関する通知」（原文「关于商業銀行申請从事合格境外机構投資者境内証券投資托管業務有关問題的通知」）、②中国外貨管理局の「適格海外機関投資家の国内証券投資に関する外国為替管理暫行規定」（原文「合格境外机構投資者境内証券投資外匯管理暫行規定」）、③上海と深圳両証券取引場からの「適格海外機関投資家の証券交易の実施細則」（原文「合格境外機構投資者証券交易実施細則」）、④中国証券登録決算会社の「適格海外機関投資の国内証券投資登録、決算業務の実施細則」（原文「合格境外投資者境内証券投資登記結算業務実施細則」）。

中国政府がQFII制度を導入した目的は主に2つある。1つは、資本市場

表7－4　QFII 資格

	登録制限	資本金送金の制限	投資制限
商業銀行	・最近、一つの会計年度の資産が世界ランキングで100位以内に入る銀行。 ・管理している証券資産が100億ドルを超えること。	・QFII 資格を取得してから、3か月以内に資本金を入金（インポート）すること。入金から1年以内に資本金を外国へ送金（エクスポート）してはいけない。 ・外国に送金する場合、資本金の20%を超えてはいけない。 ・3か月以内で外国への送金を2回してはいけない。	・投資可能：証券取引所でのA株、国際及び証券監督会議指定したほかの金融商品。 ・投資不可能の業界：国家安全にかかわる映像制作、有線TV、電力網の建設及び経営、秘方の漢方薬製品、書類の出版及び発行、通信、証券での先物など。
保険会社	・保険業の業務歴が30年以上。 ・10億ドル以上の資本金。 ・最近、1つの会計年度で管理されている証券資産が100億ドル以上。		
証券会社	・証券業の業務歴が30年以上。 ・10億ドル以上の資本金。 ・最近、1つの会計年度で管理されている証券資産が100億ドル以上。		
基金管理機関	・基金の経営歴が5年以上。 ・最近、1つの会計年度で管理されている資産が100億ドル以上		

（出所）中国証券監督管理委員会のウェブサイト「合格境外機構投資者境内証券投資管理暫行弁法」より作成。http://www.csrc.gov.cn/pub/zjhpublic/zjh/200804/t20080418_14491.htm

の開放を通じて、資本市場における長期資金を増加させること、もう1つは、国外の機関投資家の投資理念や投資戦略を学ぶことであった。しかし、中国政府はQFII制度の設定にあたって、外国資本の導入によって国内の資本市場に混乱をもたらすのではないかという憂慮から他の国より厳しい制限を設けていた。[8]

まず、外国機関投資家を商業銀行、保険会社、証券会社、証券管理機関という4つに分類し、経営歴、資本金、管理している証券金の金額などの標準

を高く設置した。このような措置によって、2003年には日本の野村証券をはじめ12社がQFII資格を取得したが、いずれもが世界の大手金融機関であった。

次に、資本金に対する制限である。QFII制度において次のような内容の資本金制度が設けられている。①外国機関投資家がQFIIの資格を取得して以降、3カ月以内に中国に外貨を送金し、また外貨を中国人民元に換算してから資本金として入金する。②外国に送金する場合、資本金の20％以上にあたる金額を送金してはいけない。③1回外国へ送金してから次回送金するまでの期間は3か月以上であること。ただし、この制度は台湾で行われた制度をそのまま導入したものであって、韓国とインドの場合、外国への送金に対して増値税を納める形で制限している。

最後に、外国機関投資家の投資への制限。QFII制度は外国資本の中国への直接投資の政策でもあるため、外国機関投資家は中国国内で発行されたA株への投資も可能である。しかし、1つの外国機関投資家は1つの企業の株式の10％以上を買占めてはいけない。多数の外国機関投資家が1つの企業の株式を持つ場合、企業全体株式の20％を超えてはいけない。また、株式への全体投資額に関しては5,000万ドル～8億ドルという上下限度が設けられている。台湾、インド、韓国における株式への投資限度はいずれも500万ドル～5,000万ドルである。

2011年7月現在、115の外国機関投資家がQFII資格を取得している。そして、115の外国機関投資家は151の上場株式会社の602,870.77万株を持っている。151のうち9社は銀行と保険会社であって、142社は株式会社である。機関投資家による株式所有状況は、142社のうち124社に対して2％未満になっ

表7－5　機関投資家が持っている株式の割合

持つ株式	6％以上	5％～6％	4％～5％	3％～4％	2～3％	1％～2％	1％以下
会社数	1	0	3	5	10	38	86

出所：サイト証券之星のデータにより整理。
　　　http://fund.stockstar.com/fund2008/tab/fundqfii.aspx?date=2011-06-30

ていて、1社に対して6％を超えている。機関投資家による所有が10％台を超えている会社は1社もない[9]。このように、株式の外国機関投資家による所有と国家による所有を比べる場合、それは比較にならないものである。その所有の割合が低いことから、外国機関投資家による株式会社への支配権の行使はまだ遠い先のことになるであろう。

4　全国社会保障基金

全国社会保障基金（略称社保基金）は、政府の委託を受けて全国社会保障基金理事会[10]によって管理されている基金である。2001年12月19日に発布された「全国社会保障基金理事会章程」の第2条において社保基金を次のように意味づけた。「全国社会保障基金は、国有株の減量によって移管された資金と株式、中央財政の予算からの割当金、国務院の許可を受けほかの方法で集めた資金および投資収益によって構成され、中央政府が単に社会保障支出の補充と調整に使用する基金である[11]」。

この中で、中央財政からの割当金が一番多い。2000年から2010年まで中央財政から4,437億元が割当てられ、それは2010年末資産総額の51.79％を占めている[12]。

2001年6月に国務院は次のような内容とする国有株の減量措置を行った。すなわち、株式会社が新しい株式を発行する際、株式構成の中に国有株が含まれている場合、国有株の10％を市場で販売し、その収益を社会保障基金にあてる。しかし、この措置は具体的な操作方法がないという理由で2002年10月に国務院によって撤回された。2005年、中国政府は海外で株式を発行している国有企業を対象に国有株の減量措置をとった。国内で株式を発行している国有企業で国有株の減量措置がとり入れられたのは2009年6月からである。国有株の減量措置は主に株式の減量の分を社会保障基金に充てる形で行われた。2010年まで、両形態の株式会社が社会保障基金に充足した資金は合計1,418億元（国内500.36億元と国外917.64億元）であって、その額は社保基金の資本金全体の16.93％に相当するものである[13]。

第 7 章　機関投資家の役割

表 7－6　2000～2010年度の権益と財政からの割当金

年度	資産総額 (a)	増加した権益 (b)	財政からの割当金 (c)	(c)／(b)×100%
2000	200.17	200.17	200.00	99.92
2001	805.10	604.93	595.26	98.40
2002	1,241.86	436.76	415.76	95.19
2003	1,325.01	83.15	49.08	59.03
2004	1,659.86	334.85	278.54	83.18
2005	1,954.27	294.41	228.70	77.68
2006	2,769.83	815.56	574.24	70.41
2007	4,337.83	1,568.00	308.14	19.65
2008	5,130.89	793.06	326.95	41.23
2009	7,367.32	2,236.43	825.89	36.93
2010	8,375.58	1,008.26	634.44	62.92
合計		8,375.58	4,437.00	52.97

出所：全国社会保障基金理事会のWebサイト「財政抜入全国社会保障基金資金状況表」、各年度の「年度報表」により作成。http://www.ssf.gov.cn/tzyy/tzln/

　全国社会保障基金の資本金は主に3つのルートからのものである。つまり、国家財政からの割当金、国家株の減量による充足された金額、銀行預金の利子や株式の配当金など当年の利益の一部から留保されたもの。

　全国社会保障基金の投資について、中国政府は制度を設けて厳しく制限している。2001年12月13日財政部と労働部、社会保険部が公表した共同文献「全国社会保障基金の投資管理の暫行弁法」の第28条では、基金の投資について次のように規定した。①銀行の預金と国債への投資比率は50%を下回ってはいけない。その中で、銀行預金の比率は10%を下回ってはいけない。1つの銀行における預金金額は社保基金の銀行預金額全体の50%を超えてはいけない。②企業債権、金融債権への投資の比率は10%を超えてはいけない。③証券投資基金と株式への投資比率は40%を超えてはいけない。

　このような制度のもとで、最初の段階でほとんどの基金投資は銀行預金と国債への投資だった。例えば、2002年銀行預金と国債への投資はそれぞれが938.79億元と273.93億元であって、2つを合わせると基金投資額1,241.86億

元の97.66％を占めている。それに対して、株式への投資は12.66億元で1.02％しか占めていなかった。2010年株式への投資が537.14億元までに増えたものの、基金投資総額8,375.58億元の6.4％しか占めていない。ただ、2000年から2010年までの10年間全国社会保障基金の投資利益の総額は2,772.60億元である。

とりわけ、以上のことから次のような中国政府の狙いが読み取れる。つまり、それは、制度作りなどを通じて全国社会保障基金の投資利益をあげることであって、全国社会保障基金を通じて国有企業のガバナンスを強化することではない。

5　企業年金基金

中国における最初の企業年金は、1990年代初めごろ「補充養老保険」という名で登場したものである。「補充養老保険」は、1991年国務院によって発布された「国務院の企業職員養老保険制度に関する改革の決定」において、基本養老保険や個人貯蓄性養老保険ともに三つの養老保険体系として位置付けられた。「補充養老保険」が企業年金という名に改められたのは2000年からであった。当年の12月に国務院は「城鎮の社会保障体系を完備する試行方案」において企業に関する4つの政策を打ち出した。つまり、それは「①「補充養老保険」を企業年金に名を改め、それを他の保険と区別する、②個人口座の方法での管理を確認する、③税収優遇政策に明確する、④市場管理と運営を実施する。」というものである。そして、「法案」の第2条では、企業年金の概念を次のように意味づけた。「本弁法で言う企業年金は、企業及び職員が法律に従い基本養老保険に加入した上で、自主的に建てた補充養老保険制度を指す」。さらに、2005年5月中国労働と社会保障部は「企業年金基金管理試行弁法」を設けて、企業年金基金の枠を企業の上納金、個人の上納金、企業年金の投資運営の収益という3つに定めた。2011年1月11日よりこの「試行弁法」は「企業年金基金管理弁法」によって代替されるが、企業年金基金の枠の内容に関しては同じである。法律に関しては、企業年金基

が2007年にできた「社会保険法」に依拠している。

　企業年金の管理に関しては、「受託人」、「口座管理人」、「委託管理人」、「投資管理人」などの制度が設けられている。年金の受託人は企業内部の企業年金理事会か他社の法人によって担当するものである。ただし、企業年金受託人はほかの業務活動をしてはいけないという規定がある（「弁法」19条）。企業内部の企業年金理事会のメンバーは職員代表大会で選ばれた職員代表あるいは専門人によって構成されている。「口座管理人」は企業年金の受託人の委託を受け、企業年金の財務口座を専門的に管理している機関である。「委託管理人」とは企業年金の受託人の委託を受け、企業年金の財産に対する保存の管理を担当している商業銀行を指す。「投資管理人」とは受託人の委託を受け、企業年金基金の財産を管理する専門機関である。

　2001年以来、企業年金基金の規模は毎年35％の割合で増え続けてきた。2001年の企業年金基金の残高は192億元であったものが、2009年の末には2,525億元までになった。投資に回されている資金も近年増える傾向が見られ、2008年から2010年までの3年間のそれぞれが974億元、1,591億元、2,020億元になっている。しかし、「企業年金基金試行弁法」では、基金の投資範囲を預金、国債、金融債権、社債、投資性保険商品、証券投資基金、株式などに明確化した上で、それぞれ投資の限度を厳しく定めている。例えば、短期預金やほかの短期性金融証券については限度が純資産の5％～40％になっているのに対して、国債や金融債権、社債など長期性債権は上限が95％である。株式への投資の上限は純資産30％である。ただし、旧「企業年金基金試行弁法」では株式の上限が純資産の20％であった。しかし、2010年度の場合、株式への投資額は20.47億元であって投資全体額2,020億元の10％にもなってない[18]。

　以上のように、企業年金基金における問題は規模が拡大されたものの、株式への投資の割合が少ないことである。しかし、中国では、企業年金基金が当年のGDPに占める割合を持って、増え続けている企業年金の規模に対して疑問を投げる研究者もいる。その観点をまとめると次のようになる。企業

年金基金をGDPと比べると、中国の企業年基金は1％にも達していない。これに対し、アメリカの場合、その割合が67％になっている。中国は2003年まで現在のペースで増え続けるとしても、せいぜいGDPの30％までにしか達しない。これはアメリカと全然比べられないものである。以上は、今後企業年金基金制度のさらなる発展の必要性からの指摘であるが[19]、企業統治の分析にあたっても重要な根拠になるであろう。

第2節　国有企業のガバナンスへの可能性

近年、中国政府は国有企業のコーポレート・ガバナンスにおける機関投資家の役割を期待し、さまざまな政策を打ち出した。そして、機関投資家の発展は注目を浴びている。アメリカの機関投資家は、「議決権行使」や手紙の送付、委任状コンテストなど具体的な手法を持って、コーポレート・ガバナンスに積極的である。それと対照的に、中国の機関投資家がコーポレート・ガバナンスにおいて果す役割に関しては、現時点ではあまり期待することができないものがある。その理由は、以下の機関投資家と国家の関係、または機関投資家の内部の問題が考えられる。

1　機関投資家と国家政府の関係

まず、QFII以外のすべての機関投資家は政府の指導のもとで設立されたものであって、その上級管理機関は政府の下に置かれている保険監督管理委員会、証券監督管理委員会、人民銀行などの部門である。そのため、機関投資家の内部制度が保険監督管理委員会、証券監督管理委員会、人民銀行などの管理機関によって作られ、機関投資家の自体の発展が国家に頼られている。それに、証券投資基金、保険会社、全国社会保障基金などの機関投資家は、国有企業と同じく「内部支配」や株主不在などの問題を抱えている[20]。

次に、「股権分置改革」の前まで、機関投資家の株式の所有状況は、株式が流通株式と非流通株式に分けられ、株式の60％以上が国家株と法人株によ

って占められていて、しかもそれが非流通株になっている。機関投資家の株式への投資は、主に40％足らずの流通株が対象になっている。それに、上で紹介したように、ほとんどの機関投資家の投資先は、政府債券、金融債権、証券投資基金、株式、未上場商業銀行の株式、海外の金融商品などの多種証券である。そのため、現時点で機関投資家にはほかの債権への投資額を減らしてリスクが高い株式への投資額を増やす傾向が見られない。

　最後に、政府の政策を見る場合、中国政府は機関投資家の株式への投資を制限している。機関投資家の株式への投資は2つの方法から制限されている。1つは、機関投資家がある種類の株式を持つ場合、その株式の総市場価額の10％以上を持っては行けないという制限である。もう一つは、機関投資家の株式への総投資額が機関投資家の資産総額の10～20％であること。実際には、政府は機関投資家に対して株式への投資より国債や金融債券などへの長期投資を促している。そのため、機関投資家の株式への投資は投資資金の全体に占める割合は10％にもなっていない。ただし、アメリカの年金基金の場合、国内株式への投資がその資産総額の40％以上になっている[21]。これは中国の機関投資家と対照的である。

2　機関投資家の株式投資への目的

　アメリカでは、2つの観点から機関投資家の役割について評価されている。1つは、エージェンシー理論からの観点であって、もう1つは、カルパースのような機関投資家の活躍からの観点である。

　エージェンシー理論では、機関投資家が株式を売り出すことは、機関投資家が間接的に企業のガバナンスにかかわることと同じく、企業の内部のガバナンスを良くする方法としている。すなわち、大株主が株式を売り出すことによって、市場での株価が下がり、株式を発行した会社がTOBにかけられる可能性がある。それを避けるため、企業の経営者は機関投資家が株式を売らないように努力する。

　また、アメリカでは、カルパースのような機関投資家は売り逃げたくても

逃げられない大株主の存在であるため、企業のガバナンスに積極的になっている。

　それに対して、中国の機関投資家は、持ち株率ではアメリカの機関投資家に比べられないものだけではなく、企業のガバナンスにおいても積極的ではない。なぜかというと、機関投資家は市場での株価の操作を通じて短期利益を追求することに専念するからだ。

　現在、株式市場における問題として大株主による株価の「操作」の問題があげられている。北京大学の金融法研究者である董華春によると、現在の上場株式会社の株価は大株主の「操作」によって上げられたものである。そのため、ガバナンスを通じて上場会社の経営状況を改善しても株価はそれ以上あがらない[22]。また、社会科学研究院経済研究所の研究者である仲継銀は、「大多数の上場株式会社は起業者や支配株主の支配下に置かれている[23]」と述べ、機関投資家が大量の株式を持っているとしても、機関投資家の影響力が株式会社の戦略や管理までに及ばないと主張した。したがって、大株主か支配株主の支配が存在する場合、機関投資家の行動は短期投機に目を向けやすくなる。しかも、機関投資家は個人株式より資金力が充足しているため、流通株式市場で株価の「操作」を行うだろう。さらに、中国の研究者の実証分析によると、機関投資家の持ち株の変化は株式の値上がりや値下がりと正の関係が存在するだけではなく、異常な収益と関係がある。つまり、株式市場における株価の大幅な値上がりがある時、必ず機関投資家の売り出す行為がついてくる。また、機関投資家がある企業の株式を大量に買入れる時、必ず株価の値上がりがついて来る。これは、個人株主が機関投資家の行為に従った行為に走ることを意味する一方、機関投資家が市場での株価の操作を通じて短期利益を追求することも意味する[24]。

　とりわけ、この章では中国における機関投資家を紹介したうえで、中国の機関投資家からのコーポレート・ガバナンスの可能性について検討を行った。その結果次のようなことが分かった。

　まず、中国の機関投資家は、主に証券投資基金、保険会社、QFII、全国

第7章　機関投資家の役割

社会保障基金、企業年金基金などによって構成され、近年それらの規模は大きくなっている。しかし、中国の機関投資家に関しては3つの問題があった。つまり、それは①機関投資家が未熟であること、②機関投資家の投資は銀行預金や国債への投資が多く、株式への投資が少ないこと、③中国では機関投資家に対する管理体制がまだ出来ていないこと、である。実際、中国の機関投資家からのコーポレート・ガバナンスへの可能性は、あまり期待することができない。その理由は2つある。1つは機関投資家と中国政府の関係に原因がある。政府は、保険監督管理委員会、証券監督管理委員会、人民銀行を設けて機関投資家を管理する一方、機関投資家の株式への投資を制限している。もう1つは機関投資家の株式への目的に理由がある。一方のアメリカの機関投資家は企業のガバナンスに積極的であるのに対して、他方の中国の機関投資家には株価の「操作」という問題があるだけではなく、その影響力はまだ株式会社の戦略や経営までに及んでない。

　アメリカのコーポレート・ガバナンスの特徴は機関投資家の活躍によるものの他、企業買収からも述べることができる。では、株式会社制度が導入されて以降、中国における企業買収の状況はどうであろうか。第8章では、この論点について検討する。

注
1) QFIIは中国の証券管理委員会の許可を受けている国外の機関投資家を指す。
2) 証券監督管理委員会Webサイト各年度の「2010年度統計数据」、『2010年12月証券市場概況統計表』により作成。http://www.csrc.gov.cn/pub/newsite/sjtj/zqscyb/（2011年12月）
3) 百度文庫のウェブサイト「我国基金市場の発展状況及未来展望」を参照。http://wenku.baidu.com/view/8327837b31b765ce0508143d.html
4) 人民網ウェブサイトを参照。http://www.people.com.cn/GB/jingji/1041/22061/2157326.html
5) 陳暁虹、劉肯、楊婕（2008),38頁を参照。
6) 『四天王寺大学紀要』第9号（2010年9月）、霍麗艶、「中国の企業統治における

機関投資家の役割とその課題」、126頁を参照。
7) Qualified Foreign Institutional Investors の略称。
8) 表7－4は2003年国務院、中国証券監督管理委員会、精華大学、中国建設銀行からの研究者が組んだ研究クループによって発表した論文「QFII的市場効応与監管制度演進研究」の内容をまとめたものである。http://wenku.baidu.com/view/5e6f708ea0116c175f0e48bc.html
9) サイト証券之星の「QFII持股」を参照。http://fund.stockstar.com/fund2008/tab/fundqfii.aspx
10) 2008年8月に国務院の下属機関として設立された。
11) 中国の原文は「全国社保基金由国有股减持划入的资金和股权资产、中央财政预算拨款、经国务院批准以其他方式筹集的资金及其投资收益构成，是中央政府专门用于社会保障支出的补充、调剂基金。」である。
12) これは、未払い利子や未払い税金など借金が含まれてない純資産のことである。
13) ここのデータは2010年度全国社会保障基金理事会で公布した「基金年度報告」によるものである。
14) 全国社会保障基金理事会の借貸対照表には437.14億元として記載されている。実際、2009年12月31日に株式に投資した資金100億元があるが、借貸対照表には他の項目として記載されている。
15) 現在、基本養老保険と個人貯蓄性養老保険は社会保険基金の範疇になっている。社会保険基金は、中国の政府の規制のもとで証券への投資をあまりしてないため、本論文では機関投資家として検討しない。
16) 中国語の原文は「一是补充养老保障名称规范为企业年金，以示与保险的区别；二是确定采取个人帐户管理方式；三是明确税收优惠政策；四是实行市场化管理和运营。」である。
17) 労働と社会保障部の前身は国務院のもとであった労働部と人事部である。
18) 株式への投資限度は、「試行弁法」では20％に定められてあるが、「弁法」では30％になっている。

  データは、次の中人網のWebサイト、夏秀秀「中国企業年金制度：歴史、現状と挑戦」を参照。

http://www.chinahrd.net/annuity/info/178923（2011年12月）
19) 夏秀秀, 上掲中人網のWebサイト。
20) 金山権（2008），162頁を参照。
21) 藤井康弘・鈴木誠（2004），79頁を参照。

22) 董華春（2003），第6期を参照。
23) 仲継銀（2009），371頁。
24) 朱彤・葉静雅（2009），155頁を参照。

第8章　企業買収

　第2章では、米・日・独のコーポレート・ガバナンスの特徴を摑めるため、3カ国における企業買収の状況をみた。そして、3カ国の企業買収について以下のように評価することができる。

　戦後、アメリカの企業買収は、戦前の水平的合併と垂直的合併と違って、コングロマリット型とLBOが主導的であった。企業買収活動は、1960年代から1970年代までコングロマリット型合併が多かったが、1980年代からLBOが多くなった。アメリカの巨大企業の出現は企業買収活動と大きな関わりがあるが、戦後のコングロマリット型合併とLBOについてあまり評価することができない。なぜかというと、その背後には、「テコの原理」、「2＋2＝5の原理」、ジャンク・ボンドなどを利用して資本効率を高めようとする株価の操作が存在する。

　日本における企業買収は、1990年代に入ってから急激的に増加した。しかし、日本の企業買収はアメリカの合併と違って、経営者と経営者の話し合いによって行われるものが多い。ゆえに、日本では企業間の合併によって株主が経営者に規律づけることが難しい。

　ドイツにおいても、1990年代から企業買収は多くなり、それによって株主の価値を重視する経営が展開し始まった。しかし、ドイツにおける企業買収は従来のコーポレート・ガバナンスの構造が解消される傾向になっている。

　以上の米・日・独の経験からは、企業買収に対してあまり評価をすることができない。しかし、エージェンシー理論では、企業買収がエージェンシー問題の発生を抑止するために効果的なものであると主張する。

　では、中国における企業買収の現状はどうであって、またエージェンシー理論よりその現状を解釈することができるのか。

第8章　企業買収

第1節　中国での企業買収の概念と経緯

　中国では企業買収について、「収購」や「兼併」という呼び方がある。ここで、「収購」については熊琳の解釈を見て、「兼併」について鄭海航らの解釈を見る。
　熊琳は法律の観点から、「収購」について次のように説明している。「買収は、中国語で「収購」と表記され、これは英語の Acquisition の訳語である。Acquisition の中国語の訳としての「収購」は、一般に（1）ターゲット企業の株式取得（Stock Acquisition）と（2）資産買収（Asset Acquisition）の2つの方式を意味する」[1]。
　鄭海航らは経済学の観点から、企業「兼併」の概念を「いわゆる企業兼併は、企業資本の使用権の有償譲渡を通じて、1つの企業が他の企業に対して企業再建のために行う併合と接収、コントロールという行為である」と言ったうえで、「優勢企業が財産権を得ることによって、劣勢企業の無効な資産を活性化し、社会資本を集中することができる」と解釈づけた。
　以上の2人の観点は中国の現状からの説明であるかもしれないが、2つの解釈には明らかに偏っている部分がある。熊琳の解釈には合併（Merger）という意味が含まれていない。鄭海航らの解釈はただ優勢企業が劣勢企業の買収だけをとらえることに限界がある。本論文であげる「企業買収」はM&A（Merger&Acquisition）のことを指したい。
　また、中国では企業買収の経緯についても、さまざまな分け方がある。主流として次の三つの分け方がある。1つ目は、企業買収の経緯を戦前（1949年以前）、戦後（1949年～1979年）、改革開放以降（1979年～現在）に分ける三段階論である[2]。2つ目は、改革開放の前（1949年～1979年）、改革開放後（1979年～1993年）、株式制度を導入して以降（1993年～）という3段階論[3]。3つ目は、株式制度を導入して以降をいくつかの段階に分ける方法である[4]。本論文では、改革開放後の国有企業のガバナンスと企業買収の関係を明らかにする

ため、その経緯を以下の3つの段階に分けて分析を加えたい。

1 萌芽期（改革開放後〜1992年）

中国では、1987年7月に保定市送風機工場が保定市ボイラー工場に買収された事件が、改革開放降の初めての企業買収の事例としてあまりにも有名である。その買収は、政府の指導のもとで、「保定市ボイラー工場」が政府の代わりに「保定市送風機工場」の債務42万元を引受ける形で行われたものである。つまり、それは河北省保定市政府が「保定市送風機工場」の経営を改善するために行った措置でもあった。その後、企業買収は経営不良の企業の救済措置であるという認識が全国各地に広がり、各地の地方政府は企業買収のブームを起こした。1980年代末まで、全国で6,966件の企業間の買収が行われ、それに関わった金額は合計8,225億元に達した。⁵⁾

また、企業買収ブームを加速させたのは、この時期に各地域で設立された企業財産の交易市場であった。1988年の武漢市をはじめ、成都、保安、鄭州、洛陽、太源などの都市で相次いで財産権の交易市場が設立された。

このような企業買収ブームを前にして、1989年2月に中国政府は「企業兼併に関する暫行弁法」（原文「关于企业兼并的暫行弁法」）を発布し、初めて「兼併」という概念を使い、企業買収を認めた。同「弁法」の第1条は「兼併」を「1つの企業が他の企業の財産権を購買することを指す」と規定した。つまり、購買を通じない企業間の「合併」は「兼併」に含まれないことである。

後に、鄭海航らによると、当時の企業買収は件数が多いだけではなく、その形態もさまざまなものであった。まず、買収の対象からは、1社対1社の買収もあれば、1社対10何社の買収もあった。次に、買収の範囲から見ると、業界内での買収、違う業界間での買収、同じ地域内での買収、違う地域間での買収など、いわゆる水平的合併と垂直的合併、コングロマリットのような企業間の買収が同時に発生した。最後に、買収の動機は、最初にただ赤字になった企業を救うためであったが、後には企業規模の拡大を目的とする企業

買収がかなり多くなった。[6]

　普通、企業買収は株式市場で株式の買い付を通じて行われるものが多い。しかし、当時の企業買収は行政の指導のもとで買収企業が被買収企業の債務を引き受ける形で行われたものであったため、事実上資金のやり取りがほとんどなかった。そういう意味で、この時期の企業買収は企業買収というより国有企業間の企業再編成であった。

2　制度の導入期（1992年〜2004年）

　前の章で述べたように、1990年代初め頃「上海証券取引所」と「深圳証券取引所」が設立された。両証券取引所の設立は、大・中型国有企業に株式会社制度を導入した条件となり、また株式会社制度の導入に拍車をかけたのは鄧小平の「南巡講話」であった。

　1993年9月に上海株式市場で起きた「宝延事件」は同年の鄧小平の「南巡講話」と同じく注目を浴びた。「宝延事件」とは、「宝安公司」が上海の株式市場を通じて「延中公司」（現在の「方正科技」）に対して敵対的買収をしかけた事件である。当時「延中公司」の株式は珍しくほとんどの株式が流通株であった。そのため、「宝安公司」は「延中公司」の株式買い集め、「延中公司」に対して取締役会の召集や会長の選挙を求めた。しかし、その買収は成立することなく、「宝安公司」とその関連会社は、「株式発行及び取引の管理に関する暫定条例」に違反したという理由で証券監督管理委員会から罰金を課せられる結果となった。「株式発行及び取引の管理に関する暫定条例」は、同年4月に証券監督管理委員会によって発布されたものである。同条例（第48条）には、ある会社が他社の株式の30％以上を持つ場合、他社に対して公開買付を行うことができるという定めがある。また、同「条例」の第47条は、あらゆる法人が発行株式会社の流通株5％以上を持つようになった場合、3日以内に発行株式会社と証券取引所、証券監督管理委員会という3つの機関に報告することを義務づけた。このように、第48条によれば「宝安公司」は「延中公司」を買収することが可能であった。しかし、「宝安公司」は、「延

中公司」の株式5％以上を買い占めた時、どの機関にも報告しなかった。すなわち、「宝安公司」は「株式発行及び取引の管理に関する暫定条例」の第47条に違反したため、「延中公司」の買収に至らないだけではなく、罰金を課せられることになったのである。

また、1996年「北京金昌」と「鄭州百文」という2つ会社の間に起きた事件は、「延中事件」と同じく失敗のモデルケースとして知られている。この事件には、「北京金昌」が「鄭州百文」の株式5％以上を買い占めた際、「宝安公司」のようにどの管理機関にも報告しなかっただけではなく、袁敬民という個人による株式の買占め問題もあった。袁敬民は「鄭州百文」の株式の7.43％を持っており、その割合は個人が5％以上（第46条）を持ってはいけないという規定を超えていた。[7]

このように、1990年代の中国では、敵対的企業買収をしかけた事件があったものの、成功にまでは至らなかった。その失敗の原因と言えば、買収会社が規定を無視したことが直接の原因であるが、当時の中国政府が企業間の敵対的買収についてあまり賛成しなかったことも1つの要因である。中国政府が企業間の敵対的買収を賛成しない理由は、一旦敵対的買収が成立してしまうと、買収される企業の職員のリストラ問題などが生じる可能性があり、さらにそれが社会問題にまで進化する可能性があるからだ。

しかし、この時期には企業買収が違う形で行われていてその規模も大きかった。ここで、この時期の企業買収がどのようなものかを論じる前に、この制度の導入期について詳しく述べていく。

この時期を制度の導入期とする理由は、企業買収に関する政府の制度作りが始まったことにある。特に、会社法や証券法が発布され、企業買収に次のような法律や制度的な根拠をもたらした。[8]

まず、1993年公布された「会社法」では、会社の「合併・分割」に関する制度を設けた。この制度には、建国後初めてのM&A関連制度として、「吸収合併」や「新設合併」といった「合併」制度が含まれている。「吸収合併」とは、1社が他社に吸収される際、吸収される会社が解散されるという「合

併」である。「新設合併」とは、2つの会社の合併によって1つの新しい会社が設立されることである。

次に、1998年発布された「証券法」では、上場会社の買収手法を公開買付と協議買収という2つの手法に規定しているほか、株式保有の情報開示や公開買付義務（同法第41条）に関する規定を設けた。

最後に、2002年9月に証券監督管理委員会は、上場市場における国有企業の再編を促すために、「上場会社買収管理規則」と「上場会社株主持株変動情報開示管理規則」を公布した。後に、この両規則は「会社法」と「証券法」を補完するものと評価されることになる。

中国政府は、以上のような法律や規則の策定に取り組んだだけではなく、1994年には上海や天津を含む18の都市を選んで、資本構造の合理化を目指す国有企業間の試行合併を命じた。その後、1994年から1996年まで試行都市が56にまで増え、3年間の企業合併数は900件以上となった。

この時期の特徴は、上場株式会社を対象とする企業の買収件数が増えたことである。表8－1は1994年から2004年まで上場株式会社が対象になった企業買収の成立事件の統計である。表8－1で示したように、1994年から2004年まで合計703件の株式会社の買収が起こった。

703件の企業買収はだいたい3つの目的から行われたものである。①経営不善な国有企業を救済するために、政府の指導のもとで他の国有企業によって行われたもの、②経営優良な企業が経営の規模を拡大するために行ったもの、③未上場会社は上場会社の「殻」を買う形で、株式市場での株式発行の目的を達成しようとするもの。ここで第1のケースでは、政府が買収の主役

表8－1 1994年～2004年上場株式会社を対象になった企業買収件数

年度	1994	1995	1996	1997	1998	1999	2000	2001	2002	2003	2004	合計
数	3	1	9	48	75	80	84	97	125	105	76	703

（出所）中国社会科学院のWebサイト、劉峰、涂国前「公司分析：从事件分析到制度研究」http://www.cass.net.cn/file/20101014284736.html（2012年12月）

になっているが、第2と第3のケースでは、買収会社が主役になっている。しかし、いずれも証券監督管理委員会と国家資産監督管理委員会及び地方政府の許可を得なければならない。

注目することは、その中に1995年日本のいすゞと伊藤忠商事による「北旅」を買収したケースがあった。この買収は、「北旅事件」といい、中国で初めての外資による国有企業の買収事件として有名である。しかし、このような外資による企業買収においても、株式市場での買い占めを通じて行った企業買収ではなく、中国政府が赤字になっていた「北旅」会社を救済するために、伊藤忠商事の了解を得て行われたものである。

3　制度の成熟期（2004年〜現在）

2004年から中国政府は「会社法」と「証券法」の大改正作業に取り組み、2006年1月1日から新たな「会社法」と「証券法」を実施した。「会社法」と「証券法」の大改正は、企業買収に関する規定を完備しつつ、中国の企業買収を新たな段階に展開させた。2004年以降の最大の変化と言えば、それは企業買収に関する法律や制度が完備されたことと、企業買収の内容が多様化したことである。

まず、「会社法」の改正は次のような変化をもたらした。①M&Aの関連制度は、改正前の「合併・分割」から「会社の合併、分割、増資、減資[9]」に改め、増資法式によるM&Aを認めた。②それまで「会社の合併または分割は、国務院が授権する部門または省級人民政府の認可を得なければならない」という規定があったが、新会社法ではこの規定が削除された。③従来の会社法では、合併前の審査基準、合併中の手続き、合併後の救済措置、訴訟、少数株主の保護、債権処理などの規定がなかったが、新会社法ではこれらのすべてが設けられている。

次に、「証券法」の改正により次のような変化があった。①旧「証券法」では特定の者が5％以上の株式を保有する場合、情報の開示が義務付けられているが、新「証券法」においてもそれと同じく規定されている。しかし、

従来の証券法では、協議買収に関しては情報開示義務が不明確であった。例えば、国有企業の間に企業買収が行われる場合、国有株や法人株のやり取りに関する情報の開示義務が不明確であった。それに対し、新「証券法」では情報の開示義務を明確しなければいけないと定めてある。②旧「証券法」では、持ち株が5％に達して以降、2％ごとに増減が生じる場合、それの開示を義務付けた。しかし、新「証券法」では増減幅を2％から5％に改めた。ただし、日本の場合、増減1％になっている。③公開買付と協議買付に関する改正を行った[10]。

最後に、近年中国政府は、「会社法」と「証券法」の改正を積極的に行うと同時に、さまざまな法規（法律、規定、弁法、ガイドライン、通知、意見などの名称を持つもの）を作った。2005年から2009年までの5年間だけで88の法規がつくられた[11]。その中には、外国投資家向けの「外国投資家の国内企業の買収に関する規定」（原文「关于外国投资者并购境内企业的规定」）または「反独占法」などの法規もが含まれている。

中国政府は、以上のような法律の改正や法規つくりなどを行って、企業間の買収を促した。それと同時に、減税や直接投資などを通じて、政府は企業間の買収に積極的に関与していた。特に、2008年の金融危機以降、中国政府は4兆元を投資する「十大産業振興企画」を打ち出した。十大産業には、汽車、鉄鋼、船舶、石油・化学、紡績、軽工業、非鉄金属、装備と製造などが含まれている。例えば、「汽車産業調整と振興企画」では次のような計画をたてている。企業間のM&Aを通じて、年間生産量が200万台以上の会社を2～3社作りあげること。また、年間生産量が100万台以上の会社を4～5社作り上げること。

この時期における企業買収は、買収件数の増加より、企業買収にかかわった金額が増えたことに特徴がある。図8－1で示したように、買収の件数に関しては2006年と2007年がピークの年になって、年毎に増加する傾向は見られない。しかし、交易金額は、2005年を除いて、明らかに毎年上がっている。

さらに、この時期の特徴を次の3つにあげることができる。①大型の企業

図8-1 2004年〜2009年 企業買収の件数と総額

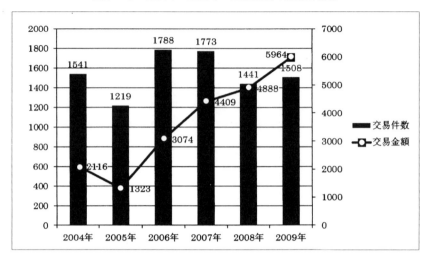

(出所)『中国企業併購年鑑2010』上掲書、7頁のデータを参照。

買収[12]が増加したこと、②売買両者の協議による買収が多いこと、③コングロマリット型企業買収が増えたこと。

まず、ここで注目することは近年大型の企業買収が増加した。例えば、2009年の企業買収件数は合計が1,508件あるのに対して、大型の企業買収件数は164件になって、全体の10.88%しか占めていない。しかし、その買収金額から見る場合、それぞれ5,964億5,414万元と4,955億7,513万元になって、大型の企業買収額は全体の83.09%占めている。

次に、協議買収[13]に関しては、件数または買収金額が両方とも圧倒的に多い。全体に占める割合はそれぞれが87.95%と85.46%になっている。

最後に、業界を超えた企業買収（すなわち、コングロマリット型企業買収）がほぼ半分を占めている。特に、上場株式会社を対象にしている企業買収にはコングロマリット型企業買収が多い。

224

第2節　企業買収の役割

1　企業買収と政府の関係

　以上のように、現在中国での企業買収に関する法律や制度が完備されつつ、企業買収は本格化となり、また過熱もしている。しかし、どの段階においても企業買収には政府との関係が絡んでいる。では、企業買収と政府の関係をどのように解釈すべきであろうか。

　中国では、企業買収が、政府の関与があるかどうかによって、大きく2つの種類に分類されている。1つは、市場主導型であって、もう1つは政府主導型である。さらに、市場主導型には国有企業の間で行われる企業買収、私有企業と国有企業の間で行われる企業買収、外資企業と国有企業の間で行われる企業買収などが含まれている。政府主導型とは、「政府が企業買収の提案者であり、また企業買収の過程での組織者である」[14]ことを意味し、ただ国有企業の間で行われる企業買収のことである。現在、ほとんどの企業買収は政府の指導のもとで行われている政府主導型である。これは中国における企業買収の特徴と言えるものである。改革開放政策の導入にあたって、中国政府は、社会主義制度を放棄しないまま多種経済形態の併存を目指す改革路線をとった。すなわち、中国政府は、改革過程で株式会社制度の導入や「株権分置改革」など様々な改革を行ったが、国有企業の財産に対して所有権を放棄しなかった。事実上、中央政府に属する各部門または地方政府が主体になって国有企業の所有権をもっている。そのため、財産権の取引市場と証券取引市場ではあちらこちらに政府の意思が見られる。

　国有企業が運営している財産は、主に2つのルートからのものである。1つは、国家による直接投資であり、もう1つは金融機関からの借入である。現在、金融機関は、まだ完全に商業化にしたとは言えず、金融機関から経営状況が悪化した国有企業を破産に追い込むことができない。一方、政府は、

国有資産の所有者の立場になって、経営不振の企業を救済するために、優遇措置などをとったりして企業間の合併を呼びかけている。

　企業買収の動機を見る場合、政府と買収会社の目的はそれぞれが違う。政府の目的は、主に経営不振になった会社を救うためである。これは政府主導型で多く見られるケースである。そして、政府が取る措置は2つある。1つは行政的に圧力をかけることであって、もう1つは優遇政策をあたえることである。具体的に、企業買収が行われる際、政府が被買収企業に対して行われる優遇措置は3つある。①被買収会社は5年以内の利子を帳簿に記載するだけで、払わなくてもよい。②被買収会社の経営損失が深刻な場合、買収会社の利潤でそれを相殺することができる。③被買収会社は買収されて以降、買収される前まで政府から受けた特別待遇を引き続き受けることができる。

　買収会社にとって企業買収には2つの利点がある。1つ目の利点は、政府が被買収会社に対して行っている優遇政策を引受けることができる。つまり、買収会社がある会社を買収して以降、自社の利潤を被買収会社の損益と相殺することができる。そのため、買収会社は納税から逃れることもできる。2つ目の利点は、被買収会社の土地の使用である。普通、国有企業は都市部に位置し、土地の使用が長期間になっている。しかも、土地価格が帳簿に記載されていない。そのため、国有企業を買収することによって、土地の使用権をただで手に入れることができる。最近、中国では業種や地域を超えたコングロマリット型企業買収が多いこともここに原因がある。

　現在、中国の研究者の中には、中国の経済はまだ転換期に置かれていて、政府主導型企業買収はこの時期における特殊な産物であるとして、それを「準買収」（準兼併）と表現するものがいる。そして、彼らは国有企業の買収には次のような問題があると指摘している[15]。

（1）不明確な財産所有権関係。国有企業の財産の所有者は国家であり、その代表者は国家資産管理委員会になっている。しかし、地方政府の場合、市長、市党委員会書記、政府の各行政部門などが国有企業の資産の所有権を主張し、国有企業の買収に関与する。また、企業が買収されて以降、地方政府

が国家財政に収めるべきである買収後の利潤の多くを流用する。

（2）地方政府間の分権問題。特に、地域を超えた企業間の買収の場合、被買収会社側の地方政府は地方の財政収入が減る可能性があるという理由から企業買収を阻止する。また、買収会社が被買収会社の経営者を更迭しようとする時、被買収側の経営者が元政府部門によって任命されるものが多いため、実際経営者を更迭することが難しい。

（3）国有資産の流失の問題。国有企業の買収における資産の流失は次のような形態がある。

①資産評価による資産の流失、②資産の譲渡期における資産の流失（例えば、後払い）、③無形資産の流失（例えば、技術、図表、土地使用権など）。

2 中国の企業買収とアメリカの企業買収の違い

以上のように、中国の企業買収は政府との関係を外して言うことができない。しかし、中国では企業買収を通じて国有企業のコーポレート・ガバナンスの改善に働きかけることができるのか。以下では、中国の企業買収とアメリカの企業買収の比較を通じて、その可能性を検討する。

1）企業買収形態の違い

株式所有の状況からみると、アメリカは、早くも1990年代の初め頃から株式が大衆に分散され、株式会社は株主のものだという観念が根強い。むしろ、現在機関投資家が株式を大量に所有しているが、その後ろには無数の個人の間接所有がある。ゆえに、アメリカにおける企業買収を所有形態から見ると、ただ1つの形態しか言えない。それは私有企業間の買収である。

しかし、中国は、国有企業、集団企業、個人企業という3つの所有形態の企業がある。ここで、敢えて国有企業と集団企業を合せて「公有企業」と言い、中国の企業間の買収を分類すると、次のような4つの買収形態になる。①公有企業が公有企業を買収する形態、②公有企業が私有企業を買収する形態、③私有企業が公有企業を買収する形態、④私有企業が私有企業を買収す

る形態である。

　2010年企業買収事件の1,164件の中で4つの買収形態の数はそれぞれ573件、75件、376件、140件になっている。そして、第1の買収形態の場合、573件のすべてが政府の政策調整によって行われたものである。この中で、私有企業による公有企業の買収は、国有企業の経営状況を改善するのではないかと思われる。しかし、376件の私有企業による公有企業の買収は、ただの公有企業の「殻」を買うためであった。つまり、株式市場で株式を発行することができない私有企業が上場株式会社を買収することによって、間接的に株式の上場を実現することである。[16]

2）両国の企業買収に対する評価

　アメリカの歴史上、垂直的合併、水平的合併、コングロマリット型合併、LBOなど様々な特徴をもつ企業買収のブームがあった。その中には、株価の操作を通じて資本効率を高めようとする企業買収が多く含まれている。しかし、アメリカでは、株式会社は株主のものという認識が根強く残っていて、また最近機関投資家の活動が活発になっている。そのため、証券市場から経営者に規律づけることができるとすれば、日本あるいはドイツよりアメリカのほうが相応しいであろう。つまり、アメリカでは、株式会社における利害関係を単に株主と経営者の関係として考えやすく、企業買収を通じてエージェンシー・コストを削減するための有効な措置として考えられる。

　中国では、初めから株式が非流通株と流通株に分類されていたため、株式売買の市場も2つに分けられている。非流通株を売買する市場を「1級市場」といい、流通株を売買する市場を「2級市場」と呼んでいる。株式の所有構造に関しては、第5章で紹介したように、「株権分置改革」の前まで国家株と法人株が合わせて60％以上を占めていた。そのため、ある会社が2級市場で国有企業の株式を買い占め、最大の株式になることが難しいのである。また、「株権分置改革」後の株式の所有状況からみると、国有企業の最大の株主が国家機関になって、ほぼ30％以上の株式を持っている。そのため、ある

第 8 章　企業買収

企業が国有企業を買収しようとする時、最大の株主（国家機関）の許可なしに買収は絶対成立しない。

以上のような中国の現状から、国有企業の経営者にとって、株式市場で企業が買収される心配もなければ、買収される恐れから経営を改善する必要もない。つまり、国有企業の経営者は株式市場のモニタリングから離れていることになる。そのため、アメリカの企業買収をエージェンシー・コスト削減のための有効な措置と考えることができるとすれば、中国における企業買収に関してはそのように考えることができない。

ここで、この章の内容をまとめてみよう。

まず、この章では、中国における企業買収の経緯を萌芽期、制度の導入期、制度の成熟期という 3 つの段階に分けて検討を行った。そして、次の 3 つの内容を確認することができた。第 1 に、萌芽期の企業買収は、行政の指導の下で事実上資金のやり取りがない企業買収であった。そのため、この時期の企業買収は企業買収というより国有企業間の企業再編成である。第 2 に、制度の導入期には、成功に至らなかった敵対的企業買収事件がいくつかあった他、ほとんどの企業買収は証券監督管理委員会と国家資産監督管理委員会という政府機関の管理または監督の下で行われたものであった。第 3 に、制度の成熟期には、中国政府が企業買収に関する法律や制度の策定を通じて企業買収を促したため、大型の企業買収、協議買収、業界を超えた企業買収などが増え、この時期の特徴となった。

次に、この章では、中国のコーポレート・ガバナンスにおける企業買収の役割を検討するために、企業買収と政府の関係を見る上で、中国の企業買収とアメリカの企業買収の違いを比較した。その結果、企業買収は政府の関与があるかどうかによって市場主導型と政府主導型に分類されるが、中国の企業買収のほとんどが政府主導型であることが分かった。そして、中国の企業買収とアメリカの企業買収の比較を通じて次の 2 つの違いが分かった。1 つは、企業の所有形態から企業買収を分類する場合、両国における企業買収の形態が違うこと、もう 1 つは、アメリカにおいては企業買収がエージェンシ

ー・コスト削減のための有効な措置として考えられるが、中国ではそのように考えられないことである。

　アメリカにおいて企業買収がエージェンシー・コスト削減のための有効な措置として考えられるのは、アメリカでは「株式会社は株主のもの」という認識が根強く残っているからである。また、第2章で述べたように、アメリカと違って、日本においては企業の主な利害関係者を従業員としているのに対して、ドイツの場合、株主と従業員共に企業の主な利害関係者になっている。これらのコーポレート・ガバナンスにおける特徴はいずれもが諸国における内部統治構造に反映されている。では、中国の場合、株式会社は誰のものであると考えるのか。その答えを探ることも含め、第4部では中国の国有企業における内部統治構造を見る。

注

1) 熊琳・梶田幸雄 (2008), 4頁。
2) 楊東 (2007), 109頁を参照。
3) 鄭海航・李海艦・呉冬梅 (1999), 11頁を参照。
4) 本論文と一致する分け方である。
5) 楊東 (2007), 110頁を参照。
6) 鄭海航・李海艦・呉冬梅 (1999), 11頁を参照。
7) 以上の2つの例は、汪志平・松村司叙・翟　林瑜 (1999), 65頁を参照。
8) 以下の3つの法律と規則に関する内容は、楊東 (2007), 110-140頁を参照。
9) 「合併」は「吸収合併」と「新設合併」という二種類に分類されている。また、「分割」には「存続分割」と「解散分割」という二種類がある。
10) 公開買付に関しては、楊は法律の観点から次の4点にまとめている。「①強制公開買付の義務者の範囲が共同行為者までに拡大された、②新証券法は、明確に、『発行済株式が30％を超える場合、買付を継続する時は、公開買付を行われなければならない。』と規定した。旧証券法の『発行済株式の30％を保有した場合』の文言（旧証券法第81条）を改め、より厳密で合理的な規定となった、③公開買付に関する最も大きな改正点であるが、新証券法は、強制的全部公開買付から、比率に応じた強制的部分公開買付に改めた、④公開買付に対する証券家督管理機構の監督権限の法律的根拠が与えられた」。また、協議買収については「新証券

第 8 章　企業買収

　　　法協議買収により強制的公開買い付の義務の発生および免除に関する規定を設け
　　　た」と述べた。楊東、前掲書、136〜139頁。
11)『中国企業併購年鑑2010』, 277-281頁を参照。
12)『中国企業M&A年鑑』では、5億元以上の金額で行われた企業買収を大型の企業
　　買収にしている。中型の企業買収は1億元以上5億元未満、小型の企業買収は0
　　元以上1億元以下。
13) 中国では、企業買収が「①要約買収、②協議買収、③大衆交易、④集中競売」と
　　いう4つの方法で行われている。
14) 呉結兵（2008), 136頁。
15) 以下の3つの内容は、鄭海航・李海艦・呉冬梅（1999), 12-16頁を参照。
16) 中国社会科学研究院ウェブサイト。劉峰、涂国前「公司分析：从事件分析到制度
　　研究」を参照。
　　http://www.cass.net.cn/file/20101014284736.html（2012年1月）

第 4 部

新・旧三会制度の関係―内部の統治構造―

　前記のように、中国のコーポレート・ガバナンスの検討にあたって、他の国のように銀行、機関投資家、企業買収などの役割から特徴づけることができない。国有企業と銀行の関係、国有企業と機関投資家の関係、国有企業における企業買収などを論じる際、すべてにおいて政府との関係が絡んで来る。その根本的な原因と言えば、中国は社会主義制度を放棄しないまま株式会社制度を取り入れたからである。そして、中国の株式所有構造は米・日・独のそれと違って国家による株式所有が特徴になっている。このような株式の所有構造のもとで、内部の統治構造はどうなるのか。

　普通、株主総会と取締役会、監査役会は株式会社における内部統治機関と言われている。それにしても、米・日・独において株主総会、取締役会、監査役会という内部統治構造が違い、またそれには問題がある。中国の国有企業の内部統治構造は「新三会」

と「旧三会」によって成り立っている。つまり、中国の国有企業は、株式会社制度が導入されたとはいえ、旧計画経済の時期からあった党委員会、労働組合（工会）、職員代表大会という3つの制度がまだ残っている。そして、中国は、株式会社制度のもとでの株主総会、取締役会、監査役会を合わせて「新三会」と呼んで、計画経済の時代からあった党委員会、労働組合（工会）、職員代表大会を合わせて「旧三会」と呼んでいる。第4部では、まず、株式会社制度が導入されて以降、どのような特徴をもつ「新三会」が展開されたかを検討する。次に、旧計画経済期からあった「旧三会」制度と「新三会」制度の関係を見る。最後に、中国の国有企業における従業員の位置づけを確認する。

第9章　「新三会」制度

　前記のように、中国の会社法は会社の形態を「有限責任会社」（原文「有限責任公司」）と「株式会社」（原文「股份有限公司」）の2つに定めており、しかも「国有独資公司」に対し特別な扱いをしている。現在、国有企業は主に有限責任会社と株式会社という2つの形態が多い。しかし、これはいずれも企業集団の傘下にある子会社が取る形態である。親会社の場合、特に「中央企業」は法律上「国有独資会社」（原文「国有独資公司」）の形態である。ゆえに、中国の国有企業における内部統治構造の検討にあたって、図9－1と図9－2のように2つのモデルを考えなければいけない。1つは上場株式会社であって、もう一つは法律上「国有独資会社」の形態をとっている「中央企業」である。

第1節　株主総会制度と実態

　中国の会社法（第67条）の定めにより、国有独資会社では株主総会が設置されていない。国有独資企業の場合、株主総会の職権の執行機関は「国有資産監督管理機関」となっている。「国有資産監督管理機関」は一部の職権の執行を取締役会に委託するが、会社の合併、分立、解散及清算などの事項の決議に関しては自ら執行を行う。以下では、国有独資会社には株主総会がないことから、株式会社の株主総会制度だけを検討の対象にする。
　株主総会（股東大会）は会社法第99条によって株式会社（股份有限公司）の最高権力機関として定められた。株主総会は以下の権限（会社法第100条）を有している。
「①会社の経営方針と投資計画の決定
　②非職員代表からの取締役と監査役の選任と解任、取締役と監査役の報酬

図9－1　上場株式会社における内部統治構造

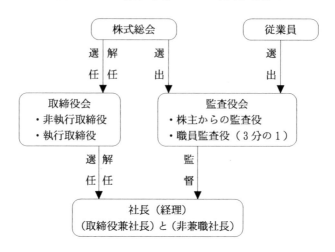

(出所) 筆者作成

図9－2　国有独資企業における内部統治構造

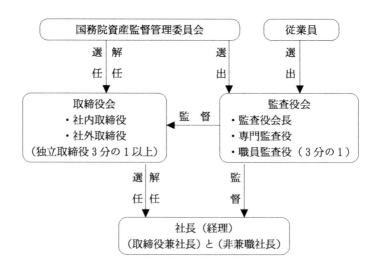

(出所) 筆者作成

事項の決定

③取締役会報告の審議承認

④監査役会か監査役からの報告の審議承認

⑤会社の年度財務予算案と決算案の審議承認

⑥会社の年度利潤配分案と欠損補填案の審議承認

⑦会社の登録資本の増減についての決議

⑧会社の社債発行についての決議

⑨会社の合併、分立、解散及び清算などの事項についての決議

⑪ 会社定款の改正

⑫会社社定款に定められた他の職権」[1]

実際には、以上の12の権限は会社法第38条で定めてある有限責任会社の株主総会の権限と全く同じものである。それ以外に、株式会社における株主総会は有限責任会社の株主総会よりもっと幅広い権限を持っている。例えば、有限会社の株主総会では、株式の発行の決議権を持つことは考えられないことである。具体的に、株式会社における株主総会の権限を以下のように解釈することができる[2]。

①重要な経営の決定権。株主総会は直接に会社の経営に携わることではなく、ただ会社の経営方針と投資計画を決定する。また、株主総会は次のような会社の重大な利益と関わりがある事項に対し決定権を持っている。（1）他の会社に投資する場合、（2）他者に担保を提供する場合、（3）株式が上場されてから1年以内で重大な資産を売買する場合[3]。

②人事の任免権。株主総会は取締役や監査役の任免権を有するだけではなく、法人代表の交替についても決定権を持っている。

③報告や法案の審議承認権。株主総会は、取締役会からの報告または監査役会か監査役からの報告に関して審議承認権を持つと同時に、会社の年度財務予算案と決算案、利潤分配案、欠損補填案についても審議承認権を持っている。

④重要な事項に対する決議権。この決議権は、上で述べた登録資本の増減、

社債発行、会社の合併、分立、解散及び清算などの事項についての決議だけではなく、次の6つの事項についても決議権がある。(1)株式発行と募集資金の使用、(2)会社の自社株式の買い、(3)積立金の使用、(4)会計事務所の選任と解任、(5)清算の確認、(6)行政再議と訴訟。

⑤定款の改正権。会社の定款には、会社の名称、住所、経営の範囲、設立の方式、資本の構成、創業者の状況、組織の構成などの重要な事項が記載されている。このような定款の決定や改正はいずれも株主総会によって行われている。

⑥会社定款に定められた他の職権。これは、会社法で決まった10の権限のほかに、会社が自ら株主総会の権限を決めることである。しかも、この権限は違法としないことが条件になっている。

　株主総会は年度総会と臨時会議の2つがある。総会は年に1回開催されている会議である。臨時総会は特別な事由がある場合、開催しなければならない会議である。株主総会の招集は基本的に取締役会によって行われる。取締役会が招集することができない場合、監査役会または10％以上の株式を持っている株主が招集することもできる。総会が開催される20日前までに、開催の時間、場所、審議の事項を株主に通知しなければならない。株主の議決権は1株1議決権が原則である。特別な決議は総会参加者の有する議決権の3分の2以上の賛成が条件であるのに対し、一般の決議は半分以上の賛成が必要になる。

　会社法は以上のような株主総会の権限を明確にしているが、各株式会社の実施状況はどうなっているのか。ここで、2008年中国社会科学院が上場株式会社のうち上位100社を対象に調査したデータに基づき、次のような4つの内容を確認する。①株主総会の権限項目の設定状況、②資産の売買額と担保額が資産総額に占める割合、③株主臨時総会の提案と招集、④株主の取締役候補の提案権。

① 株主総会の権限項目の設定状況。

　上位100社のうち98社は、会社法の定款に定めてある10の権限を取り入れ

第9章 「新三会」制度

ている。他の2社は10の権限のうち8の権限しか設けていない。特に、100社のうち46社が会社法の定款より多い15の権限を設けており、これは100社の平均値でもある。このような株主総会の権限項目の設定状況からは、会社が株主を重視する体制をとっているかどうかについて確認することができる[5]。

② 資産の売買額と担保額が資産総額に占める割合の設定。

上で述べたように、資産の売買額が総資産額に占める割合と担保額が総資産に占める割合は、株主総会で決議される重要な事項である。しかも、その決議は総会参加者の有する議決権の3分の2以上が条件になっている。2つの比率に関しては、資産の売買額の調査に応じたのは86社であって、担保額の調査に応じたのは83社であった。両割合の設定状況はいずれも25％、30％、33％、50％という4つのパターンから確認することができる。詳しくは表9－1の通りである。表9－1で示したように、両比率は普遍的に高い比率で設定されている。一番高いのは50％であって、普遍的に採用されているパターンは30％である。この両比率の設定比率が高いことは、中・小株主が重要な事項に対する発言が難しいことを意味する[6]。

③ 株主臨時総会の提案と招集。

上位100社は、臨時総会の提案と招集の資格について基本的に会社法の規定に従っている。臨時総会の提案の資格に関して、100社のうち80社が株式の3％以上をもつものとしているのに対し、19社が株式の5％をもつものとしている。1つの会社は調査不明になっている。臨時総会の招集資格に関しては、100社のすべてが会社法に定めた10％としている。この二つの資格の

表9－1　資産の売買額と担保額が資産総額に占める割合

	25％	30％	33％	50％	合計	不明
資産の売買額		81	4	1	86	14
担　保　額	2	79	1	1	83	17

（出所）仲継銀（2009），380頁。

設定は、低ければ低いほど中小株主の意見が株主総会に届きやすくなる。
④ 株主の取締役候補の提案権。

　この調査に応じた会社は100社のうち82社であった。82社の取締役候補の提案権は会社によって違う。それぞれの会社が次のような比率を実施している。すなわち、株式の全体の1％、3％、5％、10％、30％をもつものが取締役候補の提案権を有している。具体的に、1％が5社、3％が41社、5％が30社、10％が5社、30％が1社になっている。このように、国家機関が大株主になっている中国の株式会社では、特に個人株主が取締役候補の提案権を持つことは難しいのである。

　以上のように、各株式会社は会社法に従ったものの、いずれもが高い水準で設置されている。それに、株式所有構造では国家機関が大株主になっているため、国家機関が株主総会における主導権を握っている。したがって、大株主と個人投資者の株主総会への関わり方が全然違う。一方で、国家株主と法人株主は、大株主として自分の所有の優位性を保つために株主総会の参加に積極的である。もう一方、多くの個人投資者は、株主とする権利意識が低く、市場での株式売買による収益（キャピタル・ゲイン）を目的にし、株主総会にあまり参加しない。

第2節　取締役会制度と実態

　株式会社（原文「股份有限公司」）における取締役会は会社法（109条）により次のように作られている。取締役会は5〜19人の取締役によって構成されている。そのうち、職員代表が含まれることは可能である。取締役会は以下のような権限を持っている。
「①株主総会を招集し、株主総会に活動を報告する
　②株主総会の決議を執行する
　③会社の経営計画と投資案を立案する
　④会社の年度財務予算と決算案を立案する

第9章 「新三会」制度

表9－2 「股份有限公司」と「有限責任公司」

	国有独資公司（有限責任公司）	股份有限公司
取締役会の構成	3人～13人の取締役 ・職員代表の設定⇒必要 ・会長1人 ・副会長の設定⇒可能 ・会長と副会長は国有資産監督管理機関が取締役のメンバーの中から指定	・5人～19人 ・職員代表の設定⇒可能（任意） ・会長1人 ・副会長の設定⇒可能 ・会長と副会長は取締役会で取締役メンバー半数以上の投票により任命
取締役の任期	1期3年、連期可能	1期3年、連期可能
取締役会の職権	同上	同上
取締役会の会議	・会長が招集または主催する ・会長が不可能の場合、副会長によって行われる ・副会長が不可能の場合、半数以上の取締役が1人を推薦する	・毎年2回以上、10日前までに取締役と監査役に通知 ・株主議決権の10の1以上をもつ株主、または取締役の3分の1以上あるいは監査役会によって臨時取締役会の開催を提起することができる。取締役会は提起を受けてから10以内に取締役会を招集または主催する。 ・会長が招集または主催する ・会長が不可能の場合、副会長によって行われる ・副会長が不可能の場合、半数以上の取締役が1人を推薦する
取締役会の議事方式と議決手順（程序）	・取締役会が議事の内容を記録する ・出席した取締役のサインが必要 ・1人1議決権	・取締役会の会議の開催は過半数の取締役の参加が必要 ・会議の決議の決定に関して、取締役の過半数によって決定 ・1人1議決権
社長（経理）の設定と職権	・社長の任用または解任は取締役会によるものである。 ・職権 ・取締役が社長を兼任することが可能	・社長の任用または解任は取締役会によるものである。 ・職権 ・取締役が社長を兼任することが可能

（出所）筆者作成

⑤会社の利潤分配案と欠損補填案を立案する

⑥会社の登録資本の増減および会社債券発行案を立案する

⑦会社の合併、分割、解散の方針案を立案する

⑧会社内部の管理機構の設置を決定する

⑨会社社長（総経理）任用しまたは解任する。社長の指名に基づき、会社の副社長、財務責任者を任用または解任し、その報酬事項を決定する

⑩会社の基本管理制度を制定する

⑪会社定款に定められた他の職権」[7)]

以上の権限は、有限責任会社（原文「有限責任公司」）における取締役会の権限と全く同じく設定されており、それ以外にも取締役の任期などについて重なるものがある。「国有独資企業」は法律的に「有限責任公司」に属するため、それを「有限責任公司」の条例で説明する必要がある。「股份有限公司」と「有限責任公司」における取締役会に関する内容を比較してまとめると、表9－2のようになる。

1 上場株式会社における取締役会の実態

1) 専門委員会の実態

2002年、中国証券監督管理委員会は、「上場会社ガバナンス準則」（原文「上市公司治理準則」）を発布し、上場会社の取締役会には次のような4つの専門委員会を設置すべきだと定めた。すなわち、戦略委員会と会計審査委員会（審計委員会）、指名委員会、報酬委員会及び考課委員会（考核委員会）。また、4つの専門委員会には次のような具体的な職権がつけられた。

① 戦略委員会の職権。会社の長期発展戦略と重大な投資対策について研究し、建設的な意見を出す。

② 会計審査委員会の職権。外部会計審査機関の受入と更訂の提議、内部会計審査制度の設定、会社内部の会計情報の審査及び公開。

③ 指名委員会の職権。取締役と経理（社長）の選考標準の研究、優秀な取締役と優秀な経理を探し、それぞれ候補を審査する。

第9章 「新三会」制度

④ 報酬委員会及び考課委員会（考核委員会）の職権。取締役と経理の基準の研究、取締役と経理の報酬法案の研究および審査。

2）専門委員会の設置状況

以上のガバナンス準則が出される前まで、専門委員会を設置した上場株式会社はわずかであった。例えば、王中傑の2001年度98の上場株式会社を対象に調査した結果によると、専門委員会を設置した会社はわずか8.6％であった。ただし、当時98社の中で、上の4つの専門委員会のほかに次のような専門委員会を設置した会社があった。①資産管理委員会、②専門家顧問委員会、③執行委員会、④発展決定委員会、⑤リスク統制委員会、⑥計画発展委員会、⑦財経管理委員会などである[8]。

2002年の「準則」が発布されて以降、専門委員会を設置した会社は大きく増えた。丁忠明らの119の上場株式会社を対象に行った調査によると、2007年度119社のガバナンス準則の実施状況は119社のうち92.44％の会社がガバナンス準則に従い専門委員会を設置した。しかし、各上場会社における専門委員会は、ただの形式的なものであって、専門委員会の役割を全然果さなかった。専門委員会には次のような問題があった。まず、準則において審査委員会の中には少なくも1人の独立取締役がいるべきと定めてあるが、その独立取締役は事実上会社の外で働くものが多かった。次に、専門委員会の職権

表9－3　2007年度と2008年度の委員会の設置状況

委員会の数	2008年度調査			2007年度調査			数量状況
	企業数	割合(％)	累計割合(％)	企業数	割合(％)	累計(％)	
1～2	16	19.3	19.3	13	17.6	17.6	おお不足
3	24	28.9	18.2	30	40.5	58.1	ややおう不足
4	31	37.3	85.5	18	24.3	82.4	比較的適当
5以上	12	14.4	100	13	17.6	100	適当
合計	83	100		74	100		

（出所）仲継銀（2009），170頁[10]。

は取締役会で集団の討議によって代替された。また、ほとんどの会社における取締役会は規模が小さいため、1人の取締役がいくつの専門委員会のメンバーになるケースが多かった。[9]

丁忠明らの結論は、中国社会科学院の調査においても同じであった。中国社会科学院は、上位100社の上場株式会社を対象に、2007年度と2008年度における専門委員会の設置状況と専門委員会会議の回数に関する調査を行った。そして、次のような2つの結論を出した。

1つは、専門委員会が設置されたものの、その数が足りないこと。中国社会科学院は、次のような5つの標準を設定し、専門委員会の設置状況を調べた。①1～2が大不足、②3がやや不足、③4が比較的に適当、⑤5以上が適当。その結果を表9－3にまとめてあるが、表で示したように、2007年度には58.1%の会社、2008年度には48.2%の会社が「上場会社カバナンス準則」で定めてある最低条件4つに達していない。

もう1つは、専門委員会の会議数が少ないこと。2007年度上位100社のうち3分の1の会社における各専門委員会の会議の平均数が2～3回である。また、3分の1の会社において各専門委員会のごとに4～6会議を開き、他の3分の1の会社では7回以上の会議を開いていた。2008年度の上位100社の上場会社における会議数が前年より上がる傾向があった。しかし、それは当年の金融危機に原因があると思われる。

中国社会科学院の研究者である仲継銀は、以上の問題の原因が「一股独大」にあると指摘した。つまり、それは国家が中心になって大株主になったことである。

以上では、取締役会における専門委員会の設置状況と専門委員会会議の回数から検討した。もちろん、この2つ状況から上場株式会社における取締役会の具体的な運営の内容を透視することができない。しかし、国有企業の株式会社化にあたって、以上の2つの状況の改善は現段階の最低限の課題であろう。

3）取締役の実態

普通、取締役は、会社の中で取締役の職以外に管理職や技術職があるかどうかによって、2種類の取締役がある。イギリスでは、取締役の職以外に他の職がある場合執行取締役（executive director）と呼んで、他の職がない場合非執行取締役（non-executive director）と呼んでいる。アメリカでは、この2つを社内取締役（management director）と社外取締役（non-management director）と呼んでいる。中国の場合、以上の呼び名が全部取り入れられている。会社集団のなかの親会社では取締役を社内取締役と社外取締役に分けているのに対し、上場株式会社では取締役を執行取締役と非執行取締役に分類している。しかし、中国の会社法では、以上の二種類の分類に対して厳密に区別してない。ただし、2001年中国証券監督委員会は、「上場会社での独立取締役制度の設定に関する指導意見」（原文「关于在上市公司建立独立董事制度的指导意见」）を発布し、取締役のなかで3分の1以上が「独立取締役」であることを上場株式会社に要求した。2006年新しく修正された会社法（123条）においても、独立取締役の選任が強調されているが、これが中国で初めての社外取締役制度と言えるものである。独立取締役とは、非執行取締役の一種であり、会社と何の経済的利益関係を持たず、単独に会社の経営管理に対し監督機能を発揮することができる取締役のことである。例えば、上場会社またはその関連会社の職員と親族関係を持たない人、上場会社またはその関連会社の財務や法律などと関連がない外部の人が、それにあたる。

上場株式における取締役の状況を次の3つから検討することができる。すなわち、取締役の背景、取締役と大株主の関係、取締役と会社の各管理部門の責任者との関係。

① 取締役の背景

ほとんどの上場株式会社は、旧国有企業が株式会社制企業に転換されたものである。そして、当時の取締役のほとんどは旧国有企業の工場長や党支部書記であった。現在、上場株式会社において独立取締役を除く執行取締役と非執行取締役の特徴は2つある。1つは、ほとんどが旧国有企業の時代で働

いたことがあるものであって、もう1つは、本社の派遣か職員代表から選ばれたものである。独立取締役は、政府機関、科学研究機関、教育部門などでの経験者である。このように、国有企業に株式会社制度を導入したとはいえ、取締役の人事採用は旧国有企業時代とあまり変わらない[11]。したがって、会社の経営の仕組みもあまり変わらないものとなる。

② 取締役と大株主の関係

　2000年の上海証券取引場の250社に対する調査によると、1999年度250社の取締役の中で、筆頭株主から派遣された取締役が53.9％を占めており、第2位の大株主と第3位の大株主から派遣された取締役の数を合わせると70％になる。しかも、第1位から第3位までの大株主は政府か政府の管理の下での法人会社である[12]。

　「株権分置改革」以降、取締役と大株主の関係には次のような特徴が現れた。筆頭株主の持ち株が上場株式会社の全体株式の50％より低い場合、筆頭株主から派遣した取締役が取締役の全体に占める比率は、筆頭株主の持ち株率より高い。筆頭株主の持ち株率が50％を超える場合、筆頭株主から派遣した取締役の比率は持ち株の比率より低い。このようにして、筆頭株主が積極的に支配権を握っている[13]。

③ 取締役と会社の各管理部門の責任者との関係

　上場株式会社の取締役は、会社の管理職、あるいは子会社の経理（社長）などの他の職を兼任することが多い。特に、執行取締役が財務部経理を兼職するケースが多い。このような取締役は財務職の経験者、または子会社の経理か管理職から選ばれたものである。現在の株式会社の多くは旧国有企業から転換されているため、中国の管理者はまだ他の国の管理者に比べ管理の経験が少ない。それゆえに、取締役と会社の各管理部門の責任者について、あまり評価することができない。

2　国有独資企業の取締役会の実態

1）国有独資企業の取締役会

　国有独資会社の取締役会は、有限責任会社における取締役会と全く同じ権限を持っていると同時に、株式会社では株主総会が持つべきであった一部の権限を持っている。ただし、会社法（第67条で）は、次のような権限が国有資産監督管理機関によって決定すると定めている。すなわち、それは会社の合併、分立、解散、資本金の増減及び会社権の発行である。国有独資公司の中で重要とされている会社があるが、その合併、解散、破産の申請に関しては、国有資産監督管理機関が審査し、政府が決定する。

　国有独資会社には株主総会が設置されていないため、取締役の多くは国有資産監督管理機関から直接に任命されるものである。特に、取締役の中に代表取締役（董事長）や副代表取締役（副董事長）がいるが、いずれも国有資産監督管理機関から特別な指名によって選ばれたものである。ただ、職員代表からの取締役だけが国有資産監督管理機関から任命されるものではない。

　取締役会の下の管理層には経理（社長）があるが、経理（社長）の権限は有限責任会社の経理（社長）の権限と同じものである。しかし、国有独資会社の経理（社長）は有限責任会社の社長と違って、取締役会の会議に参加することができる。取締役が自社の社長を兼任することができるが、取締役が国有資産監督管理機関の許可なしに他の会社の職（代表取締役、副代表取締役、高級管理職）を兼任することはできない。

　「中央企業」が初めて国有独資会社として取締役会制度を実施したのは2004年からであった。当時、国務院の下に置かれている国有資産管理監督委員会は「中央企業の国有独資会社とする取締役会の設立と改善に執行に関する通知」を発布し、「中央企業」に取締役会の制度の取入れを呼び掛けた。その通知を受け、「宝鋼集団有限公司」がはじめて取締役会制度を実施した。表9－4で示したように、2006年には取締役会制度を実施した会社数は17社に達した。当時、17の会社は、取締役制度の実施にあたって、次のような7

表9－4　中央企業の専門委員会設置状況

企業名称	常務委員会	戦略（投資）委員会	指名（ガバナンス）委員会	報酬と考査委員会	会計審査（財務審査）委員会	（風険）コントロール委員会	安全健康環境保全委員会
宝鋼集団有限公司	有	無	有	有	有	無	無
神華集団有限公司	有	有	有	有	有	無	有
中国誠通控股公司	有	有	有	有	有	無	無
中国鉄通集団有限公司	有	常務委員会（兼）	有	有	有	会計審査委員会（兼）	無
中国国旅集団有限公司	有	有	有	有	有	会計審査委員会（兼）	無
中国医薬集団総公司	有	有	有	有	有	無	無
中国電子信息産業集団	有	有	有	有	有	無	無
中国房地産集団有限公司	有	有	有	有	有	無	無
中国建築材料集団有限公司	無	有	有	有	有	無	無
中国外運集団有限公司	有	有	有	有	有	会計審査委員会（兼）	無
新興鋳管集団有限公司	有	無	有	有	有	会計審査委員会（兼）	無
中国鉄道建設集団有限公司	有	有	有	有	有	無	無
中国鉄路行程集団有限公司	有	有	有	有	有	会計審査委員会（兼）	有
中国農業発展集団有限公司	有	有	有	有	有	会計審査委員会（兼）	無
攀鋼集団有限公司	有	有	有	有	有	会計審査委員会（兼）	無
中国冶金科工集団有限公司	有	有	有	有	有	有	無
中国恒天集団有限公司	有	有	有	有	有	無	無

（出所）張卓元・鄭海航（2008），225頁。

第9章 「新三会」制度

つの専門委員会を設けた。①常務委員会、②戦略(投資)委員会、③指名(ガバナンス)委員会、④報酬と考査委員会、⑤会計審査(財務審査)委員会、⑥風険(リスク)監視委員会、⑦安全・健康・環境保全委員会などである。これらのうち、会社によって2つの委員会が一体になる場合があった。例えば、中国鉄通集団有限公司においては、常務委員会と戦略(投資)委員会が一体とされた。風険監視委員会が設置されず、会計審査委員会がその役割を

表9-5 中央企業の取締役会の構成

企業名称	取締役の人数	外部取締役の人数	外部取締役の比率(%)	企業名称	取締役の人数	外部取締役の人数	外部取締役の比率(%)
宝鋼集団有限公司	9	5	55.6	中国外運集団有限公司	8	5	62.6
神華集団有限公司	9	5	55.6	新興鋳管集団有限公司	11	5	45.4
中国誠通控股公司	11	6	54.5	中国鉄道建設集団有限公司	11	6	54.5
中国鉄通集団有限公司	9	5	55.6	中国鉄路行程集団有限公司	9	5	55.6
中国国旅集団有限公司	13	7	53.8	中国農業発展集団有限公司	11	6	54.5
中国医薬集団総公司	9	5	55.6	攀鋼集団有限公司	11	6	54.5
中国電子信息産業集団	9	5	55.6	中国冶金科工集団有限公司	10	5	50.0
中国房地産集団有限公司	9	5	55.6	中国恒天集団有限公司	9	4	44.4
中国建築材料集団有限公司	11	6	54.5				

(出所) 張卓元・鄭海航 (2008),228頁。

担ったのである。

　前記のように、中央企業（国有独資企業）では取締役を執行取締役と非執行取締役に分けるのではなく、社内取締役と社外取締役として分けている。社外取締役は会社の外から来たものである。社外取締役は社内の取締役や取締役会の専門委員会の職務を担当する以外に、他の事務を担当してはいけない。取締役会における社外取締役の割合について、ほとんどの会社では社外取締役の数が取締役の全体の半数以上を占めている。表9－5のように、17社の中で中国恒天集団有限公司のみが、全体取締役数9人の中で社外取締役が4人だけであり、その割合が44.4％で、半数を満たさなかった。

2）取締役会制度の実施がもたらした問題

　取締役制度の実施が中央企業にもたらした問題を次の3つにまとめることができる。
① 取締役と経理（社長）のそれぞれの権限に対する認識の違い。

　国有資産監督管理委員会は、中央企業における企業の戦略に関する決議、執行、監督の分離を要求した。ところが、一方の取締役側の認識は次のようなものである。取締役こそが企業の戦略の決議権を持っていて、経理がその決議をただ執行すればよいというものであった。それに対して、他方の経理側はそれと異なった認識をしていた。彼らによれば、決議の執行のすべてが経理によって行われること。また取締役の決定権は事実上審査の検定権のみに限られる。つまり、経理が提出した法案について、取締役会はただ形式的に審査するだけとなる。

　このような両者の権限に対する認識の違いにより、次のような2つの問題が発生した。一つは、両者の間の権限をめぐる争いであって、もう一つは、両者の説明責任の不明確である。[15]
② 取締役会はその職権が明確にされていない。

　国有独資会社における取締役会の権限には、経理の選任、考査、報酬の決定などの事項が掲載されている。これは、株式会社制度を導入した企業にと

って当然なことである。しかし、旧国有企業の時代からあった「旧三会」制度が残っている限り、取締役会の権限がただの形式になってしまっている。また、国有資産管理委員会は各中央企業に対して、取締役会と取締役の評価の重視を呼びかけているが、各国有独資企業の中にはまだ統一した評価の標準が設けられてない。

③ 社内取締役と社外取締役の問題。

ほとんどの社内取締役は、他の部門で重要な職を兼職している。例えば、代表取締役と総経理、党委員会の書記、子会社の責任者、労働組合の主席など。しかし、社内取締役が、財務の責任者や技術者から選ばれた場合はほとんどない。

社外取締役は、研究者と学校、中央企業での経験者など社会的に地位が高い人から選ばれる場合が多い。しかし、各分野からの専門家（例えば、会計士、弁護士、民営企業の実務家）から選ばれることはあまり例がない。

第3節　監査役会制度と実態

1　監査役会制度

監査役会は中国「会社法」に沿って作られた機関である。株主の利益を守るため、取締役会及び社長（総経理）の行為に対し監督・監視を行う。会社法（第118条）は監査役の構成について次のような内容を規定している。

まず、株式有限会社（公司）に監査役会を置くことと、監査役会の役員は3人以上でなければならないこと。次に、監査役会のメンバーは株主総会の代表と会社従業員の代表によって構成されていて、しかも従業員の代表が3分の1以上であること。最後に、監査役会のなかには監査役会の会長（主席）がいること。会長は半数以上の監査役会のメンバーの投票によって選ばれるものであること。

会社法（第119条）は監査役会に以下のような権限を持たせている。

「①会社の財務を検査する
②取締役、経営者が会社職務を執行する時に法律法規または会社定款に違反する行為を監督する
③取締役、経営者の行為が会社の利益に害を与える時に取締役と経営者に対してその是正を要求する
④臨時株主総会の開催を提案する
⑤社定款に規定されている他の権限[16]」

国有独資会社の場合、株式有限会社と同じく監査役のメンバーの中には3分の1以上の従業員の代表がいなければならないが、その構成（第71条）は5人以上になっている。職員代表以外の監査役はすべてが国有資産監督管理機関から委任されたものである。特に、監査役会会長（主席）は国有資産監督管理機関から特別に任命された者である。監査役会の権限に関しては、上の株式有限会社の権限の第1権限から第3権限までの内容と同じである。他の権限に関しては国務院が定めることになっている。

2　上場株式会社の監査役会の実態

2000年初め頃には、各株式会社における監査役会の規模が3人以上という法定基準に達することになった。これについては川井伸一の次のような指摘がある。

「監査役会の規模は法定の最少人数が3人と規定されているが、上限の規定はない。湘財証券による調査（2001年）によれば、サンプル941社の監査役会の平均人数は4.38人で、最少人数は2人（3社）、最大人数は13人であった。監査役を2人しか置いていない3社は法定の最低基準に達していない[17]」。

しかし、当時の監査役会のメンバー構成において、従業員の代表は株主総会の代表より遥かに少なく、3分の1以上という法定人数に達していなかった。これについても、川井伸一が上海証券取引所の257社に対する調査の結果に基づき述べた言葉がある。

第9章 「新三会」制度

「監査役総数のなかで株主による選出は50%、国家株主によるもの25%、国有法人株主によるもの44%、非国有法人株主によるもの25%、国有法人株主によるもの44%、非国有法人株主によるもの12%、内部従業員株主によるもの11%、流通株主7%であった[18]」。

以上は、あくまで監査役会制度の実施状況であるが、その構成においてどのような特徴があるのか。まず、特徴の1つとしてあげられるのは、監査役会のメンバーが主に企業内部の管理職によって構成されていることと、党組織幹部が多いことである。以下では、「吉林敖東薬業集団株式有限会社」の具体的な例をあげ、その特徴を説明する[19]。

「吉林敖東薬業集団株式有限会社」は、吉林省敦化市に位置し、1993年3月に旧国営企業から株式制企業に転換された製薬会社である。同社は1996年10月に深圳株式交易市場での株式の上場を実現した。現在、「吉林敖東薬業集団株式有限会社」は企業集団の親会社として15の子会社を持っている。

「吉林敖東薬業集団株式有限会社」の監査役会のメンバー構成は表9－6のようである。

表9－6で示したように、監査役会のメンバーは李利平監査役会長と4人の監査役によって構成されている。刁潤田を除くすべての監査役は企業内部で他の職を兼職している。注目すべきことは、すべての監査役が共産党員で

表9－6 「吉林敖東薬業集団株式有限会社」の監査役会の構成

名前	職	兼職状況	学歴	党員であるか	株主および他の会社からの収入
李利平	監査役会会長	執行取締役	大学	あり	なし
刁潤田	監査役	「延辺州国有資産資産経営公司」の職員	大学	あり	あり
郭麗	監査役	労働組合へ出席	大専（短期大学）	あり	なし
徐春風	監査役	会計（経理）	大専	あり	なし
趙大龍	監査役	貯運部の部長	大専	あり	なし

出所：作者作成。

ある。また、従業員代表から選ばれた者は郭麗しかいない。これは、従業員代表が監査役会メンバーの20％しか占めておらず、会社法が要求する3分の1に達していないことを意味する。

　上場株式会社における監査役会には、以上のような特徴がある一方、また次のような4つの問題がある。1つ目は、監査役は取締役や総経理による指名が多い。2つ目は、監査役会の以外にも党委員会、紀律検察委員会、行政監察部門、会計監察部門、従業員代表大会など監査機関が多いということから、監督・監視の機能が発揮できない。3つ目は、監査役側の情報の非対称性である。監査役の情報源は主として取締役会への参加、取締役会の報告の閲覧、会社の取締役や管理者への聞き取り調査などが多いため、独自の調査は極めて少ない。4つ目はインセンティブ不足である。つまり、監査役の報酬が低いか報酬支払いを受けないということである。[20]

3　中央企業の監査役会の実態

　中央企業における監査役会制度は「稽察特派員制度」から発足したものである。「稽察特派員制度」には以下のような意味が含まれている。

　1990年代末頃、中国政府は国有資産の流出の問題を抱えていた。当時、中国政府は、国有資産の管理、監督、有効な運営の措置として、1998年には国務院が発布した「国務院機関改革法案」において「稽察特派員制度」を提議した。また、当年の7月に国務院は「国務院稽察特派員条例」を発布した。稽察特派員は国務院によって選ばれ、国務院に対して責任をとる義務を持っており、また国務院の代わりに国有企業に対し監督義務を果たさなければならない。稽察特派員の仕事は、主に財務の監査が中心になって、企業の経営業績と情報を把握し、国家の資産を守ることであった。当時、国務院と国務院の下に置かれている人事部から選ばれた稽察特派員は198人であって、301の国有企業を対象に調査活動を行った。

　現在、中央企業の監査役会における日常業務は国有資産監督管理委員会によって行われている。中央企業における監査役会は、中国の会社法や国務院

第9章 「新三会」制度

の「国有企業監査会暫行条例」において、国務院の派出機関として明確にされている。2003年国有資産監督管理委員会が成立されるまで、中央企業の監査役会は中央企業工業委員会と国有企業監査会弁公室という2つの機関によって管理された。監査役会のメンバーは、監査役会長[21]（元の稽察特派員）、専門（業）監査役（元の助理稽察特派員）、兼職監査役（職員代表）によって構成されている。ここで、監査役会長と専門（業）監査役は外部からの監査役のことであるのに対して、兼職監査役は内部監査役のことである。

　2003年に国有資産監督管理委員会が成立してから、国務院の代わりに国有資産監督管理委員会が中央企業の監査役会を管理するだけではなく、専門（業）監査役の派遣も国有資産監督管理委員会によって行われた。現在、全国で60箇所にオフィスが設置されており、28人の会長（主席）と310人の監査役が活躍している。彼らは、主に中央企業の監査役会の役割を果たしている。具体的に、1人の監査役会の主席は2～3のオフィスを管理し、1つのオフィスに3～4人の専門（業）監査役がいて、1つのオフィスが2～3の国有企業を管理している。

　中央企業における監査役会制度の導入は、国有企業の資産および権益を守るために一定の成果があったものの、まだ解決されてない問題が残されている。ここで、その成果と解決すべき点をまとめてみよう。監査役会制度の導入は、国有企業に次の4つの成果をもたらした。

　①　合理的な監督管理体制。まず、監査役は任期が3年であるため、その間国有企業の経営状況を明確に把握することができる。一般に、外部の監査役は、国有企業の本社に派遣されることが多く、すべての国有資産の投資や経営に対する監査権限がある。したがって、外部の監査役は、必要がある場合には国有企業の分社や子会社に対して監査機能を発揮することができる。また、国有企業に問題がある場合、それを詳しく調査すると同時に、その実態を国有資産監督管理委員会また国務院に速やかに報告することになる。最後に、監査役会の役割の中で最も重要なのは、財務を審査し、財務データの真実性を高めることである。それによって、経営活動における問題を発見し、

経営者の貢献度を推し量ることができる。

② 外部監査役会の監査方法の多様化。外部監査役会の仕事の内容には事前準備、調査、事後評価と報告という3つの段階がある。その方法には、報告と意見の聞取り、座談会の開催、財務資料の閲覧、資産状況の確認などがある。

③ 情報の非対称性の解決策。改革開放以来、中国の政府は、国有企業の活性化を求める目的から企業に自主経営権を与え、また過剰な行政管理機関を撤去した。その結果、1990年代後半には国有企業の経営者は経営情報や財務情報を操作し、国有資産に巨大な損失をもたらした。それを通じて、政府は監査機関の必要性を認めるようになったのである。したがって、監査役会制度の導入は、政府と経営者の間の情報の非対称性の問題を解決するための1つの措置として考えることができる。

④ 外部監査役の役割。監査役会制度が導入されてから、外部監査役は国有企業に存在したいろいろな問題を見つけだした。例えば、財務データの捏造問題、不良資産の問題、経営欠損の問題、経営者の戦略の過ち、脱税の問題、株式、先物への資金投資問題などである。

しかし、上で述べた4つの観点は、あくまで国有資産監督管理委員会が成立される前と比べた成果でしかない。国有企業の監査役会が今後改善すべき実際の問題としては、次の4つをあげることができる。

① 人事構成上の問題。監査役会は監査役会長（主席）、専門（業）監査役、兼職監査役によって構成されているが、それぞれが違う機関によって任命されている。監査役会長（主席）は国務院から直接任命されたものである。専門（業）監査役は国有資産監督管理機関から任命されたものである。兼職監査役は職員代表から投票で選ばれたものである。注意すべきは、このような人事構成における三者の上下関係がはっきりしていないことである。つまり、この人事構成は、監査役会主席の責任が明確にされてないだけではなく、誰によって監査役会主席を賞罰するかさえ不明なままであった。

② 人材の不足。外部からの監査役会は、基本的に本年度の問題を本年度

第 9 章　「新三会」制度

に国有資産監督管理委員会に報告する方針をとっている。そのため、仮に重大な事件が発生したなら、各オフィスにおける 4～6 人によって 2～3 の国有企業を監査することができなくなってしまう恐れがある。

　③　内部監査役の問題。中国政府が内部監査役制度を導入する最初の目的は職員の利益を守ることが狙いであった。しかし、内部監査役は職員の利益を守るためではなく、経営者の立場に立って報告書にサインしないこともあれば、経営者に監査役会の情報を漏らすこともある。

　④　監査役に対するインセンティブが機能しない。「国有企業監査役会暫行条例」において、監査役の奨励制度が設けられてあるが、事実上その制度があまり機能しなく、奨励を受けている人が少ない。

注
1）張海棠（2009），91頁。川井伸一（2003），80頁において日本語に訳されているが、中国の新会社法を厳密に翻訳するため、日本語訳は参考として使った。
2）以下 6 つの内容は、張海棠（2009），214～215頁を参照。
3）他社に担保を提供する案について、会社は「会社法」あるいは「会社定款」に基づき、株主総会で決議を通さなければならない。特に、上場会社が 1 年以内での担保額が会社の資産総額の30％を超える場合、株主総会で絶対多数の株主の支持を得る必要がある。
4）会社法第101条において、臨時総会は次のような特別な事由がある場合開催されると規定されている。①取締役の人数が本法律で定めた人数あるいは会社定款で定めた人数の 3 分の 2 を満たさない時、②会社の未補塡の欠損が株式総額の 3 分の 1 を達する時、③単独であるいは合計で会社の株式10％以上をもつ株主が（会議の開催）を求める時、④取締役会が必要とする時、⑤監査役会によって開催を提議する時、⑥会社定款に規定された他の事情。
5）仲継銀（2009），379頁を参照。
6）仲継銀（2009），380頁を参照。
7）黄海嵩（2007）、132～133頁。川井伸一（2003）88頁において日本語訳にされているが、中国原文を厳密に翻訳するために、日本語訳は参考として使った。
8）川井伸一（2003），100頁を参照。
9）丁忠明（2009），116頁を参照。

10) 両年度の調査では、いずれも上位100社を対象に調査を行ったが、確定された会社数は2007年度には74社であって、2008年度には83社である。
11) 仲継銀（2009), 67頁を参照。
12) 川井伸一（2003), 93頁を参照。
13) 仲継銀（2009), 67頁を参照。
14) 有限責任会社の経理（社長）の権限には次のような8つの内容が含まれている（第5条）。①会社の生産を管理し、取締役会の決議を実施する。②会社の年度経営計画と投資案を実施する。③会社の内部機関の設置法案を作る。④会社の基本的な管理制度を作る。⑤会社の具体的な規則を作る。⑥会社の副経理（副社長）と財務責任の選任案及び解雇案を提出する。⑦選任と解雇に関し、取締役会がもつ権限の範囲を除いて、ほかの管理者のすべてが経営者によって決定する。⑧取締役会によって授けられた他の権限。
15) 張卓元・鄭海航（2008), 230-231を参照。
16) 黄海嵩（2007), 134-135頁。川井伸一（2003), 102-103頁において日本語訳にされているが、中国原文を厳密に翻訳するために、日本語訳は参考として使った。
17) 川井伸一（2003), 104頁。
18) 川井伸一（2003), 104頁。
19) 私は、千葉大学人文社会科学研究科の2009年度「実践的公共学応用プログラム派遣事業」の支援を受け、2010年1月に「吉林敖東薬業集団株式有限会社」を訪れ、「中国の株式会社理論の展開と株式会社化政策の実施に関する調査」を行った。以下のものは同時収集した資料に基づくものである。ただし、現在の監査役会のメンバー構成の内容は会社の内部情報に関わるものであるため、ここで監査役の任期が2008年末までとなっているものをあげる。
20) 川井伸一（2003), 106〜107頁を参考。
21) 中央企業における監査役会長の原語は「監察会主席」である。

第10章　株式会社における「旧三会」制度の役割

　第3章で述べたように、文化大革命以降の国営企業における内部管理制度は、「党委員会指導下の工場長責任制」と「党委員会下の従業員代表大会制」という「二本の柱」とした国営企業の内部管理体制であった。それまでの国営企業における党委員会は、共産党の方針と上級政府機関の指示に従う政策の執行部門であったと同時に、生産活動における重大問題の決定権を持つものでもあった。例えば、重大問題の決定には、経営政策の決定、各種計画、機構の変動、副工場長や工程師や総会計師の任命、などの事項に関するものが含まれている。

第1節　党委員会の役割

　その後、中国政府は国有企業に対していろいろな改革措置をとった。注目されることは、各改革の段階で国有企業における党委員会の役割が替えられたのではなく、むしろその重要性が強調されていた。特に、株式会社制度が導入されて以降、党委員会の位置づけが一層高まった。そのことの根拠は以下のようなものである。
　中国共産党の党規[1]の第32条では、国有企業における党委員会の職権を「中核的な政治の役割を発揮し、企業の生産と経営の活動をめぐって仕事を展開する。党と国家の方針、政策が企業で徹底的に執行されるように保証または監督をし、株主総会、取締役会、監査役会および経理（工場長）の法に基づく職権の行使を支持する。誠心誠意に職員群衆の拠り所、職員代表大会の仕事が展開されるように支持をする。企業の重大事項の決定に参加する[2]。」と規定している。ここで、党委員会が企業の重大事項の決定に参加できること

は、株主総会、取締役会、監査役などと同等に重要性があることを意味する。しかし、党規では党員会の重要性を強調するものの、国有企業において党委員会がどのような役割を果たすかについては詳細に規定していない。

だが、それを補う政策として、1997年1月に発布された「国有企業での党建設的作業の更なる強化と改善に関する中共中央の通知」（原文「中共中央关于進一步加強和改進国有企業党的建設工作的通知」）がある。同「通知」では、国有企業を社会主義制度のもとでの企業であることを強調した上で、共産党員が企業の重要な事項の決定に積極的に参加するように呼びかけた。その重要な事項には次のようなものがある。「経営方針、発展企画、年度計画と重大な技術の更新、技術の導入方案。財務予算、資産の再編及び資産運営に関する重要な問題。中級以上の管理者の選抜・採用と賞罰。企業における重要な改革法案または重要な管理制度の制定・修正。職員の利益に関わる重要な問題」[3]である。

その後、「通知」で記載されている内容は政府の政策の一貫として度々あげられている。例えば、中国政府は、2005年3月に「中央企業の党建設の強化と改善に関する中央組織部、国務院国資委員会の党委の意見」を発布し、党委員会が国有企業の政治的核心であることを強調しながら、党委員会が積極的に企業の重要な事項の決定に参加するように指示した。

以上のように、中国政府が国有企業における党委員会を重視することはいうまでもない。そもそも、株式会社制度のもとで、株主総会、取締役会、監査役会が3つの権力機関として認識されている。しかし、国有企業に株式会社制度が導入されながら、党委員会の権限が放棄されない場合、どのように権限が重なるのか。それを次の2つにまとめることができる。①経営方針、発展企画、年度計画と重要な技術の改造、技術の導入法案、財務予算、資産の再編及び資産運営などは株主総会の権限の範囲である。しかし、党委員会がこれらに対する決定権をもっていることは株主総会の権限と重なるものになる。[4] ②党委員会が持っている「中級以上の管理者の選抜使用と賞罰。企業における重要な改革法案と重要な管理制度の制定、修正など」という権限は、

第10章　株式会社における「旧三会」制度の役割

取締役会の職権と重複するものである[5]。

　中国政府は、「双向侵入、交叉任職」という方法で党委員会のメンバーを「新三会」のメンバーとして兼職させている。「双向侵入、交叉任職」とは、次の2つのことを指す。1つは、党委員会のメンバーを取締役、監査役、社長（経理）に任命させることであり、もう1つは、取締役、監査役、社長（経理）の中にいる党員を党委員会に受け入れることである。

　川井伸一の先行研究によると、会社法の規定する役職（取締役、監査役、執行経営職）のなかに党委員会のメンバーを配置させる方法が3つある。①会社役員の正職と党組織の正職との1人兼職、②正職と副職との交叉配置、③党委員会委員（書記、副書記を除く）と取締役、監査役、執行経営者とのあいだの兼職[6]。ここで、国有資産管理委員会が指摘した120社の「中央級国有企業」のうち3つの企業を選んで以上の3つの方法を確認してみよう。

　まず、①の会社役員の正職と党組織の正職との1人兼職という措置に当てはまるのは「中国第一汽車集団公司」（略称：第一汽車）である。第一汽車は中国の初めての自動車メーカーとして1953年に設立された会社である。現在第一汽車は31の子会社を持っており、そのうち「一汽轎車株式有限会社」、「天真一汽夏利汽車株式有限会社」、「長春一汽富維汽車零部件株式有限会社」、「啓明信息技術株式有限会社」という4社が上場株式会社である。徐健一は本社の代表取締役であると同時に党委員会の書記を兼職している。また、彼は4つの上場株式会社のうち「一汽轎車株式有限会社」、「天真一汽夏利汽車株式有限会社」、「啓明信息技術株式有限会社」という3社で代表取締役になっている。但し、「長春一汽富維汽車零部件株式有限会社」の代表取締役は本社で総経理兼党委員会の委員である騰鉄騎氏によって担当されている。これは③の措置でもある[7]。

　次に、②の正職と副職との交叉配置に当てはまるのは「宝鋼集団有限公司」である。当社は、1978年上海で設立された会社をもとに、1998年から上海鉄鋼会社、新彊八一鉄鋼会社、杭州鉄鋼集団公司などの合併を通じて、中国での規模が一番大きい鉄鋼会社に発展した。現在は20の子会社を持っており、

その中で「宝鋼株式有限会社」、「八一鋼鉄株式有限会社」、「上海宝信軟件株式有限会社」、「広東韶鋼松山株式有限会社」という4つの会社が上場株式会社である。本社の代表取締役は党委員会の常務である徐楽山になっているのに対し、党委員会の書記である劉国勝が副取締役になっている。[8]

最後に、「長春一汽富維汽車零部件株式有限会社」と「宝鋼集団有限公司」の子会社「広東韶鋼松山株式有限会社」は③のケースに当てはまる。「長春一汽富維汽車零部件株式有限会社」の代表取締役は、本社の総経理兼党委員会の委員になっている騰鉄騎氏である。「広東韶鋼松山株式有限会社」での兼職状況は次の通りである。余子権は代表取締役と党委員会書記を兼任している。葛弘模は監査役と党委員会の副書記を兼任している。また、張坤明は監査役と党支部の書記を兼任している。[9]

中国政府は、国有企業の重要事項を決定する際、党委員会と取締役会との間に決定権を巡る対立が出ることを予想し、それを解決するための「双向侵入、交叉任職」という方法を採用した。しかし、そうすると国有企業における経営者は3つの役割を果たさなければならないことになる。

① 経営者は大株主のエージェントであるため、株主のために経営状況を改善し、利益を創出する必要がある。
② 大株主が国家であるため、経営者は社会的な全体利益を考慮しなければいけない。
③ 党組織の一員として、経営者は党組織の役割を果たす必要がある。

この問題に対して、川井伸一の視点は次のようである。「このような兼職をとおして、会社役員のなかに党員幹部を配置し、他方で党委員会のなかに経営役職者を配置するのである。もしこの方針が文字どおり実現されるならば、党組織の指導幹部と会社の経営指導職とは人的に一体化されることになるだろう。それはまた、党組織が会社の重大問題の意思決定に関与する場合に、党組織の意思を会社機関に伝達し反映させ、会社機関の考えを党組織に伝えるための組織的保証を与えることになる。そして、この経営指導部の人事配置に対する方針を、当然にも、経営役職者（取締役、監査役）を選出する

第10章 株式会社における「旧三会」制度の役割

プロセスに党組織が関与することを意味している」。つまり、彼は党組織の役割が最優先させられることになると主張している。

しかし、エージェンシー理論の観点からこの問題を見る場合、結局この問題は二重のエージェンシー問題である。「双向侵入、交叉任職」という人事の配置によって、党組織の代表と経営者という全然違う役が1つにまとめられることになる。つまり、経営者は株主のエージェントになると同時に、党組織のエージェントにもなる。したがって、問題は、党組織の代表が必ず企業をうまく運営することができるとは限らず、企業の運営にうまい経営者が必ず党委員会の仕事をこなすとはいえない。その結果、経営者は両権限のどちらかを選び、ひたすら1つだけの権限に専念する可能性もあれば、両権限のどちらにも専念しない可能性もある。

第2節 労働組合と職員代表大会の役割

中国の労働組合（工会）は、「中華全国総工会」を本部として、省（自治区・直轄市）、市（自治州）、県という行政区域のレベルごとに総工会が設置されている。さらに、各行政区域のレベルでは、産業別の組織構造になっている。

中国の労働組合の法律上の位置付けは「工会法」に基づくものになっている。「工会法」では中国の労働組合を「工会は労働者・職員が自発的に結合した階級的大衆組織である」（第2条）と位置付けた上で、「中国国内の企業、事業単位、機関において、賃金収入を生活の来源とする肉体労働者及び頭脳労働者、民族、種族、性別、宗教上の信仰、教育程度に関わらず、すべて工会を組織し、工会に加入する権利を有する」（第3条）と規定した。[10]

国有企業における労働組合の役割に関しては、1988年度の「全民所有制工業企業法」と2006年の「会社法」（公司法）に依拠する。「企業法」では、国有企業における労働組合を「労働組合は職員代表大会の管理機関である。労働組合が職員代表大会の日常業務を行う」（51条）と規定している。また、「会社法」の第18条では、次のような労働組合に関する内容が記載されてい

る。会社の労働組合は、職員の代表として、法律に基づき会社側と職員の労働報酬、労働時間、福利、保険及び労働安全・衛生などの事項に関して集団契約を結ぶことになる。ここで、法律に基づくというのは「工会法」のことを指している。

　職員代表大会制度は、党委員会や労働組合と同じく、旧国有企業の時代からあったものである。経済改革開放の最初の段階では、中国政府は職員代表大会を通じて国有企業の管理の改善を狙ったが、実は職員代表大会の職権が他の権限に牽制されていた。例えば、「工場長責任制」の改革を実施するに当たって、中国政府は職員代表大会に企業の重大事項の決定、行政リーダの監督、職員の権益の保護などの権限を与えた。しかし、職員代表大会は、審議や決議などにおける権限を持つものの[11]、管理の面では工場長の行政管理と生産管理に従わなければならなく、政治的には党委員会に従って党の方針と国家の政策を貫徹しなければならなかった[12]。

　「全民所有制工業企業法」では、国有企業における職員代表大会の権限を「取締役会の職員代表の選挙と監督。職員代表からの監査役員の選挙と監督。会社の生産経営での重大問題の参加または議論。特に、職員の給料、福利、安全生産及ぶ労働保護、労働保険などの労働者の利益にかかわる問題。取締役、経理などの上級管理者を民主的に評価または監督し、関係部門に賞罰や任免の提案を提出する。法律と法規、会社の規定で与えられた職員代表大会が審議と採決する他の事項の審議と採決」と詳しく決めている[13]。「会社法」では、職員代表大会の職権を明確されていない。しかし、2つ以上の国有投資会社が主体になって有限責任会社を設立する場合、あるいは国有独資会社では必ず職員代表大会の設立が要求されている。

　以上は、国有企業における労働組合と職員代表大会の法律的位置付けと役割である。では、中国では従業員のコーポレート・ガバナンスへの参加がどのような状況になっているのか。以下では、国有企業における労使関係を見るうえで、従業員のコーポレート・ガバナンスへの参加の可能性を検討する。

第10章　株式会社における「旧三会」制度の役割

1　労使関係

建国後の中国の労使関係を二つの段階に分けて説明することができる。1つは1986年までの労使関係であって、もう1つは1986年以降の労使関係である。

1）1986年までの労使関係

建国後、中国政府は旧ソ連から国営企業に「固定工制度」と「等級賃金制度」を導入した。その後、国営企業で両制度の実施は1986年まで続いた。

「固定工制度」とは、計画経済期の国営企業で実施された雇用制度のことで、政府が雇用条件を作り、また政府が従業員（工人）の就職や転職を決定する。「固定工制度」の下で、従業員は一旦国有企業に採用されたら一生の生活が国家によって保証される。当時、「固定工制度」の導入には次のような歴史的背景が原因となった。「①建国後の深刻な失業問題、②50年代初期に工業化が本格的に展開され、熟練労働力が極めて不足、③労働者が『主人公』という理念を実現化させる必要性」[14]。つまり、それは、当時の中国政府にとって社会主義制度を作るために、急いで解決しなければいけない社会問題、国営企業の現状問題および政治問題であった。ここで、注目すべきことは国営企業の従業員を「主人公」と名付けたことである。「主人公」には、従業員が国営企業の労働者だけではなく、国家財産の所有者であるという意味がある。中国ではマルクス主義のイデオロギーを取り入れ、資本主義国家での資本家を企業の生産財の所有者としてとらえている。それと区別し、中国政府は、国営企業での生産資料の所有者は資本家ではなく、全体人民であると定めた。したがって、国営企業の労働者は「主人公」と名付けられた。

国営企業の従業員は「工人」と「幹部」という二種類がある。「工人」とは一般の労働者のことを意味し、「幹部」とは企業の職員と技術者のことを指している。「工人」に適応する賃金制度は「八級賃金制度」であるのに対して、「幹部」に適応する賃金制度は「幹部・技術者等級賃金制」である。

「八級賃金制度」とは、賃金の等級が八つの等級に分けられ、また地域別に各等級が12の賃金基準（賃金率）に設定されている「能率主義[15]」的な賃金制度である。各国営企業では、職場ごとに等級が設定されており、さらに各等級を決めるための作業の熟練度、技能水準、技能考課、昇級などの基準が詳細に設けられている。「幹部・技術者等級賃金制」においても地域別、職場別に詳細な標準が設けられている。「幹部・技術者等級賃金制」の賃金基準は「八級賃金制度」の基準より高いものになっている。李捷生によると、「八級賃金制度」の最高級は「幹部・技術者等級賃金制」の高級序列の中級にあたる課長クラスのレベルにしかならない。また、彼によると、事実上「八級賃金制度」での4級以下は労働者年齢別の生活給の要素が強いものであるのに対して、4級以上は熟練と技能度を反映するものである。

　ここで、旧国営企業時代の労使関係についてを述べる前に、李捷生の「固定工制度」の評価を見よう。李捷生の「固定工制度」に対する評価は次のようである。「国家は労働者の労働権を保障するという約束と引き替えに、労働力の処分権を獲得したと言ってよい。こうして労働者は労働力指標として計画的配分の対象とされながらも、生涯にわたって国家から生活保障と職業安定など「固定工」としての権利を獲得した。「固定工」の権利を裏付けに、労働者に国家の計画的配分に従う義務を課すという雇用関係が作り出されていた」[16]。

　ここで注目されることは経営者が登場しないことである。つまり、国営企業での労使関係の当事者は経営者と労働者の関係ではなく、国家と労働者の関係となっている。国家は労働者の採用を決めた時点で、労働者の生涯の生活が保障されることは先に述べたとおりである。しかし、この制度には問題がある。国家は従業員を「主人公」と名付けた以上、従業員が法律に違反しない限り従業員を解雇することができない。したがって、国営企業は仕事を頑張らない怠けものの温床になる可能性が高い。もう一方、従業員にとっても、従業員の労働の自由が国営企業によって縛られている。まず、「固定工」制度の下では、政府が従業員の就職や転職を決定するため、従業員は自由に

第10章　株式会社における「旧三会」制度の役割

やめたり、他の企業に転職をすることが難しい。次に、国営企業では、仕事の内容はすべて国家の計画によるものであって、また企業の利潤をすべて国家に上納しなければいけない。それ故に、従業員は、製品の販売や経営利益を考えずに、専ら国家が建てた計画の通りに生産をして、任務を完遂すればいい。最後に、建国後の労働者は全体的に技術と知識のレベルが高くなかったため、「等級賃金制度」で労働者間の技術的格差を判断することは、事実上階層的身分の差別を作ることになる。同じく、一般の労働者と幹部・技術者の間にも階層的身分差別の問題が存在する。

2）1986年以降の労使関係

　国営企業での雇用制度の改革は、最初は「契約工制度」[17]の導入から始まったものである。1982年当時国務院に所属する人事労働部は、「『国営建築企業で契約工制度の試行弁法の実行』の通知」を発布し、国営建築企業だけでの「契約工制度」の試行を決めた。同通知は、基本的に「固定工」を増やさない方針で、新規従業員に対して「契約工制度」を実施した。但し、退役軍人と大学の卒業者、技術専門学校の卒業者はその対象にならなかった。1983年から「契約工制度」の試行は、政府の重点企業である「首都鋼鉄公司」でも行われ、その後全国のすべての国営企業に広まった。政府が国営企業で正式に「契約工制度」を実施するように決定したのは1986年のことである[18]。

　このように、中国政府の決定により「契約工制度」は試行段階から実施段階に入った。しかし、国営企業の雇用制度は「固定工制度」から「契約工制度」に変わったとはいえ、契約工に対する政治的位置づけや賃金に関する規定は変わりがなかった。政治的には同じく「主人公」になっていたのと同様に、給料や奨励金の計算方法が固定工に実施したものと同じであった。しかし、李によれば、当時の契約工制度の導入には次の3点で意義がある。①雇用関係が企業と従業員の間で結ばれるようになった点、②契約工に固定工と同じ「政治的権利」を与えることで大量解雇が発生しない点、③従来の「固定工制度」は企業改革と能率管理を制約する要因であったが、「契約工制度」

の導入によってその制約要因を根本的に断ち切ることができる点。[19]

　1987年10月国務院の労働人事部は経営請負制を導入したすべての国有企業に対して、「優化労働編成」という方針を打ち出した。その内容は具体的に「原則として、経営請負制を導入したすべての国有企業は労働編成と持ち場の人員配置を合理化し、契約化管理を推進する試験を行わなければならない」というものであった。

　その方針を受け、1988年1月から国有企業の中で「宝鋼」がはじめて「全員契約化管理」という労働改革を行った。「全員契約化管理」とは、「「幹部」（職員・技術者）層における「職務」の再配置と、労働者層における「持ち場」の再編成を通じて、要因合理化の推進と労働管理の強化をはかろうとする」[20]ものであった。「全員契約化管理」では、「幹部」と「工人」の職場を再配置するために、「幹部招集制」（原文「幹部招聘制」）と「持ち場契約制」（岗位合同制）というそれぞれ違う2つの制度を実施した。

　「幹部招集制」とは、職種ごとの上司と部下の間で招集契約を結ぶことによって、部下の雇用を決定する制度である。例えば、当時の「宝鋼」での「幹部」の上下関係は次のようなものである。「企業長→工場長（高炉工場長など）部長・処長→車間（職場）主任・課長（日本でいう「係長」）作業長と科員（日本でいう「係員」）」。すなわち、企業長は工場長・部長・処長と契約を結び、また工場長・部長・処長らが下の車間（職場）主任・課長・作業長・科員と契約を結ぶ。

　この制度では、才能ある人の採用、親戚や縁故の関係者との契約禁止、老弱者・妊婦の排除の禁止、「怠けものとだらしがない者」の禁止などが方針になっていた。それによって、およそ次のような人たちは契約から外され、「待聘人員」（採用を待つ者）となった。①職務の遂行能力がない人、②定員と職務の数による制約で、招集されないもの、③招集を断り、移動を要請するもの。では、「幹部招集制」の導入によって何が変わったのか。それを見るため、まず、李が上げた「幹部招集制」の特徴を見よう。李のまとめは次のようである。

第10章　株式会社における「旧三会」制度の役割

　第１に、管理層における上司と部下の関係は招聘者と被招聘者との個別的「契約」関係として再編されているということである。

　第２に、招聘「契約」は、職制における招聘者＝上司の相対的に強い立場と被招聘者の相対的に弱い立場を前提に成立しているものであり、「原則」を基礎におく真の契約関係ではない。

　第３に、招聘「契約」の成立により、上司と部下との責任関係が明確化し、職制における管理・服従関係が確立されることになる。

　第４に、職制の管理機能を強化することが期待された。というのは、上司が３年間という契約期限の継続を中止する権限をもっていること、それにより、部下が常に「企業内待聘（失業）」に転落する可能性が生じたことは、被招聘者に対する大きな脅威となるからである。

　以上のように、「幹部招集制」は上司と部下の間で行われた職務契約である。契約後、上司は部下に対して指揮、懲戒、考課と奨励という権限をもっており、部下は絶対的に上司に従わなければならない。また、この意味で、「幹部招集制」上下管理者の間に強弱関係がはっきり示されたため、部下に対する管理機能を強化することができた。

　「持ち場契約」制とは、「工人」にあたる労働者を対象に、「平等かつ自主的な協議を通じて合意を果たす」を原則とするものであった。「持ち場契約」制では、「幹部招集制」と違って、第一線の経営監督者（作業長・班組長）から「工人」の採用の仕組みだけではなく、「工人」から経営監督者の選ぶ仕組みもが設けられている。また、「持ち場契約」では、勤務態度が良い高齢者、体の弱い者、病弱者、妊婦、哺乳中の女子労働者に対して契約から外してはならないという規定がある。しかし、次の４つのケースの中の１つでもある場合契約から排除することが認められた。①生産任務が達成できないもの、②出勤しても仕事をしないもの、③消極的に怠業をするもの、④企業の各種規則と労働規律に違反し注意しても改善しないものがこれに該当する。[21]

　さらに、1988年国務院と国家体制改革委員会は、従来の「固定工制度」の慣行によって労働力の合理的移動や労働生産性の向上が妨げられると認識し、

全国の国有企業に「優化労働編成」制度を実施するよう呼びかけた。[22]

とりわけ、その方針によって、それまで新採用の従業員だけが「契約工制度」の対象であったものが、前の「工人」と「幹部」にあたるすべての従業員が「契約工」となった。

従来の「固定工制度」では、従業員を「工人」と「幹部」という2つの階層に分けて、違う採用制度や賃金制度を実施した。しかし、「契約工制度」では「工人」や「幹部」という名称がなくなり、どのような職種であっても同じ賃金制度を実施した。

この時期から、「契約制度」とともに導入されたものには従業員の資格制度がある。新しい制度のもとでは、「工作者」があらゆる従業員の呼名となった。そして、「工人」にあたるものを「操作工作者」と呼び、「幹部」にあたるものを「管理工作者」と呼んだ。「操作工作者」に対しては、①「初級工」②「中級工」③「高級工」④「技師」という4つのレベルの資格制度が設けられている。「管理工作者」に対しては、具体的な仕事に携わることによってその仕事の名前をつける形で4つのレベルに分けられている。例えば、会計の仕事に携わる人には、①「会計員」、②「助理会計師」、③「中級会師」、④「高級会計師」という資格がある。統計の仕事をしている人には、①「統計員」、②「助理統計師」、③「中級統計師」、④「高級統計師」という資格がある。

「管理工作者」には、短期大学や大学から出たものが厳しい選抜試験を受けて合格した者が多い。こういう面では、「操作工作者」の採用より厳しいものになっている。各職業での資格昇進に関しては、学歴と職歴の条件に満たすものが資格試験を受けて、資格試験に合格した者だけが昇進することができる。資格試験は、1980年代では企業内で行われたものであったが、1990年代から全国の統一試験になった。

改革開放後、賃金制度の改革は1982年「浮動賃金制」の試行から始まった。[23]「浮動賃金制」では、賃金の構成を①基本給（基本工資）、②職務給（職務工資）、③職歴給（工齢工資）、④浮動給（浮動工資）という4つの部分に分けて計算

する。従業員の基本給、職務給、職歴給に関しては、「幹部・技術者等級賃金制度」と「八級賃金制度」を実施した時代にもあったものであるが、浮動給は同時に国有企業に対して行った「経済責任制」の改革に合わせようとしたものである。浮動賃金とは一体どのようなものか。李によると、当時の首都鋼鉄公司は公司の利潤指標の達成を前提にして、毎年奨励基金の20％を取り出し、従業員の30％に対する賃金昇給に用いた。

以上のように、1982年の賃金制度の改革は、旧「幹部・技術者等級賃金制度」と「八級賃金制度」のもとに「浮動賃金制」を取り入れただけであって、旧賃金制度対する根本的な改革ではなかった。

また、その時「浮動賃金制」の試行に続き、導入された賃金制度にはもう1つ「職務・持ち場別等級賃金」というものがある。そして、この賃金制度は現在でも国有企業で引き続き実施されている。「職務・持ち場別等級賃金」と言えば、1984年首都鋼鉄公司での実施されたものが典型的な例として知られている。首都鋼鉄公司で実施した「職務・持ち場別等級賃金」には次のような意味が含まれている。「持ち場別に異なった賃金等級幅を設定したことによって、持ち場の差異を峻別し、持ち場の転換による昇給の拡大を可能とするだけではなく、同一持ち場においても実績があがれば、一定の賃金等級幅の範囲内で昇給していくことができる」[24]。

2　従業員のコーポレート・ガバナンスへの参加の可能性

1）制度的可能性

中国は、社会主義制度を実施していることから、国有企業の職員を国家または企業の「主人公」と高く位置づけている。そして、国有企業におけるコーポレート・ガバナンスへの従業員参加は次の4つの法律によって保障されている。

まず、中国の憲法の第16条では、「国有企業は法律規定に基づいて、職員代表大会またはほかの形式を通じて、民主的管理を実行する」[25]ように規定している。つまり、職員代表大会制度は国有企業管理の1つの形態である。

次に、「全民所有制工業企業法」では、職員代表大会の権限の内容を「取締役会の職員代表の選挙と監督。職員代表からの監査役員の選挙と監督。会社の生産経営での重大問題の参加または議論。特に、職員の給料、福利、安全生産及ぶ労働保護、労働保険などの労働者の利益にかかわる問題。取締役、経理などの上級管理者を民主的に評価または監督し、関係部門に賞罰や任免の提案を提出する。法律と法規、会社の規定で与えられた職員代表大会が審議と採決する他の事項の審議と採決」[26]と規定した。

また、1996年国務院が100社の国有企業を現代企業制度の試行企業とした際、「中華総工会」は、職員に対する民主的管理を呼びかけたと同時に、職員が積極的に企業経営と管理に参加するよう法案を出していた。

最後に、中国の「会社法」においても職員代表大会制度による民主的管理（第18条）を強調するだけでなく、職員による経営と管理の参加制度が設けられている。例えば、「有限責任会社」と「株式有限会社」では、監査役会の中には職員代表が3分の1以上を占めること、また、国有独資企業の取締役会と監査役会のメンバーには必ず職員代表がいるべきこと（55条と68条）が記載されている。

2）制度的限界

以上は、国有企業の職員がコーポレート・ガバナンスへの参加の可能性を4つの法律からその根拠を持ち出されたものである。しかし、国有企業に株式会社制度が導入されて以降、従業員のコーポレート・ガバナンスへの参加には制度的な限界があるだけではなく、発生した問題もあった。

職員代表大会が職員権益をまもる最大の権力機関として位置付けられていることは、上記で述べたとおりである。しかし、国有企業に株式会社制度が導入されて以降、職員代表大会の役割は「新三会」によって代替され、職員代表大会制度と「新三会」制度の間に法律的に矛盾点が生じる結果となったのである。

まず、「会社法」では株主総会が会社の権力機関と位置付けられている

第10章　株式会社における「旧三会」制度の役割

（第37条と第99条）。これは職員が国家または企業の「主人公」という主旨と矛盾している。

次に、国有独資企業以外の「有限責任会社」と「株式有限会社」における取締役会の規定には、職員代表が含まれていない。ただ、「国有独資企業」に関する条例では、職員代表が取締役のメンバーに入ることに関する定めがあるが、その比率については明確にしていない。これは、職員代表が会社の重要事項の決定から外されることになる。

最後に、監査役会に関する条例では、そのメンバーの中に3分の1以上が職員代表であることが記載されている。しかし、それはドイツの制度で規定された2分の1より少ない。

このように、中国の憲法や労働法では職員の経営と管理への参加が許されているが、「会社法」に依拠する場合、職員の経営管理に参加する範囲は、3分の1の監査役会への参加権だけである。

3）「通鋼事件」からの示唆

上述したように、中国の従業員代表大会は、制度的に高く位置づけられているものの、株主総会、取締役会、監査役会という「新三会」制度と重なるものが多く、実際「新三会」制度によって空洞化されている。これは「旧三会」制度と「新三会」制度が重なって生じた問題でもある。以下では、2009年7月に吉林省で起きた「通鋼事件」を通じて、国有企業の中で職員代表大会制度がすでに無力であった事情を説明する。

「通鋼集団」は、吉林省に位置し、鉄鋼を生産する企業集団である。それに対して、「建龍集団」は、本社が北京にある企業集団である。「建龍集団」は、2005年から「通鋼集団」に対する資本投資を始め、2009年7月まで「通鋼集団」の株式36.16％を買い集め、吉林省国有資産管理委員会に続き（46.64％）、第二の大株主になった。しかし、「建龍集団」の狙いはそれだけではなく、さらなる買収計画を立てて、それを吉林省の「国有資産管理委員会」に申し出た。

吉林省の「国有資産管理委員会」は、前の年に「通鋼集団」の赤字経営に苦しんでいたため、解決策として持っていた株式のすべてを「建龍集団」に譲ろうとした。そして、2009年7月24日に「国有資産管理委員会」の代表は、「建龍集団」の代表とともに「通鋼集団」の従業員に対して説明会を行った。しかし、当日1000人余りの従業員が集まって、その決定を反対した。しかし、実態はエスカレートし、従業員らは「建龍集団」からの常駐代表である陳国軍を殴って死亡させた。結局、3日後の7月27日に吉林省の「国有資産管理委員会」はその買収計画を取り消した。

　この事件の原因は、従業員代表大会の事前審議を行わないで、第一株主と第二株主だけが協議し、企業買収という重要な事項を決めたからである。もし、事前に従業員代表大会制度を通じて、その買収審議が行われれば、このような殺人事件は起きなかった。従業員のなかには旧国有企業時代からの従業員が多く、企業が従業員のものであるという思想が残っている。しかし、第一株主である吉林省の「国有資産管理委員会」と第二株主である「建龍集団」は、それを無視して企業買収を決めた。ゆえに、この事件は「新三会」制度と「旧三会」制度が矛盾する典型的な例だといえる。

第3節　国有企業における内部統治構造の特徴と問題点
―米・日・独の比較視点から―

　以上の内容は2つの目的で検討されたものである。1つ目の目的は国有企業における内部統治構造を明らかにするためであって、2つ目の目的は日独のような従業員主権の実現可能性の検討である。その結果、内部統治構造にはさまざまな問題があること、また従業員主権を実現するためにはまだ解決すべき制度的な問題が残っていることが分かった。以下では、第1章で検討した米・日・独における内部統治構造の特徴とコーポレート・ガバナンスの理論を振りかえりながら、中国の国有企業における内部統治構造の特徴と問題点を探る。そして、そのために以下の3つのテーマを設定する。①米・日・独の内部統治において一番問題視されているのは何か、②内部統治構造の

第10章　株式会社における「旧三会」制度の役割

検討に当たってどのような利害関係者が対象になるのか、③中国の国有企業における内部統治構造の特徴と問題点を探る。

1　米・日・独および中国の内部統治において最重要視されているのは何か

第1章では、コーポレート・ガバナンスの意味を明らかにするために、アメリカに中心を置き、コーポレート・ガバナンス論の展開の理論的背景から始め、コーポレート・ガバナンスの意味づけを見た。その結果、コーポレート・ガバナンス論が論じられる前に「経営者支配」を中心としたコーポレート・コントロール論が展開されていたことが分かった。

注目することは、バーリ＝ミーンズが問題にした「経営者支配」は、コーポレート・コントロール論の段階で議論されただけではなく、コーポレート・ガバナンス論の段階においても論争の焦点である。その根拠を以下の2つにまとめることができる。

1）理論的根拠

第1章で述べたように、コーポレート・ガバナンス論には①エージェンシー理論（Agency Theory）、②「事業の繁栄」のためのコーポレート・ガバナンス、③「説明責任」を追及する理論という3つの方法論がある。注目すべきことは、いずれの方法論においても経営者が焦点になっている。

まず、エージェンシー理論では、プリンシパルとエージェントの存在を前提にし、両者の利害面で一致させることを目的とする。ここで、プリンシパルは株主以外に債権者になるケースもあるが、それに対してエージェントとは専ら経営者のことを指している。

次に、「事業の繁栄」のためのコーポレート・ガバナンス論では、会社を次のような組織体として考える。つまり、会社は付加価値を生産する組織体であると同時に、付加価値を諸利害関係者に分配する組織体でもある。その上で、この理論では、付加価値を生み出すことができるどうかは経営者の戦

略または戦術によるものとして考え、経営者が適切な経営を行うような誘導と牽制が必要としている。

最後に、経営者の「説明責任」を追及する理論は2つの枠組みに分けられている。つまり、1つ目は内部的「説明責任」を完遂するコーポレート・ガバナンスであって、2つ目は外部的「説明責任」である。前者は、株主総会、株主、取締役会、監査役会などによる経営者のモニタリングが存在するとしているのに対して、後者は銀行、取引先、証券取引所、労働組合、消費者、行政、地域社会などによる経営者のモニタリングが存在するとしている。ただし、ここでの経営者とは、ただの取締役ではなく、実際の業務を担当する取締役および執行役のことを指している。

2）アメリカと日本の経験からの根拠

アメリカと日本の経験から見ると、どの国においても経営者支配が問題になっている。

1970年代より、アメリカにおける株式構造は個人所有から機関投資家の所有に変化を遂げた。その後機関投資家は議決権の行使などを通じて、経営者に対する働きかけが活発になった。また、戦後アメリカで2回にかけて起きた企業合併のブームは経営者が法人間の経営権の奪い合いを目的とするものであった。また、アメリカの内部統治構造において、株主総会で多く議論されている問題は取締役の選任であって、取締役会では社外取締役の設置が話題になっているが、問題としてCEOと取締役会長の兼任問題があげられている。

戦後、日本の株式構造の特徴は株式の相互持合いであるが、高度成長期の日本においてメイン・バンクや機関投資家は「モノ言わぬ株主」として、企業ガバナンスに対して積極的ではない。また、日本では会社間の合併が多く行われているが、それのほとんどが経営者と経営者の間の「話し合い合併」である。これはいずれも経営者支配が問題の根源になっている。

また、日本の株式会社は、法律上、株主総会、取締役会、監査役会という

第10章　株式会社における「旧三会」制度の役割

3つの内部統治機関が設けられている。ここにおいても経営者が問題になる。経営者は、株主総会に先立って、積極的に株主から委任状を収集するだけではなく、企業の不祥事など違法行為を犯すこともある。また、現実には執行役が取締役を兼任することが問題になっている。そのため、経営者は監査役の人事権までを握っていて、監査役を無機能化させている。

以上のように、コーポレート・ガバナンスの理論から見ても、またアメリカや日本の経験から見ても論争の焦点が経営者支配であることが分かる。

2　内部統治構造の検討に当たってどのような利害関係者が対象になるのか

上述したコーポレート・ガバナンス論において登場する利害関係者は経営者と株主のみである。つまり、①プリンシパルとしての株主はエージェントとしての経営者の利害を自分の利益に一致させるために「モニタリング・システム」と「インセンティブ・システム」という2つの方法を考える（エージェンシー理論）、②付加価値を生産する組織体という会社の中で、諸利害関係者の利益を市場原理による調整に任せる場合、株主を含む一部の利害関係者の利益を損なう可能性があるため、株主らは、経営者が適切な経営を行うような誘導と牽制という制度を作る（「事業の繁栄」のためのコーポレート・ガバナンス論）、③株主は、経営者に対するモニタリングを株主総会、取締役会、監査役会という機関に委託する。但し、ここでの経営者は、専門経営者のことであって、株主総会、取締役会、監査役会などに説明責任を果たさなければならない。（経営者の「説明責任」を追及する理論）

このように、コーポレート・ガバナンス論において、内部統治構造における利害関係者は株主と経営者だけである。しかし、実際はそれだけではない。日本とドイツにおける内部統治構造を検討する際に分かったように、株式所有とまったく関係がない従業員という利益関係者も内部統治構造に加えられる。

すなわち、株式会社の内部統治構造において主体となる利害関係者は、株

主、経営者、従業員である。そして、3つの利害関係者の間には株主総会、監査役会、取締役会という3つの権力機関を通じての諸利害関係が生じる。ここで、米・日・独における内部統治構造の特徴を取り上げながら三者の利害関係を説明する。

アメリカの内部統治構造の特徴は取締役会が経営と監査の合議体になっていることである。このような構造は、まさに株主主権を主張する株主が経営者支配から自らの利益を守るために作った制度である。そのため、アメリカの内部統治構造において、株主と経営者の利益関係が中心になっている。株主は、株主総会を通じて直接に取締役会会長やCEOの選任と解任に力を伸ばしている。それに対して、経営者はほかの専門職との兼任を通じて支配力を伸ばそうとしている。確かに、アメリカではCEOと取締役会長の兼任が問題にされている。それに対して、従業員は常に解雇されやすい状態に置かれていて、中心的な利益関係から排除されている。

日本の内部統治構造では、従業員と経営者の利益関係が中心になっていると言える。日本の内部統治構造は、株主総会が経営者の選任・解任の機関になっていて、監査役会が経営者の監視機関とされている。すなわち、日本の内部統治構造は法律上、株主の利益を重視する構造となっている。しかし、実際には、日本の会社において代表取締役が執行役（社長）を兼任するケースが多い。また、彼らは、株主総会に先だって積極的に株主から委任状の収集をするだけではなく、監査役の人事権までを握っている。そのため、株主総会と監査役会は形骸化または無機能な状態に陥っている。注目すべきは、このような権力を持つ取締役がかなりの「従業員性」を持っていることである。したがって、日本の内部統治構造は従業員と経営者の利益関係が中心になっていて、株主の利益がその枠から排除されている構造であると言っても過言ではない。[27]

ドイツの内部統治構造は株主と従業員が合わせて経営者との利害関係が生じる。その裏には、株主の利益を保障する株主総会制度、従業員の利益を保障する「共同決定制度」などがある。すなわち、ドイツの内部統治構造は、

第10章　株式会社における「旧三会」制度の役割

株主、従業員、経営者という三者の利害関係を中心とした構造である。

以上の米・日・独における内部統治構造の検討より、結局、如何に株主、従業員、経営者という三者の利害関係を位置づけるかが重要になってくることが分かった。その際問題となるのは、アメリカの場合の取締役会長とCEOの兼職であり、日本の場合の代表取締役と執行取締役の兼職である。それがいずれの国においても経営者支配の契機となるものであった。そもそも、取締役会は経営者の監視機関である。そのため、経営者は取締役会に対して説明責任を果たさなければならない。しかし、CEOと取締役会長が兼任、或いは代表取締役と執行取締役となる場合、経営者は自分が率いる取締役会に対して説明責任を果たすことになる。また、これは取締役会から取締役長を監視することにもなる。その意味を換言すると、それは経営者への監視機能がなくなることを意味する。

3　中国の国有企業における内部統治構造の特徴と問題点

実に、中国はアメリカや日本と同じく経営者の問題を抱えている。つまり、それは第2章で挙げた「インサイダー・コントロール」の問題である。「インサイダー・コントロール」は中国の国有企業改革の最初の段階からあった問題であって、主に3つの現象をもたらした。1つ目は、上で述べたように、国有企業が赤字であるにもかかわらず、従業員の収入が一方的に増えること。2つ目は、株式会社制度導入の試験段階で、国有資産が企業株に転換させられ、無償で従業員に持たせられたこと。3つ目は、旧国有企業のもとで、収益性ある部門だけを持ち出して子会社化し、国有企業の優良資産と生産的な労働者を子会社に移転させることによって、国有資産が流出するということ。このような問題を前にして、青木は、中国は日本のメインバンクのような銀行を中心とした「状態依存的ガバナンス」の構造を目指すべきだ、と指摘した。

それに対して、中国政府は、国有企業の内部統治構造を作るに当って米・日・独における諸制度を取り入れた。まず、取締役会においてアメリカのよ

うな専門委員会の設置や独立取締役などの制度を設け、会社の経営管理に対して監督機能を発揮しようとした。次に、中国は、日本とドイツのように、国有企業において監査役会制度を設けた。最後に、監査役のメンバーは3分の1以上が従業員の代表によって構成しなければならないという定めを設定した。これは、日本とドイツの制度に似たものである。

　前記のことから中国の内部統治構造は監督・監視機能を重視するものであることが分かる。監督・監視機能の重視は「新三会」における取締役会と監査役会からのものだけではなく、従来からあった党委員会が「新三会」に配置され、その権限が「新三会」の権限と重複された。特に、党委員会は党と国家の方針、政策が企業で徹底的に執行されるように保証または監督するものと位置つけられ、株主総会、取締役会、監査役のすべての監視役となっている。

　したがって、ここで、中国の内部統治構造の特徴の1つを「重複した監督・監視システム」としたい。では、このようなシステムの中で、株主、経営者、従業員という三者の利害関係はどうなっているのか。

　まず、株主総会制度においては国家株を中心として大株主の権限が強調されているのに対して、個人株主の権限が排除されている。それは、諸株式会社が株主総会の権限項目や資産の売買額と担保額が資産総額に占める割合、株主臨時総会の提案と招集、株主の取締役候補の提案権などの制度を設定する際に、高い基準が採用されているため、事実上個人株主が諸権限から排除されることになる。

　次に、経営者の権限が明確にされていない。取締役会においては、そのメンバー構成にはただ政府機関を始めとする大株主の意思が反映されるものであって、上場株式では執行取締役と財務部経理との兼職、国有独資企業では社内取締役と他の専門職との兼職などの問題が存在する。また、取締役側と経理側は企業の戦略の決議権についてそれぞれ違う認識を持っていた。

　最後に、中国は、従来から職員の権限を重視する制度を設けているが、株式制度の下ではそれが無力になった。株式会社制度の下で、職員の権限は監

第10章　株式会社における「旧三会」制度の役割

査役会における権限だけである。ドイツは、監査役会を取締役の選任や解任等の会社の重要な事項を決定する権力機関と位置づけた上で、監査役会のメンバー構成は半分以上が職員代表でなければいけないという定めがある。それに対して、中国は、監査役会をただの取締役や経営者の違法行為の監督機関と位置づけ、監査役会のメンバーの中で職員代表の構成は半分以上ではなく3分の1以上になっている。

　以上のことから、政府のガバナンスが強いことと従業員が排除されていることが分かる。政府のガバナンスが強いというのは、政府が株主総会における絶対的な権限を持つことだけではなく、取締役会のメンバー構成には政府機関の意思が強く反映されることでもある。注目すべきことは、ただでさえ政府のガバナンスが強いにもかかわらず、上場株式において執行取締役と財務部経理との兼職、国有独資企業においては社内取締役と他の専門職との兼職などの問題が存在している。したがって、アメリカや日本の経験からそれを見る場合、なぜ現在の国有企業においても「インサイダー・コントロール」の問題が発生されやすいかが分かる。

　とりわけ、中国の国有企業における内部統治構造の特徴は2つある。1つは、「重複した監視システム」であって、もう1つは政府のガバナンスが強いことである。問題は、このような特徴を持つ内部統治構造のもとで、従業員にとってその利益関係が排除されることと、株主の主役である政府にとって「インサイダー・コントロール」による被害を受けやすいことである。

注
1）これは、2007年10月27日中国共産党第17回全国代表大会で修正された党規を根拠にしたものである。「原文（发挥政治核心作用，围绕企业生产经营开展工作。保证监督党和国家的方针、政策在本企业的贯彻执行；支持股东会、董事会、监事会和经理（厂长）依法行使职权；全心全意依靠职工群众，支持职工代表大会开展工作；参与企业重大问题的决策；）
2）日本語の翻訳は川井伸一（2003），108頁を参照し，原文「国有企业和集体企业中党的基层组织，发挥政治核心作用，围绕企业生产经营开展工作。保证监督党和国家的

方針,政策在本企業的貫彻執行；支持股东会,董事会,监事会和经理（厂长）依法行使職权；」(出所http://www.sina.com.cn)を日本語に訳したものである。
3）原文「経営方針、发展规划、年度計划和重大技術改造、技術引進方案；财务預算、資产重組和資本运作中的重大問題；中层以上管理人員的選拔使用和奖惩；企業的重要改革方案和重要管理制度的制定、修改；涉及广大职工切身利益的重要問題。」を日本語に訳したものである。
4）株主総会の権限には「①会社の経営方針と投資計画の決定、②会社の年度財務予算案と決算案の審議承認、③会社の年度利潤配分案と欠損塡補案の審議承認、④会社の登録資本の増減についての決議、④会社の社債発行についての決議、⑤会社の合併、分立、解散及び清算などの事項についての決議、」（会社法100条）などの内容がある。
5）取締役会の権限には「会社社長（総経理）任用しまたは解任する。社長の指名に基づき、会社の副社長、財務責任者を任用しまたは解任し、その報酬事項を決定する」（会社法109条）という内容がある。
6）川井伸一（2003），109-110頁。
7）中国第一汽車のウェブサイト「公司領導成員」を参照。http://www.faw.com.cn/gyjt_index.jsp?page1=/jtjj/index.jsp&ption=1（2012年1月）
8）宝鋼集団有限公司のウェブサイト「董事会成員」を参照。http://www.baosteel.com/group/02about/ShowArticle.asp?ArticleID=4261（2012年1月）
9）広東韶鋼松山股分有限公司のウェブサイト「公司簡介」を参照。http://www.sgss.com.cn/text.jsp?urltype=tree.TreeTempUrl&wbtreeid=10700（2012年1月）
10）千嶋明『中国の労働団体と労使関係』㈶社会経済生産性本部生産性労働力情報センター、2003年、17頁。
11）「全人民所有制工業企業従業員代表大会条例」の第7条では、職員代表大会の審議・決議権が次のように規定されている。①定期的に工場長の仕事報告の聞き取り、経営方針、長期と年度報告、重大な技術の革新計画、職員の訓練計画、財務予算・決算、資金の分配と使用法案などに対する意見の提議、また上述した法案に対する実施の決議、②企業の経済責任制法案、給料の調整計画、奨励金（奨金）の分配法案、労働保護措置法案、賞罰仕方及び他の重要な規則などに関する工場長提議の審議と許可③職員の福利基金の使用法案、職員住宅の分配法案及びほかの職員の生活福利に関わる重大事項の審議と決定、④企業の各級幹部の評議と監督、また賞罰と任免に関する意見の提案、⑤主管機関によって企業の行政幹部が

第10章 株式会社における「旧三会」制度の役割

免職される時、必ず職員代表大会の意見を十分に考慮すべきである。企業の上級主管部門の指示に従って、民主的に工場長の推薦または民主的に工場長の選任をし、主管机关に審査後の許可を受ける。

12) 重大事項の決定、行政リーダの監督、職員の権益の保護などの権限に関しては、「全人民所有制工業企業従業員代表大会条例」の第3条を参考。工場長の行政管理と生産管理に従うことについては「条例」の第5条、政治的には党委員会に従って党の方針と国家の政策を貫徹するに関しては「条例」の第4条を参照。
13) 劉銀国（2007），133頁。
14) 李捷生（2000），41頁。
15) 当時、「能率主義」的な賃金制度の導入は次のような中国政府が定めた原則のもとで行われたものである。「賃金増加を合理的に抑え、高蓄積率を維持・確保すること、②『労働に応じる分配』の原則と国家の工業化政策に基づいて、重工業部門、技術者、熟練労働者の賃金を引きあげること、③熟練労働と非熟練労働の間に明白な格差を付けること、④能率給、出来高払給を取り入れること」、李捷生（2000），46頁。
16) 李捷生（2000），43-44頁。
17) 李の解釈によると、「契約工制度」とは「雇用条件・義務・契約期間をめぐって、労働者が、企業と雇用契約を結び、雇用契約に基づいて就職する制度」である。
18) 1986年政府は「契約工」制度を始めるために、次のような4つの国務院からの規定を公布した。①「国営企業契約労働制実施暫定規定」（原文「国営企業実行労働合同制暫定規定」）、②「国営企業労働者募集暫定規定」（原文「国営企業招用工人暫定規定」）、③国営企業紀律違反従業員除名暫定規定」（原文「国営企業辞退違紀職工暫定規定」）、④「国営企業職員失業保険暫定規定」（「国営企業職工待業保険暫定規定」。
19) 李捷生（2000），214-215頁を参照。
20) 李捷生（2000），341頁。
21) 李捷生（2000），350頁。
22) このパラグラフは李捷生（2000），341頁を参照。
23) 李捷生は浮動賃金制を「『経済責任』の達成に応じて、個々人に賃金等級表における昇給の道を開く内部昇進制度である」と定義している。李捷生（2000），209頁。
24) 李捷生李捷生（2000），211-212頁。
25) 国有企業依照法律規定，通過職工代表大会和其他形式，実行民主管理

26) 劉銀国（2007），133頁。
27) これは、経営状況が通常の場合である。ただ、経営状況が悪い場合、株主の利害関係も加えてくる。

終章　米・日・独のコーポレート・ガバナンス比較の中国への応用

1　本論の要約

　本書はコーポレート・ガバナンス論の視点から中国の国有企業の株式会社化を究明したものであった。本論では3つの部分に分け以下のような検討を行った。

　第1部では、コーポレート・ガバナンス論を概観した上で、米・日・独におけるコーポレート・ガバナンスを検討し、次の点を確認することができた。まず、現在のコーポレート・ガバナンス論はコーポレート・コントロール論から展開したため、本論文において経営者支配の問題を取り上げた。次に、コーポレート・ガバナンス論には、エージェンシー理論（Agency Theory）、「事業の繁栄」のためのコーポレート・ガバナンス論、「説明責任」を追及する理論という3つの理論がある。これらの理論に基づき、米日独のコーポレート・ガバナンスを比較する場合、それぞれの国における株式所有構造と外部統治構造、内部統治構造を見る必要がある。外部統治構造の検討にあたっては機関投資家の役割、銀行の役割、企業買収の役割を検討した。詳しい分析の結果は以下のようなものである。

1）外部統治構造

　アメリカの株式所有構造は1960年代まで個人への分散が目立ったが、その後機関投資家による株式の所有が支配的になった。アメリカの機関投資家の役割と企業合併の役割は外部からのガバナンスの2つの特徴である。

　戦後、日本の株式所有構造の特徴は銀行を中核とする法人間の「相互持合い」である。メインバンクによるコーポレート・ガバナンスと言えば、それ

は、「状態依存的ガバナンス」であって、エージェンシー・コストを節約するのに効率的なものである。

近年、ドイツにおいて企業買収が活発になったのも機関投資家の活躍によるものである。しかし、それはアメリカの機関投資家に比べると、外部からのガバナンスをもたらすのではなかった。それより、ユニバーサル・バンクが果す役割が大きいのが特徴である。

2） 内部統治構造

アメリカの内部統治構造の特徴の1つといえば、アメリカの企業の多くは監査役会がない。その代わりに取締役会のもとでの監査委員会が公認会計士（外部監査人）の選任や会計の審査などを行っている。もう1つの特徴は、取締役会は3分の2以上が社外取締役によって構成され、しかも半分以上が何の利害関係を持っていない独立取締役によって構成されていることである。そして、アメリカの従業員は解雇されやすく、また従業員の利益を守る労働組合の立場も弱いため、それを内部統治構造における1つの特徴とすることができない。

日本の株式会社の権力構造には、アメリカのような株主総会、取締役会、最高経営責任者（代表取締役）という機関がある以外に、監査役会が設けられている。内部統治構造における特徴は、執行役兼代表取締役が事実上株主総会の前に議決権招集をして、株主総会での主導権を握り、取締役や監査役の人事まで決定をすることと、経営者はほとんどが従業員からの昇進者であることである。また、それとも関連して、内部統治構造の特徴は「従業員主権」として表現されることである。

ドイツの内部統治構造における特徴は、監査役会が業務執行の監督機関になっていると同時に、取締役の選任や解任等の会社の重要な事項を決定する権力機関になっていることである。また、監査役会のメンバー構成のなかで労働者代表が半数を占めていることは、日本やアメリカの会社では存在しない独特なものである。

終章　米・日・独のコーポレート・ガバナンス比較の中国への応用

　上記を踏まえ、中国の国有企業におけるコーポレート・ガバナンスの分析にあたって、次のような分析を行う必要性を主張した。つまり、それは、外部からのガバナンスにおいては株式所有構造、銀行の役割、機関投資家の役割、企業買収の役割などからの分析であって、内部からのガバナンスでは内部統治構造と従業員の位置づけの検討である。

　第2部では、中国における①計画経済期における国営企業、②国有企業改革、③国有企業の株式会社化、④国有企業の株式会社化への動向、という4つの内容が検討された。ここで、計画経済期における国営企業を取り上げた理由は次のようなものである。すなわち、現在、企業の形態が大きく変わったとはいえ、社会主義という基本的な社会制度が変わっていないため、計画経済期の企業において存在していた問題が完全に消えたとはいえない。

　1978年から、中国政府は様々な政策を打出して国有企業に対する改革を行った。1993年までの国有企業改革は主に「企業自主権の拡大」、「利改税」、「経営請負制」という3つの改革がある。しかし、それらの改革は決して成功したとは言えないものであった。①「企業自主権の拡大」は企業の財政への上納義務の達成にはマイナスの影響を与え、財政赤字の激増とインフレなどの弊害をもたらした。②「利改税」改革は国営企業の経営をよくすることができないだけではなく、国家の財政にも負担をかけた。③「経営請負制」は、企業に充分な経営自主権を得させるものではなく、行政と企業の分離と企業間の平等競争を実現することもできない制度であった。

　その後、改革は結局、大・中型国有企業の株式会社制度の導入に至った。株式会社制度の導入が国有企業改革に次の3つの意義をもたらした。①赤字経営の対策としての「株式会社制度」、②「インサイダー・コントロール」の対策としての「株式会社制度」。③「現代企業制度」の内容としての「株式会社制度」。

　また、株式会社制度が導入されて以降、国有企業の企業数、国有企業の資産が工業企業の資産総額に占める割合、国有企業の生産額が工業全体の総生産に占める割合などは、低下の傾向が見られたものの、営業収入、納税総額、

利潤総額という面から見る場合、国民経済における国有企業の主導的存在がまだ変わってない。

　以上のことから、本書では国有企業についてのコーポレート・ガバナンスを分析する重要性が見出された。

　第3部では第1章で出した理論枠から中国のコーポレート・ガバナンスの検討を行った。

　第5章では中国の国有企業の株式構造を2つの段階に分けて検討した。まず、1992年以降の株式会社の所有構造は、所有の主体から国家株、法人株、個人株、外資株などの4種類に分類され、さらに株式の流通の形態から非流通株と流通株に分けられたものであった。注目すべきことは、国家株と法人株が非流通株に分類され、しかもそれらが株式の全体に占める割合は1992年から2004年まで60％以上という高い割合をずっと保っていたことである。次に、2005年より中国証券監督委員会の指導のもとで国有企業の「株権分置改革」が行われた。その結果、国家株という項目がなくなり、国有企業における大株主はいくつかの会社の名前があげられた。しかし、それらはいずれも国家を大株主とする株式会社である。

　第6章では、中国の国有銀行が日本のメインバンクの役割またはドイツのユニバーサル・バンクの役割を果たす可能性に関する検討を行った。検討をした結果次のようなことが分かった。まず、現在の中国は、主に中国建設銀行、中国銀行、中国工商銀行、中国農業銀行、中国交通銀行など5つの国有銀行がある。次に、中国の場合、銀行と国有企業の関係は政府の強いガバナンスによって結ばれている。銀行と企業の関係は、日本のような銀行を中心とした企業間の株式の持合い関係でもなければ、ドイツのような「ユニバーサル・バンキング」という銀行制度で結ばれている関係でもない。最後に、政府の強いガバナンスのもとで、国有企業の資金調達は銀行からの間接金融が主導的である一方、長期金融は株式市場に頼るという脱銀行化の現象がみられる。

　第7章での検討を通じて、現時点では中国の機関投資家のコーポレート・

終章　米・日・独のコーポレート・ガバナンス比較の中国への応用

ガバナンスにおける役割に関してあまり期待することができないことが分かった。その理由は2つある。1つは機関投資家と国家政府との関係にあって、もう1つは機関投資家の株式投資への目的にある。まず、QFII以外のすべての機関投資家は、政府の指導のもとで設立されたものだけではなく、その上級管理機関が政府の下に置かれている保険監督管理委員会、証券監督管理委員会、人民銀行などの部門になっている。次に、「株権分置改革」の前まで、機関投資家の株式への投資は、主に40％にも満たない流通株が対象になっている。それに、ほとんどの機関投資家は株式以外の金融債権に投資していて、現時点ではほかの債権への投資額を減らしてリスクが高い株式への投資額を増やす傾向が見られない。また、機関投資家の株式への投資は政府の政策により制限されている。最後に、中国の機関投資家は、市場での株価の操作を通じて短期利益を追求することに専念しているため、企業のガバナンスにおいても積極的ではない。

　第8章では、中国の企業買収について検討を行い、またそれをアメリカの企業買収と比較した。その結果、中国の企業買収の歴史は萌芽期、制度の導入期、制度の成熟期という三つの段階があるが、どの段階においても企業買収には政府との関係が絡んでいることが分かり、また、企業の買収によって国有企業は（1）不明確な財産所有権関係、（2）地方政府間の分権問題、（3）国有資産の流失の問題などの問題が起きていることが分かった。

　また、中国の企業買収とアメリカの企業買収の役割における違いは次のようなものである。アメリカでは、株式会社は株主のものという認識が根強く残っていて、機関投資家が最大の株主としてガバナンスに積極的である。それに対して、中国では政府機関が最大の株主としてガバナンスを行っている。したがって、アメリカの経営者は株式市場から規律づけられることから経営に専念することができるとしたら、中国の国有企業の経営者は株式市場で企業が買収される心配もなければ、買収される恐れから経営を改善する必要もない。

　第4部では、国有企業における内部の統治構造について新・旧三会制度を

説明した上で、米・日・独の比較の視点から国有企業における内部統治構造の特徴と問題点を検討した。その結果、以下の三つの内容を確認することができた。

まず、コーポレート・ガバナンスの理論または米・日・独の経験からは、経営者支配の問題が論争の焦点になって、内部統治構造において株主、従業員、経営者という三者の利害関係を如何に位置づけるかが重要である。

次に、株式会社制度を導入した最初の段階から、中国における経営者支配の問題は「インサイダー・コントロール」として現れ、国有資産の流失の問題を起こした。

最後に、米・日・独における内部統治構造すべての特徴を取り入れ、新・旧三会による「重複した監督・監視システム」という内部統治構造に関する制度を作り上げた。

以上は本論のまとめであるが、以下では上の内容を踏まえて、中国のコーポレート・ガバナンス構造のありかたについて自分なりの提言をしてみる。

2　中国のコーポレート・ガバナンスのありかた

1）外部統治構造のあり方

第一章では、米・日・独における外部統治構造を検討するために、それぞれの国における機関投資家あるいは銀行の役割を見た。その上で、三つの国における企業買収の展開から、それが外部統治構造を特徴付けることができるかを検討した。3つの国の経験から外部統治構造の特徴づけの判断にあたって何が決定的な要素であるかというと、それは三つの国において株式所有構造の特徴が何かである。中国の株式所有構造は米・日・独のそれと大いに違うものであった。

中国の株式所有構造において国家株の存在が最大の問題になっている。むしろ「株権分置」改革によって米・日・独のように株式の法人所有に第一歩を踏み出すことができた。しかし、それが徹底した法人化ではなく、依然として国家の所有を中心とした法人化である。これは、米・日・独のどの国に

終章 米・日・独のコーポレート・ガバナンス比較の中国への応用

もない特徴である。ゆえに、国有企業に、アメリカのような単なる機関投資家を中心とするガバナンスあるいは日本やドイツのような単なる銀行を中心とするガバナンスを導入することが難しい。その代わりに、中国では株式の法人所有の改革を進めながら、多様な法人からのガバナンスを目指すべきである。つまり、それは機関投資家や銀行を含む多様な法人からのガバナンスの構造である。

第1に、それはメインバンクやユニバーサル・バンクのような単なる銀行からのコーポレート・ガバナンスを特徴とするものではない。

銀行からのガバナンスはメリットもあれば、デメリットもある。日本の経験から見る場合、メリットは2つある。1つは、状態依存的ガバナンス構造において、会社の財務状態を事前的に把握することができる点であって、もう1つは、従業員の雇用もメインバンクによって保障ができる点である。しかし、問題はメインバンクが株主として救済不能の企業に引き続き追加融資を提供する点である。これは1990年代に日本の銀行にとって不良債権の問題として現れ、企業にとってモラルハザードの悪循環を繰り返すようになった[1]。

中国の国有銀行による国有企業へのガバナンスの課題は、いかに債権者としてのガバナンスを果たすのかにある。中国では、政府、銀行、国有企業の三者関係を「三位一体」と考えて、企業における資金調達の多くが政府の指導のもとで行われている。そのため、銀行側は融資の返済能力がない国有企業に対して、破産の手続きを行う代わりに、再融資を行うことになる。また、中国の国有銀行は債務の返済不能の企業に対して清算に追いこむことさえできない。このように、そもそも中国の国有銀行が企業に対して直接にモニタリングをすることが難しい中では、日本のメインバンクのように救済不能の企業に対しても追加融資を行うことは難しい。このような現状から、中国の国有銀行が目指すのはいかに債権者となるガバナンスの役割を果たすかであって、中国のメインバンクになることではない。

第2に、それはアメリカのように単なる機関投資家からのコーポレート・

ガバナンスを創出することでもない。

現在、ドイツや日本において、従来のコーポレート・ガバナンスの構造は変わりつつある。その最大の原因は機関投資家の活躍によるものである。第1章で述べたように、ドイツの機関投資家は1980年代まで決して中心的役割を果たしていなかったが、1990年代から機関投資家の数または投資規模が飛躍的な発展を遂げた。それとともに、ドイツでは「株主価値重視経営」が重視されるようになった。日本においても1990年代の末ごろから株式所有構造における機関投資家の所有比率が上昇した。

近年、機関投資家の活動が活発になったのは、どの国においても共通である。現在、中国における社会保障制度や年金制度は未熟である。今後、これらの制度が完備されつつ、社会保障基金や企業年金基金などの規模はさらに拡大される可能性がある。したがって、中国では機関投資家の持ち株率を高め、機関投資家からの国有企業へのガバナンスの制度を完備する必要がある。しかも、それは国有株の機関投資家株への転換を視野に入れるものである。

機関投資家によるコーポレート・ガバナンスが強い国にとって一番警戒すべきは企業買収の氾濫であろう。最近、日本では持合い「復活」によってそれを解消しようとする動きすら見られる。中国における企業買収を通じる国有企業の再編成については、企業の経営者にとってインセンティブ効果があるとして、多くの中国研究者によって賛成されている。しかし、中国にとって次の2点が大事である。1点目は、如何に政府の関与なしに経営状況が悪くなった企業の救済措置となる企業買収を促すかであって、2点目は、如何にアメリカのようなコングロマリット型企業買収とLBO型企業買収を防ぐかである。そのために、中国政府は、そのような企業買収に関与しない制度や法律作りに力を注ぐ必要がある。

第3に、それは行政機関を主体とするコーポレート・ガバナンス構造ではない。

現在、国有企業においては株主不在の問題を抱えている。第3章で述べたように、国有企業は「中央部委員会」に所属する国有企業、「中央直属」に

終章　米・日・独のコーポレート・ガバナンス比較の中国への応用

所属する国有企業、「地方政府部門」に所属する国有企業、「地方所属国有企業」などがあって、それぞれは農業部、鉄道部、水力部、地方政府の行政部門（例えば、財政局）、地方の国有資産管理局などのさまざまな政府機関に所属している。したがって、政府のどの部門が株主となる権限を果たすか、またどの部門が責任をとるかについては不明確になっている。これはいわゆる株主不在の問題である。むしろ、中国政府はその対策として中央には「国有資産監督管理委員会」、地方には「国有資産管理局」という二つの機関を設けているが、いずれも行政機関にすぎない。この問題の解決策としても、法人の構成において多様な法人の参入が必要である。

したがって、株式の法人化の１つの措置として、中国では戦略的パートナを取り入れる必要がある。つまり、それは、上場株式会社を中心に持ち株率の限度を決め、株式の一部を外国の大手会社に株式を持たせることである。戦略的パートナーと手を組むことはやはり相手企業の技術や情報を入手することができるだけではなく、相手企業からガバナンスのあり方を学ぶこともでき、国有企業の健全性に有益である。

2) 内部統治構造のあり方

第三部で述べたように、国有企業における内部統治構造は、「重複した監督・監視システム」または政府の強いガバナンスという２つの特徴がある。また、このような特徴を持つ内部統治構造には次のような２つの問題がある。１つは、従業員にとってその利益が排除されることであって、もう１つは政府にとって「インサイダー・コントロール」による被害を受けやすいことである。このような問題は、社会主義制度を崩さないことを考慮しながら、米・日・独の内部統治構造における諸特徴を取り入れようとして招いた結果である。

米・日・独における内部統治構造の検討を通じて分かったように、３つの国における内部統治構造は、結局次の３つの問題に対応するための構造である。①経営活動に対する意向の主体が誰かという問題、②誰が経営に対して

強い監視を行うかという問題、③株主と従業員の2つの利益の中でどちらが優先される可能性が高いかという問題。ここで、中国の国有企業が米日独の内部統治構造のモデルをそのまま採用する場合、以下のような内部統治構造を作り上げる可能性がある。

　まず、アメリカのような内部統治構造を取り入れる場合、経営活動は専門経営者の意向の通りに行い、最大の株主である政府が経営者に対して強い監視を行い、従業員の利益が依然として優先されない。このシステムは国有企業の経営効率を高めるために良い構造かもしれないが、従業員の利益の立場から見る場合決して良い構造ではない。

　次に、日本のような内部統治構造を取り入れる場合、経営活動は従業員から昇進した経営者の意向通りに行われ、従業員が経営者に対して監視を行い、従業員の利益が優先される可能性が高い。このシステムは従業員が経営者に対する監視を行うのには問題がある。日本において経営者支配による企業の不祥事の問題が多かったこともこれが原因になっている。そもそも、「インサイダー・コントロール」の問題を抱える中国にとって、それは無理がある。

　最後に、ドイツのような内部統治構造を取り入れる場合、経営活動が政府と従業員の利益を代表する監査役の意向通りに行われ、株主と従業員が経営者に対して監視を行い、株主と従業員の利益が平等に優先される。このシステムは、株主と従業員の利益を平等に優先させるに関しては中国の事情に相応しいのであるが、経営の効率をあげることに疑問がある。

　以上の検討から分かるように、国有企業の内部統治構造の有り方は、単純に米・日・独における内部統治構造を真似するものではない。それは、次のような2つの問題解決を前提にするものでなければならない。

　1つは、政府機関が国家株主の主役から手を引くことである。「株権分置」改革以降、株式の法人所有に一歩進んだと言え、法人会社の多くが政府の一部の機関である。そのため、国有企業の新三会は政府の意思が反映されやすい構造になっている。特に、これは新三会におけるメンバーの多くが政府機関の任命として現れてくる。これを解決するために、最も重要なのは政府機

終章　米・日・独のコーポレート・ガバナンス比較の中国への応用

関が国家株主という役から手を引くことである。例えば、政府が国家株を国家銀行や保険会社という機関投資家などの国家法人に譲渡することによって、株主あるいは債権者の利益関係が充分反映される内部統治構造を築きあげることができる。

　もう1つは、新三会における旧三会のメンバーを監視・監督機関に位置付けることである。中国では、新三会において、職員代表大会と工会（労働組合）のメンバーが監査役や社外取締役という監視・監督機関に配置されているが、党委員会のメンバーが経営者になるケースが多い。党委員会の権限が取締役会の職権と重複することは、経営を知らない党委員会のメンバーが経営者になる可能性もあれば、経営者が従業員の利益を盾にして「インサイダー・コントロール」の問題を起こす可能性もある。特に、党委員会は取締役会に位置づけられるのではなく、職員代表大会と工会のリーダとして監査役会か監査委員会に位置づけられる必要がある。

　とりわけ、中国では、外部統治構造にしても、内部構造にしても、政府が株主という役から手を引く必要があり、機関投資家や銀行を含む多様な法人会社からの国有企業のコーポレート・ガバナンスを目指すべきである。

注
1）宮島英昭（2011），12頁を参照。

参考文献

日本語文献

青木昌彦（1995），『経済システムの進化と多元性―比較制度分析序説―』東洋経済新報社．

荒木尚志（2000），「日米独のコーポレート・ガバナンスと雇用・労使関係」『現代日本のコーポレート・ガバナンス』東洋経済新報社．

江頭憲治郎（2011），『株式会社法』,第四版,有斐閣．

奥村宏（1986），『日本の株式会社』東洋経済新報社．

奥村宏（1990），『企業買収―M&Aの時代』岩波書店．

奥村宏（2005），『法人資本主義構造』岩波書店．

小佐野広（2002），『コーポレート・ガバナンスの経済学』日本経済新聞社．

伊丹敬之（2000）『日本型コーポレート・ガバナンス―従業員主権の理論と改革―』日本経済新聞社．

稲上毅（2000），『現代日本のコーポレート・ガバナンス』東洋経済新報社．

井手啓二（1988），『中国社会主義と経済改革』法律文化社．

汪志平・松村司叙・翟　林瑜（1999），「中国の1990年代のM&A」，『日中経協ジャーナル』，6月号．

加護野忠男・砂川伸幸・吉村典久（2010）『コーポレート・ガバナンスの経営学―会社統治の新しいパラダイム―』有斐閣．

神田秀樹・小野傑・石田晋也編（2011），『コーポレート・ガバナンスの展望』中央経済社．

金森久雄（2008），『経済辞典』有斐閣．

金山権（2008），『中国企業統治論―集中的所有との関連を中心に―』学文社．

川井伸一（2003），『中国上場企業―内部支配のガバナンス』創本社．

河端真一（2004），『コーポレート・ガバナンスの研究』信山社．

柯隆（2007），『中国の不良債権問題』日本経済新聞出版社．

霍麗艶（2010），「中国の企業統治における機関投資家の役割とその課題」，『四天王寺大学紀要』第9号．

草野文男（1982），『中国経済の構造と機能』御茶の水書房．

熊琳・梶田幸雄（2008），『中国のM&A―その理論と実務―』日本評論社．

呉敬連著，青木昌彦監訳（2007），『現代中国の経済改革』, NTT出版社．

参考文献

菊澤研宗（2004），『比較コーポレート・ガバナンス論―組織の経済学アプローチ―』、有斐閣。
佐久間信夫（2003），『企業支配と企業統治』白桃書房。
佐久間信夫（2007），『コーポレート・ガバナンスの国際比較』税務経理協会。
斉藤卓爾（2011），「日本企業による社外取締役の導入の決定要因とその効果」，『日本の企業統治』，日本経済新報社。
胥鵬（2011），「日本における経営権市場の形成」，『日本の企業統治』東洋経済新報社。
徐涛（2005），「中国国有企業における株式会社制度導入の歴史」『立命館経済学』（第53巻・第3・4号）。
孫尚清（1982），『中国経済の新路』翼書院。
高橋俊夫（1995），『コーポレート・ガバナンス―日本とドイツの企業システム―』中央経済社。
土屋守章・岡本久吉（2003），『コーポレート・ガバナンス論―基礎理論と実際―』有斐閣。
土屋守章（1980），『企業の社会的責任』税務経理協会。
出見世信之（1997a），『企業統治問題の経営学的研究』文眞堂。
出見世信之（1997b），『企業統治問題の経営学的研究：説明責任関係からの考察』文眞堂。
唐燕霞（2004），『中国の統治システム』御茶の水書房。
千嶋明著（2003），『中国の労働団体と労使関係―工会の組織と機能―』財団法人、社会経済生産性本部生産性労働情報センター。
藤井康弘・鈴木誠（2004），『米国の年金基金の投資戦略』東洋経済出版社。
藤川信夫（2004），『コーポレート・ガバナンスの理論と実務』信山社。
宮崎義一（1972），『寡占』岩波書店。
宮崎義一（1974），『現代の日本企業を考える』岩波書店。
三和由美子（1999），『機関投資家の発展とコーポレート・ガバナンス―アメリカにおける史的展開―』日本評論社。
宮島英昭編（2011），『日本の企業統治』東洋経済新報社。
村上亨 他著（1999），『コーポレート・ガバナンスの多角的研究』同文舘。
楊東（2007），『中国のM&A法制』中央経済社。
李捷生（2000），『中国「国有企業」の経営と労使関係』御茶の水書房。
林毅夫・蔡昉・李周共著,関志雄監訳,李粋蓉訳（1999）『中国の国有企業改革』日本評論社。

虞建新（2001），『中国国有企業の株式会社化』信山社。
『現代中国経済事典』（1982），東洋経済新報社。
『東証上場会社コーポレート・ガバナンス白書2011』

中国語文献

傳子恒（2006），『股権分置改革全接触』経済管理出版社、2006年。
銭穎一（1995），「企業的治理結構和融資結構改革」，『経済研究』，第1号。
陳暁虹、劉肯、楊婕（2008）「我国証券投資基金市場発展現状及存在的問題」，『探索与争鳴』，第10号。
董華春（2003），「浅析機構投資者在改進公司治理結構中的作用」、『証券市場導報』深圳証券交易所，第6号。
丁忠明（等）（2009），『中国公司董事会治理研究』合肥工業大学出版社。
何平・殷小斌（2010），「中国国有銀行改革的比較制度分析」『経済理論与経済管理』中国人民大学，第3号。
黄孝春（2006），「中国の株式市場における『非流通株』問題の形成」，『アジア経済』，第2号。
黄格非（2007），『中国上市公司再融資—行為与決策—』中国金融出版社。
黄海嵩（2007），『中国国有企業改革問題研究』中国経済出版者。
劉銀国（2007），『国有企業公司治理研究』中国科学技術大学出版社。
呉結兵（等）（2008），『企業兼併与企業家行為』科学出版社。
呉暁灵主編（2008），『中国金融体制改革30年回顧与展望』人民出版社。
張海棠編（2009），『公司法—適用與審判実務』中国法制出版社。
張卓元・鄭海航（2008），『中国国有企業改革30年回顧与展望』人民出版社。
鄭振龍（等）（2000），『中国証券発展簡史』経済科学出版社。
仲継銀（2009），『董事会与公司治理』中国発展出版社。
鄭海航、李海艦、呉冬梅（1999），『中国企業兼併研究』中国人民大学出版社。
朱彤、葉静雅（2009），「投資評価発布日的機構投資者行為与証券的以上収益」、『金融研究』
中国金融学会, 第9号。
上海証券交易所研究中心（2006），『中国公司治理報告（2006）国有控股上市公司治理』復旦大学出版社。
『中国統計年鑑1996』（1997），国家統計局。
『中国企業並購年鑑2010』（2011），中国経済出版社。

『中国統計年鑑2010』(2010),中国経済出版社。
『2005中国証券期貨統計年鑑』(2005),学林出版社。

英語文献

Aoki, M. (1994), 'Monitoring Characteristics of The Main Bank System: An Analytical and Developmental View' *The Japanese Main Bank System: Its Relevance for Developing and Transforming Economies,* Oxford University Press Inc., New York. pp. 109-141(白鳥正喜監訳『日本のメインバンク・システム』東洋経済新報社,1996年,129〜166頁)

Berle, A. A. and G. C. Means (1932), *The Modern Corporation and Private Property,* Transaction Publishers, 1982.(北島忠男監訳『近代株式会社と私的財産』文雅堂銀行研究社刊,1958年)

Blair, M. M. (1995), *Ownership and control: Philosophic foundations.* Washington, DC: Brookings Institution Press.

Davis, G.F. (2005). 'New directions in corporate governance', *Annual Review of Sociology,* 31.

Gordon, J. N. and M. J. Roe (2004), *Gonvergence and Persistence in Corporate Governance,* New York: Cambridge University Press.

Gordon, R. A. (1948), *Business Leadership in the Large Corporation.* The Brookings Institution, Washington, D. C.(平井泰太郎・森昭夫訳『ビジネス・リーダーシップ』東洋経済新報社、1954年)

H. Patrick (1994), 'The Relevance of Japanese Finance and Its Main Bank System' *The Japanese Main Bank System: Its Relevance for Developing and Transforming Economies,* Oxford University Press Inc., New York. pp. 353-408(白鳥正喜監訳『日本のメインバンク・システム』東洋経済新報社,1996年,423〜491頁)

Jensen, M. C. and Meckling, W. H (1976), 'Theory of the firm: Managerial behavior, agency costs and ownership structure'. *Journal of Financial Economics,* 3, pp. 305-360.

Mintz, B. and M. Schwartz (1985), *The Power Structure of American Business,* The University of Chicago.(浜川一憲・高田太久吉・松井和夫訳『企業間ネットワークと取締役兼任制』文眞堂,1994年)

Monks, R.A.G. and N. Minow (1995), *Corporate Governance,* John Wiley &

Sons, Ltd., (太田昭和訳『コーポレート・ガバナンス』生産性出版, 1999年)

Sweezy, P. M. (1953), *The Present As History : Essays and Reviews on Capitalism and Socialism*, (都留重人監訳『歴史としての現代』岩波書店, 1955年)

Web サイト

日本監査役協会	http://www.kansa.or.jp
日本取引所グループ	http://www.jpx.co.jp
株式会社東京証券取引所	http://www.tse.or.jp
全国社会保障基金理事会	http://www.ssf.gov.cn
人民網	http://www.people.com.cn/GB/jingji
証券之星	http://fund.stockstar.com
中人網	http://www.chinahrd.net/annuity/info
中国銀行	http://www.boc.cn
中国建設銀行	http://www.ccb.com/cn
中国工商銀行	http://www.icbc.com.cn
中国証券監督委員会	http://www.csrc.gov.cn
中国社会科学院	http://www.cass.net.cn
中国第一汽車	http://www.faw.com.cn
中国農業銀行	http://www.abchina.com/cn
中国保険監督管理委員会	http://www.circ.gov.cn
百度文庫	http://wenku.baidu.com
宝鋼集団有限公司	http://www.baosteel.com
広東韶鋼松山股分有限公司	http://www.sgss.com.cn

参考文献

付表1 中央企業

1	中国核工业集团公司	29	中国第一重型机械集团公司
2	中国核工业建设集团公司	30	中国第二重型机械集团公司
3	中国航天科技集团公司	31	哈尔滨电气集团公司
4	中国航天科工集团公司	32	中国东方电气集团有限公司
5	中国航空工业集团公司	33	鞍钢集团公司
6	中国船舶工业集团公司	34	宝钢集团有限公司
7	中国船舶重工集团公司	35	武汉钢铁（集团）公司
8	中国兵器工业集团公司	36	中国铝业公司
9	中国兵器装备集团公司	37	中国远洋运输（集团）总公司
10	中国电子科技集团公司	38	中国海运（集团）总公司
11	中国石油天然气集团公司	39	中国航空集团公司
12	中国石油化工集团公司	40	中国东方航空集团公司
13	中国海洋石油总公司	41	中国南方航空集团公司
14	国家电网公司	42	中国中化集团公司
15	中国南方电网有限责任公司	43	中粮集团有限公司
16	中国华能集团公司	44	中国五矿集团公司
17	中国大唐集团公司	45	中国通用技术（集团）控股有限责任公司
18	中国华电集团公司	46	中国建筑工程总公司
19	中国国电集团公司	47	中国储备粮管理总公司
20	中国电力投资集团公司	48	国家开发投资?公司
21	中国长江三峡集团公司	49	招商局集团有限公司
22	神华集团有限责任公司	50	华润（集团）有限公司
23	中国电信集团公司	51	中国港中旅集团公司[香港中旅（集团）有限公司]
24	中国联合网络通信集团有限公司	52	国家核电技术有限公司
25	中国移动通信集团公司	53	中国商用飞机有限责任公司
26	中国电子信息产业集团有限公司	54	中国节能环保集团公司
27	中国第一汽车集团公司		
28	东风汽车公司		

55	中国国际工程咨询公司	84	中国交通建设集团有限公司
56	中国华孚贸易发展集团公司	85	中国普天信息产业集团公司
57	中国诚通控股集团有限公司	86	电信科学技术研究院
58	中国中煤能源集团公司	87	中国农业发展集团总公司
59	中国煤炭科工集团有限公司	88	中国中纺集团公司
60	中国机械工业集团有限公司	89	中国外运长航集团有限公司
61	机械科学研究总院	90	中国丝绸进出口总公司
62	中国中钢集团公司	91	中国林业集团公司
63	中国冶金科工集团有限公司	92	中国医药集团总公司
64	中国钢研科技集团公司	93	中国国旅集团有限公司
65	中国化工集团公司	94	中国保利集团公司
66	中国化学工程集团公司	95	珠海振戎公司
67	中国轻工集团公司	96	中国建筑设计研究院
68	中国工艺（集团）公司	97	中国冶金地质总局
69	中国盐业总公司	98	中国煤炭地质总局
70	华诚投资管理有限公司	99	新兴际华集团有限公司
71	中国恒天集团公司	100	中国民航信息集团公司
72	中国中材集团公司	101	中国航空油料集团公司
73	中国建筑材料集团有限公司	102	中国航空器材集团公司
74	中国有色矿业集团有限公司	103	中国电力工程顾问集团公司
75	北京有色金属研究总院	104	中国水电工程顾问集团公司
76	北京矿冶研究总院	105	中国水利水电建设集团公司
77	中国国际技术智力合作公司	106	中国黄金集团公司
78	中国建筑科学研究院	107	中国储备棉管理总公司
79	中国北方机车车辆工业集团公司	108	中国印刷集团公司
80	中国南车集团公司	109	中国乐凯胶片集团公司
81	中国铁路通信信号集团公司	110	中国广东核电集团有限公司
82	中国铁路工程总公司	111	中国华录集团有限公司
83	中国铁道建筑总公司	112	上海贝尔股份有限公司

113	彩虹集团公司	117	中国西电集团公司
114	武汉邮电科学研究院	118	中国葛洲坝集团公司
115	华侨城集团公司	119	中国铁路物资总公司
116	南光（集团）有限公司	120	中国国新控股有限责任公司

あとがき

　コーポレート・ガバナンスと言えば、中国では、現在までの国有企業改革の立場より、現代企業制度づくりの一部として取り上げられている。しかし、そのコーポレート・ガバナンスを本当に知ろうとしていくと、実は米・日・独におけるコーポレート・ガバナンスの視点から掘り起こしてこそ、その真実が見えてくるのではないか。米・日・独におけるコーポレート・ガバナンス研究では、「会社は誰のものか」または「誰のための会社にするか」という論争が多く行われた。このような思いより私は、中国人の視点から離れ、日本における大量な研究成果を調べ、それを中国国有企業のコーポレート・ガバナンス研究に合わせようとした。

　現在の中国では、経済発展のひきかえに、所々PM2.5というスモッグに包まれ、環境問題が深刻になってきた。このような問題もコーポレート・ガバナンス研究に取り入れるべきである。本書であげたように、株式会社を巡って反戦運動、人種差別問題、環境問題、企業買収、機関投資家の活躍、企業不祥事、法律整備などさまざまな問題が絡んできた。ゆえに、このような問題の解決に当たって、株主、取締役、経営者、従業員、消費者、取引先、地域社会、行政機関などのステークホルダーという視点の議論が最も重視されるべきである。しかし、中国のコーポレート・ガバナンス研究においては国有企業の改革が中心になって、環境や地域社会に関する議論が少ない。これが私の研究においても遺憾にも残されているものである。

　本書は、博士学位論文「中国の国有企業の株式会社化―コーポレート・ガバナンス論の視点から」（千葉大学人文社会科学研究科）を再編したものである。私は、2006年4月より千葉大学の大学院生として在籍し、2人の恩師との出会いによりこの研究を始め、本日に至ることができた。恩師の野沢敏治先生からは、修士課程で学問の門を開いて頂き、また学問に対する厳密かつ厳しさを教えて頂いた。恩師は退職したにもかかわらず、私の博士論文の初稿を

一々チェックし、指導をされた。恩師の安孫子誠男先生からは、比較制度論をはじめとするさまざまな研究方法を教えて頂き、視野を広げることができた。炎暑の中で千葉大学人文社会科学研究科において、安孫子先生のご指導を受けたことは一生忘れられないものである。2人の先生に深く感謝するとともに、深く御礼を申し上げたい。

博士論文を提出して以降、石戸光教授、遠藤美彦教授、古内博行教授、中原秀登教授より、国際経済、会社法、ヨーロッパ経済、経営学などさまざまな分野からのご指導または審査を賜った。また、李光国夫婦先輩を初め、同じゼミの佐藤健太郎、木村典弘、小笠原春菜、張玉函など多くの方々からの支えがあったからこそ、一番辛い時期を乗り越えることができた。心より感謝の意を表したい。

また博士論文の初の論文審査日に他界した父親の尹学男、また心の支えになった妻の申玉蓮と娘の尹曙妍に対し、心よりお詫びと共に感謝の意を表したい。

本書の出版にあたり、時潮社の相良景行社長には大変なお世話になった。なお、日本での出版が実現できたのは、私の勤務先である浙江越秀外国語学院の校級優秀学術著作出版基金という出版助成金を受けたからである。ここに記して感謝を申し上げたい。

〈著者略歴〉
尹　相国（イン・ソウコク、Yin Xiangguo）
中国吉林省に生まれる。中国農業銀行の勤務を経て、日本に留学。2006年4月から千葉大学人文社会科学研究科博士前期課程に進学、2012年9月同大学院の博士号（経済学）を修得。2013年7月より中国浙江越秀外国語学院講師、現在に至る。主要論文は、「中国の国有銀行の役割―メインバンク・システムの視点から―」『千葉大学人文社会科学研究』（第23号）2011年、「日・中の株式会社における内部統治と従業員の位置づけ」（安孫子誠男編『日中企業システムの比較制度論的研究』千葉大学大学院人文社会科学研究科研究プロジェクト報告書、第247集、2012年）等。

中国国有企業の株式会社化
―コーポレート・ガバナンス論の視点から―

2016年4月10日　第1版第1刷　　　定価＝3200円＋税

著　者　　尹　相　国　ⓒ
発行人　　相　良　景　行
発行所　　㈲時　潮　社

〒174-0063　東京都板橋区前野町4-62-15
電　話　03-5915-9046
ＦＡＸ　03-5970-4030
郵便振替　00190-7-741179　時潮社
ＵＲＬ　http://www.jichosha.jp
E-mail　kikaku@jichosha.jp

印刷所　相良整版印刷　製本所　仲佐製本

乱丁本・落丁本はお取り替えします。
ISBN978-4-7888-0709-9

時潮社の本

現代中国の集団所有企業
工業合作社・集体企業・郷鎮企業の発展と改革
樋口兼次・范力 共著
Ａ５判・並製・282頁・定価3500円（税別）

中国経済の柔構造を解く——国有企業と私有企業の間に存在する「集団所有企業」（合作社・集体企業・郷鎮企業）の発展と実態を描き「人力資本」の可能性を展望する、日中共同研究の精華。研究者、ビジネスマン必読の１冊。新領域開拓の労作。『日本と中国』『中小企業季報』等に書評掲載。

現代中国における教員評価政策に関する研究
―国の教育法制・政策の地方受容要因と問題―
劉 占富 著
Ａ５判・上製箱入り・512頁・定価7880円（税別）

教育評価および教員評価制度の運用実態について、中央政府と大都市、中・小都市、郷・鎮、農村と都市規模別に分析することで、国と地方、さらに地方間で政策・法制度に大きな格差・乖離があることを明らかにし、教育改革への今日的課題を示している。

グローバル企業経営支援システム
―時間発展型統合シミュレーションを用いて―
張 静 著
Ａ５判・並製・160頁・定価3500円（税別）

従来の勘とコツによる物流管理方式を脱した新方式、グローバル・カンパニー・マネージメント（GCM）システムを提案。本書では、生産～物流～販売～在庫の一元管理により、グローバル企業の経営の最適化をサポートするGCMを全面的に紹介する。

現代中国の中小企業金融
中国型リレーションシップ・レンディングの展開の実情と課題
范 立君 著
Ａ５判・上製・232頁・定価3200円（税別）

現代世界を席巻するのが中国企業であることはもはや世界の常識である。その企業活動の源泉ともいえる金融、とりわけ鍵ともいえる中小企業向け金融の実態に迫り、その歴史と将来的展望を的確に分析した本書は、中国型リレーションシップ・レンディングという視座から企業関係を読み解いてゆく。今後ますます重要になる中国企業の役割を理解する上で必読の書である。